Savoir Aimer

L'astéroïde Psyché

Anne-Marie Chabellard

THE WESSEX ASTROLOGER

Publié en 2026 par The Wessex Astrologer Ltd
PO Box 9307
Swanage
BH19 9BF
England

Pour consulter la liste complète de nos titres : www.wessexastrologer.com

© Anne-Marie Chabellard
Anne-Marie Chabellard fait valoir son droit moral à être reconnue comme l'autrice de cet ouvrage.

ISBN : 9781916625440

Conception de la couverture : Fiona Bowring chez Bowring Creative
Composition typographique : Kevin Moore

Une notice bibliographique pour cet ouvrage est disponible à la British Library

Aucune partie de cet ouvrage ne peut être reproduite ou utilisée, sous quelque forme ou par quelque moyen que ce soit, sans l'autorisation écrite de l'éditeur. Sans préjudice des droits exclusifs de tout auteur, contributeur ou de l'éditeur de cette publication, toute utilisation non autorisée de cette publication pour l'entraînement de l'intelligence artificielle générative (IA) est formellement interdite.
Un critique peut citer de courts extraits.

Table des matières

Introduction	v
Partie I: Le mythe	**1**
L'offense faite à Vénus	3
Les travaux	5
L'immortalité et la naissance de Volupté	16
Vénus et Cupidon : nos alliés dans le processus d'individuation	17
Psyché : une révolution vénusienne moderne	21
Résumé	27
Partie II: Quand le Soleil progressé éclaire Psyché	**29**
Introduction	31
Simone de Beauvoir	33
Friedrich Nietzsche	39
John Lennon	44
Camille	50
Madame du Châtelet	53
Isaac Newton	58
Gérard de Nerval	61
Marie-Antoinette	66
Maria Montessori	72
Jeanne	77
Marcel Proust	79
Robert Francis Kennedy	85
Les liens entre l'astéroïde, le mythe et la projection	93
Partie III: L'astéroïde Psyché, éléments d'interprétation	**95**
Psyché dans le thème natal	97
Quand Psyché fait souffrir	107
Les transits de Psyché	109

Partie IV: Les aspects formés par Psyché — 119
Psyché en aspect au Soleil — 121
Les aspects Lune-Psyché — 149
Réflexions supplémentaires — 164
Les pères et mères de la psychanalyse : Psyché en aspect à Jupiter, Saturne et Pluton — 166
Psyché en synastrie — 170

Conclusion — 182

Bibliographie — 184

À propos de l'autrice — 187

Introduction

Psyché est le seizième astéroïde à avoir été découvert, en 1852. Nous nous référerons à l'astéroïde en utilisant le féminin, suivant le genre du personnage principal du mythe duquel l'astéroïde tire son nom, de la même façon que l'on parle d'« un Saturne angulaire », par exemple. Son nom vient du grec ψυχή, psukhê, le souffle qui anime le corps, c'est-à-dire l'âme. Son symbole représente une aile de papillon surmontée d'une étoile. Psyché orbite autour du Soleil, au niveau de la ceinture d'astéroïdes située entre Mars et Jupiter ; elle est trois fois plus éloignée du Soleil que ne l'est la Terre. Sa surface est à peu près équivalente à celle de la Nouvelle Zélande ou de l'Indonésie, ce qui, pour un astéroïde, permet de le qualifier de géant. Une mission de la NASA est en cours pour déterminer sa composition, et notamment sa teneur en métal, qui serait assez importante, représentant 30 à 60 % de son volume : lancée en 2023, elle ne commencera à fournir des réponses qu'en 2029. Psyché met environ cinq ans pour faire le tour du Soleil, avec une orbite légèrement elliptique. Elle passe dans chaque signe du zodiaque une durée de temps variable, allant de deux à dix mois, selon qu'elle y rétrograde ou pas.

Partie I

Le mythe

La version écrite la plus ancienne du mythe de Psyché nous a été transmise par Apulée, au IIème siècle après Jésus-Christ.[1] Apulée est né en Afrique du Nord, dans une famille berbère romanisée et relativement aisée. Après avoir étudié la rhétorique à Carthage, il s'est rendu à Athènes pour étudier la philosophie, notamment platonicienne. En Grèce, il a été initié à certains mystères et cultes secrets. Le mythe de Psyché est très certainement antérieur à Apulée, mais il l'a adapté à sa culture et à sa philosophie. De nombreux éléments du mythe font référence à la culture libyque (la fourmi, le roseau, la tour) et des contes kabyles de structure similaire ont été identifiés. Apulée a ainsi repris une tradition orale libyque et l'a romanisée.

---

1   Apulée, *L'Âne d'or ou Les Métamorphoses* (Atramenta, domaine public).

L'offense faite à Vénus

Le mythe débute par une offense impardonnable : Psyché, fille de roi, inflige un tort immense, par sa seule beauté, au culte de Vénus : « On ajournait les sacrifices à la déesse, on laissait s'écrouler ses temples, on piétinait ses lits de cérémonie, on ne célébrait plus son culte… » Sacrilège suprême, c'est devant la mortelle qu'on s'agenouille, c'est elle dorénavant qu'on invoque. Vénus va donc devoir se venger de cet affront. Elle tente d'abord d'utiliser son fils Cupidon pour arriver à ses fins : elle lui ordonne que Psyché tombe amoureuse du « dernier des hommes », un misérable sans rang et sans fortune. La nécessité de marier Psyché à un « monstre » sera annoncée à son père par l'oracle d'Apollon de Milet. Psyché se soumet et obéit à la sentence divine, non sans demander à ses parents de cesser de pleurer, car « lorsque les nations et les peuples me célébraient tout comme une déesse, me proclamaient d'une seule voix la nouvelle Vénus, c'est alors […] qu'il fallait me pleurer comme déjà trépassée ! Je le sens, je le vois, c'est de ce nom de Vénus que je meurs ! » Apulée insiste : c'est bien Vénus, déshonorée, qui se venge.

Mais Cupidon, désobéissant à sa mère, choisit de se piquer lui-même en présence de Psyché, pour en tomber amoureux et en faire son épouse. L'ayant installée dans son palais où elle profite d'un luxe très agréable, il la visite chaque nuit, ne donnant comme condition à la poursuite de cette vie de plaisirs que de ne jamais essayer de découvrir qui il est. Psyché accepte cette existence dépourvue de sens, mais confortable et sécurisante. Elle partage son lit avec un homme qu'elle ne connaît pas et n'a pas choisi, et a donc, symboliquement, renoncé à toute forme d'expression personnelle. Elle apprend ensuite, de la bouche de son mystérieux époux, qu'elle porte un enfant, qui sera un dieu si elle se tait, mais qui sera mortel si elle dévoile leur secret. Les sœurs de Psyché, horriblement jalouses de son bonheur et surtout de sa richesse, réussissent à la persuader que son mari est en réalité le monstre de la prophétie, et qu'elle doit se préparer à le tuer pendant son sommeil, en s'éclairant d'une lampe à huile.

Le mythe bascule à ce moment-là, au moment du dévoilement ; comme nous le verrons plus loin, la rencontre avec l'astéroïde Psyché est toujours associée à un moment de mise en lumière. En éclairant Cupidon, elle accède à la beauté du divin : « à mesure qu'elle contemplait plus longuement la beauté du visage divin, elle se sentait renaître. » Comme hypnotisée, elle touche machinalement les flèches du dieu, « et c'est ainsi que Psyché, elle-même et sans y penser, se rendit amoureuse de l'amour. » Cette phrase nous dit bien que Psyché n'était pas amoureuse de son époux avant cette scène du dévoilement. De nombreuses interprétations de ce mythe parlent de rupture de la confiance, du doute qui entraîne la perte de l'être aimé, car Cupidon s'enfuit dès qu'il se sait reconnu. Mais il apparaît que le véritable amour prend naissance au moment du dévoilement, au moment précis où Psyché voit qui véritablement est son époux, ce qui donne une interprétation très différente du mythe, laissant de côté cette histoire de confiance trahie.

Les travaux

L'amour selon Platon

Pour comprendre et interpréter ce qui suit, à savoir les travaux qu'impose Vénus à Psyché, nous nous référerons à deux cadres : la symbolique astrologique, d'une part, mais aussi la philosophie platonicienne. Platon, disciple de Socrate, met en scène ce dernier dans de nombreuses œuvres. L'une d'elles, *Le Banquet*, a pour sous-titre « *De L'Amour* », et doit être considérée si l'on veut comprendre le mythe de Psyché qui met en scène le dieu de l'Amour, Cupidon.[2] De plus, Apulée, qui a mis par écrit ce mythe, a également écrit une œuvre intitulée *De Platon et de son enseignement* : c'était donc un fin connaisseur de la philosophie du maître. Dans *Le Banquet*, des philosophes prennent la parole à tour de rôle pour chanter les louanges de l'amour, chacun selon son point de vue. Socrate termine son récit d'une rencontre avec une sage, une femme étrangère, Diotime, en s'exprimant sur l'immortalité : « Elle m'a persuadé et, à mon tour, j'essaye de persuader aux autres que, pour acquérir un tel bien, la nature humaine trouverait difficilement un meilleur auxiliaire que l'Amour. » Le mythe d'Apulée se terminant par l'union de Psyché et Cupidon, une fois cette dernière devenue immortelle grâce à son amour pour Cupidon, il est difficile de ne pas y voir une référence à Socrate et Platon. Nous verrons ainsi que pour accéder au véritable amour et à l'immortalité, Psyché doit accomplir quatre travaux qui symbolisent les vertus platoniciennes que sont la sagesse, la tempérance ou modération, le courage et la justice.

Le manque et le désir comme énergie pour la quête

Psyché, donc, a vu Cupidon, elle s'est sentie « renaître » puis s'est rendue « amoureuse de l'amour ». Elle n'est plus la femme passive qui attendait un mari qu'elle ne connaissait même pas, en s'ennuyant à mourir dans son palais, mais une femme amoureuse qui connaît celui que son cœur a choisi,

---

[2] Platon, *Le Banquet, ou De l'amour,* trad. Victor Cousin, in Œuvres de Platon, t. VII (Paris, Pichon et Didier, 1831).

choix symbolisé par le fait qu'elle se pique elle-même avec les flèches. Mais dès qu'elle tombe amoureuse de Cupidon, elle le perd : en effet, réveillé par de l'huile chaude s'écoulant de la lampe, brûlé, Cupidon s'enfuit. Ainsi Psyché perd l'objet de son désir dès qu'elle l'a vu et en est tombée amoureuse. Ce n'est pas surprenant si l'on se reporte à la démonstration de Socrate dans *Le Banquet* : « Vois plutôt s'il ne faut pas nécessairement que celui qui désire une chose, manque de la chose qu'il désire, ou bien qu'il ne la désire pas, s'il n'en manque pas. » Psyché doit nécessairement manquer de Cupidon pour le désirer, et c'est ce désir qui va lui faire endurer les punitions que Vénus va lui infliger. Nous verrons que le manque et le désir sont au cœur de l'interprétation de l'astéroïde Psyché en astrologie.

Les déesses qui refusent leur aide

Psyché cherchera bien à obtenir l'aide de deux déesses, Cérès et Junon, mais elles la lui refusent, par peur de s'aliéner Vénus, qui est à la recherche de celle qui a osé brûler son fils. Ces deux déesses, Déméter et Héra pour les Grecs, possèdent une dimension lunaire. Déméter est la mère de Koré, qui deviendra Perséphone, et c'est la déesse qui nourrit les humains. La symbolique de la nourriture et du lien mère-enfant appartient bien au monde lunaire, et non vénusien. Héra est la déesse de la famille et du mariage, elle protège l'institution en tant que telle, et la sécurité qu'offre le clan familial. Ces deux déesses lunaires évoluent dans un autre monde que Vénus, qui n'a pas de morale et qui ne pense d'abord qu'à elle-même. Si elle protège le lien affectif, c'est dans la mesure où il est source de plaisir et de joie, et non au nom du devoir ou de la respectabilité sociale. Déméter et Héra ne peuvent donc rien pour aider Psyché à apaiser la fureur d'une Vénus outragée, et la jeune mortelle finira par se rendre et se soumettre à la déesse. Cette dernière la fait d'abord torturer par ses servantes Souci et Tristesse. Leurs noms illustrent bien ce que la perte de l'être aimé peut provoquer, mais aussi, sur le plan astrologique, ce qui est susceptible de nous arriver lorsque nous n'honorons pas la déesse Vénus en nous. Nous verrons que le souci et la tristesse sont régulièrement éprouvés quand nous rencontrons l'astéroïde Psyché. Après avoir fait torturer Psyché, Vénus lui impose quatre travaux, dévoilant ainsi les qualités qu'il convient de développer pour l'honorer. Ces qualités sont les quatre vertus cardinales des platoniciens, mais elles ont également une symbolique astrologique.

Premier travail

Psyché doit d'abord trier un tas gigantesque composé de sept sortes de graines mélangées. Alors qu'elle désespère, une fourmi surgit et accomplit son travail avec l'aide de sa colonie. Ce travail illustre la vertu platonicienne de la sagesse, puisque cette dernière consiste à exercer sa capacité de discernement, ou, plus généralement, sa raison. Ainsi, un des proverbes de Salomon, issu de l'Ancien Testament, donc antérieur à l'écriture du mythe par Apulée, énonce : « Regarde la fourmi, paresseux ! Vois comment elle se conduit, et tu deviendras un sage ». Nombre d'auteurs grecs (Hésiode, Aristote, Platon) louent les fourmis pour leur sagesse et leur intelligence.

Le nombre de sortes de graines, sept, ne saurait être le fruit du hasard, dans un mythe où Apulée essaie, avec force, de faire passer un message. Sept est un nombre qui, chez les Pythagoriciens, est associé au divin, comme Apulée le mentionne à la fin des *Métamorphoses* (ou *l'Âne d'or*), ouvrage dans lequel figure le mythe de Psyché et Cupidon. Ce travail doit donc rapprocher Psyché du divin. Mélangées dans ce tas immense, les graines ne peuvent plus être discernées les unes des autres, et il n'existe plus de frontières entre chaque espèce. En triant ces graines, Psyché est donc invitée à faire preuve de discernement et à éviter la confusion. Puisque c'est Vénus qui décide des travaux que Psyché doit accomplir, nous pouvons en déduire que, pour établir une relation saine avec Cupidon, Psyché doit apprendre à établir des limites et refuser de se fondre en l'autre, afin d'éviter la tentation neptunienne de ne faire plus qu'un avec l'être aimé. Sept est également le nombre de corps célestes, visibles dans le ciel et connus à l'époque : le Soleil, la Lune, Mercure, Vénus, Mars, Jupiter et Saturne. Là aussi, des frontières sont à établir pour distinguer la fonction et le domaine de chaque planète. Les besoins lunaires, par exemple, ne doivent pas nous empêcher d'établir des relations de type vénusien, dans lesquelles nos valeurs sont centrales, en nous faisant préférer des relations sécurisantes qui pourraient nous maintenir dans un état de dépendance. Avoir recours à Mars et à son assertivité ne doit pas nous empêcher d'aspirer à une certaine harmonie, et recourir à la pensée selon des modalités mercuriennes ne doit pas se faire au détriment de ce que représente Vénus, notamment dans ses dimensions émotionnelle et corporelle.

Aidée de la fourmi, Psyché fait preuve de discernement en séparant chaque espèce de graine. Ainsi, honorer Vénus nécessite avant tout de faire des choix, c'est-à-dire de savoir faire le tri entre ce à quoi nous attribuons de la valeur (le beau) et ce qui ne nous concerne pas. Le mythe du jugement de Pâris illustre bien le lien intrinsèque entre le choix et Vénus, puisque le jeune prince choisit Aphrodite. Vénus est, sur le plan astrologique, intimement liée à nos valeurs. Le choix de la personne avec qui nous établissons une relation de nature vénusienne, nous dit Apulée, ne peut se faire sans sagesse, c'est-à-dire sans faire preuve de discernement. Nous devons attribuer de la valeur à cette personne car elle correspond à nos valeurs, sinon la relation est stérile.

Nous avons l'habitude de penser le signe de la Balance, où Vénus est en domicile, comme celui où débutent les relations interpersonnelles. Ainsi le moi se construit dans les six premiers signes, puis nous sommes invités à établir des relations, notamment amoureuses, en Balance et en Scorpion, et enfin, à prendre le risque d'une implication sociale à partir du Sagittaire. Pourtant, le signe astrologique qui illustrerait le mieux ce premier travail psychéen est celui de la Vierge : par la minutie du travail à effectuer, d'une part, et par la notion de tri. Ce signe est une étape fondamentale pour l'accès au monde des relations interpersonnelles. Grâce à son discernement, à sa sagesse, la Vierge nous permet d'établir des frontières avec les autres. La Vierge n'appartient à personne, elle ne se fond en personne, et n'est pas à vendre : elle établira donc des liens basés sur ses valeurs, elle privilégiera toujours son intégrité intérieure, son authenticité. De nombreuses personnes s'éloignent de Vénus en fondant leurs choix non pas sur leurs valeurs propres, mais sur ce qui leur donnera une bonne image d'elles-mêmes ou les rendra acceptables par le groupe. D'autres n'ont aucune idée de ce qu'elles trouvent beau, leur procure du plaisir, ou correspond à leurs valeurs. Pourtant, si Vénus exige que Psyché trie les graines, cela signifie que déterminer ce que nous trouvons beau est un prérequis à l'entrée dans une relation amoureuse. D'autres, encore, perdent le sens de leur valeur personnelle en la laissant dans les mains de l'autre : elles ne s'accordent de valeur que si elles sont aimées, et entrent dans la spirale de la dépendance affective. Au contraire, la Vierge, nous l'avons dit, n'est pas à vendre, elle n'a vocation à dépendre de personne : elle est donc bien apte à honorer Vénus, même si c'est traditionnellement le signe de sa chute. Mais le signe opposé, celui de son exaltation, les Poissons, peut manquer de ce discernement virginal : et si l'amour est accordé à tout le monde, de manière inconditionnelle, alors le risque est d'oublier Vénus pour honorer Neptune. Les qualités de la Vierge permettent d'aimer, admirer ou apprécier tout en restant fidèle à soi-même, parce que la personne élue a été choisie selon des critères intérieurs et authentiques.

Deuxième travail

La deuxième épreuve consiste à apporter à Vénus un flocon de laine de moutons dont la toison est en or. Un roseau explique à Psyché que le Soleil, leur communiquant sa chaleur, les transporte d'une rage farouche les poussant à attaquer à mort les humains. Ces moutons couleur or, excités par le Soleil, évoquent le mythe de Jason et la toison d'or, le signe du Bélier et l'exaltation du Soleil dans ce signe. Selon le roseau, Psyché doit, pour réussir son travail, résister à l'emportement caractéristique du premier signe et attendre que soit passé midi, afin que la chaleur du soleil s'apaise. Midi évoque le signe du Lion où le Soleil est maître. De plus, on trouve la trace, dans la région d'Afrique d'où était originaire Apulée, de mythes portant sur des béliers héliophores, qui étaient donc des symboles solaires. La vertu cardinale mise en avant dans ce travail est la tempérance ou modération : Psyché n'est pas autorisée à agir immédiatement. Elle ne peut recueillir un flocon de cette toison d'or, donc solaire, que si elle attend que la chaleur de l'astre se soit dissipée, l'incitant donc à se méfier à la fois des signes du Lion et du Bélier. Vénus est certes au service du Soleil, noyau de l'individu, mais elle ne peut jouer son rôle d'alliée que si elle ne reste pas centrée sur un rayonnement personnel, tel qu'évoqué par le signe du Lion : elle doit se risquer à la relation, qui débute traditionnellement en Balance mais dont les fondements sont en Vierge, pour, on l'a vu, établir des frontières saines comme préalable indispensable. Ce travail rappelle aussi que Vénus est en exil en Bélier. L'impatience, l'impétuosité du premier signe, et surtout son besoin d'avancer en prenant le risque de laisser derrière lui quelque chose de satisfaisant, ne siéent pas à Vénus qui nous incite à rester dans une relation tant qu'elle est source de plaisir.

Pour Platon et Apulée, la tempérance est aussi le moyen de s'assurer que les passions charnelles, qu'Apulée nomme « le fruit de honteux plaisirs », ou encore nos « désirs et appétits », ne prendront pas le dessus sur la première vertu, la sagesse. Si Vénus-Taureau nous invite à ne pas laisser de côté nos sens lorsqu'il s'agit d'honorer la déesse, la réalisation de soi à travers la relation nous demande un minimum de discernement et de modération. Le plaisir physique peut nourrir l'estime et l'amour de soi qu'offre Vénus, mais cette dernière exige que nous ayons choisi, selon nos valeurs, la personne avec qui nous les éprouvons. Le Lion et le Bélier sont mis en exergue par Apulée car le feu qui les anime peut être synonyme de passions et de désirs, qui, hors de contrôle, peuvent nous mordre « de leurs dents venimeuses ». Platon désignant la tempérance comme la vertu qui permet d'équilibrer les désirs et les appétits, on comprend pourquoi Apulée a choisi l'image de béliers couverts d'or et excités par le Soleil. Comme l'explique ce dernier : « Voyez au contraire le sage : la perspective d'un plaisir, quelque vif qu'il doive être, ne le déterminera point à agir, s'il ne s'y joint d'honorables profits. »[3] Vénus ne pourra avoir un flocon d'or, et donc être l'alliée du Soleil, que si Psyché sait contenir la chaleur d'un Soleil exalté en Bélier et d'un Mars qui y est maître, pour agir avec sagesse – celle qu'elle a acquise au cours du travail précédent – et tempérance.

Troisième travail

« Mais je vais faire un essai décisif de ce courage si ferme et de cette conduite si prudente. » En prononçant ces paroles, Vénus montre qu'elle a compris que Psyché était capable d'être vertueuse, la prudence étant synonyme de sagesse chez Platon. Elle s'apprête maintenant à tester son courage.

Pour son troisième travail, voici Psyché face à des eaux noires et glaciales qui sont protégées par des dragons, et dont elle doit remplir un flacon pour Vénus. C'est un aigle qui va lui éviter le pire : « quittant les espaces jupitériens », il va esquiver les dragons et convaincre les eaux de se laisser approcher, en prétextant qu'il a besoin d'eau pour le bain de Vénus. Nous avons ici deux symboles à interroger : les eaux noires et glaciales, et l'aigle. En astrologie, les trois signes d'eau, le Cancer, le Scorpion et les Poissons, sont des animaux à sang froid. Représentants de la fonction que Jung nomme « sentiment », ils sont en rapport avec le monde des émotions, profond, opaque, noir, « glacial », par opposition au symbolisme des signes d'air, qui sont des humains (les jumeaux et le porteur d'eau) ou un objet (la balance). Psyché est donc mise au défi, pour ce troisième travail vénusien, de permettre à Vénus de se baigner dans les émotions. Mais le monde émotionnel est dangereux : il est gardé par des dragons, symboles des défenses que nous érigeons pour nous protéger de ce que nous ressentons. Les signes d'air, notamment, sont les plus enclins à se méfier de leurs sentiments, et peuvent choisir leur partenaire amoureux de façon rationnelle et logique, sur des critères idéologiques, quand, bien sûr, le cœur a ses raisons que la raison ignore. La Balance, signe du Zodiaque à partir duquel débute, symboliquement, la capacité à nouer des partenariats, notamment amoureux, est un signe d'air, mais c'est bien dans l'eau que Vénus doit se baigner. Chaque signe d'eau a une façon différente de considérer les émotions et d'y faire face, mais les trois ont en commun le

---

3 Apulée, *De la Doctrine de Platon*, in *Œuvres complètes d'Apulée t. III*, trad. Victor Bétolaud (Garnier Frères, 1836).

fait d'y attacher une importance majeure, notamment dans le couple, ou même en amitié. Les eaux profondes évoquent particulièrement le Scorpion, ainsi que les dragons, qui appartiennent au groupe des serpents, animal qui symbolisait cette constellation avant que le Scorpion ne soit choisi. Ce signe a la maîtrise des eaux noires et glaciales des émotions, particulièrement celles qui seraient refoulées.

Examinons à présent le second symbole, l'aigle. L'aigle est un animal très important dans l'Antiquité : Aquila (terme employé dans la version latine) est le porteur d'éclairs de Zeus. Emblème de la légion romaine au temps d'Apulée, l'aigle représente donc la force, la puissance et le courage romains. Psyché a pourtant déjà été avertie au cours du travail précédent : ce n'est pas l'expression de l'agressivité martienne que l'on attend d'elle. Mais le courage de choisir est une qualité indispensable si l'on veut honorer Vénus, et éviter sa vengeance. Nous avons vu combien la notion de choix est au cœur de l'expression de Vénus, mais ce choix, s'il demande de la sagesse, nécessite aussi du courage. En choisissant Aphrodite, le jeune troyen Pâris s'aliène les puissantes Héra et Athéna, qui, dans ce cadre, peuvent incarner une forme de soumission à l'ordre établi, à la famille (Héra) et à la raison (Athéna). Honorer Vénus nécessite parfois de s'aliéner des personnes dont le jugement nous condamne, ou d'abandonner des relations qui ont cessé d'être source de joie pour en établir d'autres. Enfin, établir une relation authentique nécessite une autre forme de courage : le courage de faire face à ses émotions, à ce qui peut, en nous, être inconscient, et qui est représenté ici par les eaux sombres.

Ce passage avec l'aigle jupitérien illustre donc la vertu cardinale du courage. Apulée précise bien que l'aigle quitte « les espaces jupitériens ». Jupiter est maître du signe qui suit le Scorpion, le Sagittaire. Comme les signes d'air, ce signe peut fuir le monde émotionnel en se réfugiant dans le monde de l'esprit, du symbole, et dans l'appartenance à un groupe social plutôt qu'à un duo dans lequel les liens affectifs seraient centraux. Mais il peut aussi trouver le courage d'affronter l'inconscient et les émotions, en acceptant de quitter les espaces jupitériens, les espaces rassurants de l'esprit, de la spiritualité ou du détachement philosophique, pour ne garder de l'aigle que son courage et sa vision perçante. D'une manière générale, les autres signes de feu, s'ils sont moins enclins à un questionnement intérieur, possèdent le courage de se confronter à la difficulté.

Psyché est à deux doigts de faillir : Apulée nous dit qu'elle reste pétrifiée en voyant l'impossibilité de sa tâche et que « présente de corps, elle est absente par ses sens ». Or, il explique, dans *De la doctrine de Platon*, que le courage a pour antagoniste l'insensibilité, appelée en grec *anorguisia*, qui remplace la colère par une apathie voisine de la stupeur. Psyché a donc besoin d'aide. Alors, armé de son courage légendaire dans le monde romain, et de sa vision exceptionnelle, l'aigle la seconde et affronte le monde émotionnel. Il permet à Vénus de se baigner dans les émotions, elle qui, dans le signe du Taureau, est à l'aise avec l'aspect sensuel de la relation, et dans le signe de la Balance, avec les idéaux d'égalité, de justice et de raison. Vénus n'est donc pas naturellement à l'aise dans les signes d'eau, c'est pourquoi ce travail nécessite du courage. Si elle est exaltée en Poissons, c'est davantage l'amour du divin ou l'amour universel qui y est mis à l'honneur ; en Cancer, elle peut se trouver en difficulté, puisqu'on se trouve là en territoire lunaire ; enfin, en Scorpion, elle est en exil. Mais, Aquila, l'aigle à l'œil perçant, le sait : Vénus doit malgré tout se baigner dans les eaux des émotions pour que l'union puisse contribuer à l'expression solaire de l'individu.

Quatrième travail

Le dernier travail de Psyché est sa descente en Hadès, pour rapporter à Vénus « un peu de la beauté de Proserpine ». Le fait que Psyché doive rencontrer la souveraine des Enfers établit un lien, qui ne va pas de soi, entre Vénus et le signe du Scorpion. Cette descente en Hadès signifie que Psyché est prête à entamer sa métamorphose, qui aboutira à une nouvelle naissance et implique donc une mort préalable. Nous savons de nos jours que Pluton, l'équivalent romain d'Hadès, est la planète qui gouverne ce processus. Mais si Pluton n'était pas connue des anciens, le signe qu'elle maîtrise, le Scorpion, était déjà associé aux symboles de la mort et de la résurrection, puisque les fêtes d'Osiris étaient célébrées en Égypte durant le mois de Khoiak, et se terminaient le 15 novembre. Nous pouvons donc utiliser la symbolique de ce signe pour analyser ce dernier travail. Vénus y est en exil, mais Vénus veut un peu de la beauté de Proserpine. Comment la déesse de la beauté pourrait-elle vouloir un peu de la beauté d'une autre déesse ? La beauté de la souveraine des Enfers, celle du Scorpion, est enterrée profondément et se trouve dans un royaume auquel ni Vénus-Taureau ni Vénus-Balance ne semble appartenir. Si le Taureau peut apprécier le simple plaisir d'être à deux, le partage serein de la vie quotidienne, ou encore celui des plaisirs sensuels, le Scorpion cherche dans la relation la vérité de l'être et une communion profonde entre âmes. La Balance voudrait faire comme si nous n'avions pas d'ombre, comme si nos comportements au sein d'une relation étaient justes et guidés par la raison, quand le Scorpion sait, dès l'enfance, que ce n'est pas le cas. Des projections, notamment liées aux relations précoces avec les parents, rendent les gens irrationnels, et la peur inconsciente d'être soumis à l'autre peut générer des luttes de pouvoir qui ne disent pas leur nom. Vénus est certes en exil en Scorpion, car elle y perd l'innocence et le confort qu'elle posséderait en Taureau. Mais elle y gagne en profondeur, en vérité, et peut grâce au travail qu'elle y effectue établir ensuite des liens intenses d'âme à âme.

Ce quatrième travail évoque la vertu cardinale de la justice. Pour le comprendre, il faut détailler ce que Psyché doit faire pendant ce voyage. Conseillée par une tour d'où elle projetait de se suicider, elle doit garder deux oboles dans sa bouche pour les donner à Charon et pouvoir traverser le Styx à l'aller et au retour. Elle doit également avoir dans chacune de ses mains une galette pour nourrir Cerbère à son arrivée et à son départ. Enfin, arrivée dans le palais de Proserpine, elle doit refuser de s'y asseoir confortablement et d'y manger avec plaisir, pour annoncer à la déesse qu'elle préfère s'asseoir par terre et manger du « *panem sordidum* » (le *panis sordidus* à Rome était le pain destiné aux chiens et composé exclusivement de son). Enfin, pour ne pas perdre ses galettes, Psyché doit s'abstenir d'aider quiconque sur son trajet, même si un ânier boiteux, un vieillard mort et trois tisserandes lui demandent successivement son assistance. Toutes ces précisions renvoient bien à la justice selon Platon. Cette vertu correspond à la volonté de donner à chacun ce qui lui est dû, et de ne faire que ce qui relève de son rôle. Dans *La République*, Platon précise que la justice consiste à remplir la fonction qui est liée à sa nature : « On fait mieux et aisément lorsque chacun ne fait qu'une chose, celle à laquelle il est propre, dans le temps, sans s'occuper des autres. La nature n'a précisément donné à chacun de nous les mêmes dispositions. »[4] Les oboles à Charon, la nourriture à Cerbère, et à Psyché, simple mortelle, ni les sièges, ni la nourriture des dieux, mais ceux des animaux. Et à l'ânier, au vieillard, et aux tisserandes, qui, pourtant, l'implorent et tentent de l'apitoyer : rien. Chacun reçoit ce qui lui est dû.

Selon Apulée, dans son ouvrage *De la Doctrine de Platon*, un individu est « juste » quand chaque partie de son âme agit selon ses attributions propres, sans interférer avec celles de l'autre ; il rappelle que Platon a toujours considéré la sagesse comme gouvernante de l'âme ($\psi\nu\chi\acute{\eta}$), le courage et la tempérance étant à son service. Ainsi, tout en nous montrant que Psyché joue bien son propre rôle (elle ne prend que le *panis sordidus* et s'assied par terre), et donne à Cerbère et à Charon ce qu'elle leur doit, il rappelle à quel point elle fait maintenant preuve des trois autres vertus, tout en laissant la

---

4 Platon, *La République* in *Œuvres de Platon*, trad. Victor Cousin, t. IX et X (Rey-Gravier, 1833–1834).

sagesse régner en maître. Dans ce travail, Psyché avait en effet besoin de courage pour oser descendre aux Enfers, et de modération pour résister à son instinct d'aider les personnes qui lui demandaient de l'aide. Donner sans modération est bien considéré comme un vice par Apulée, dans *De la Doctrine de Platon* : « De la luxure naissent l'avarice et le désordre [...] ce dernier épuisant par ses prodigalités excessives des patrimoines entiers. » La sagesse gardait son rôle de guide premier, en lui faisant écouter et suivre les conseils de la tour.

Sur le plan vénusien, la justice nous rappelle que la sagesse reste notre meilleure alliée dans une relation : comme nous l'avons vu, elle consiste à faire des choix en fonction de nos valeurs. De plus, à l'instar de Psyché qui refuse de s'élever au rang de déesse ou de donner à ceux qui lui demandent de l'aide ce qui ne leur revient pas, une expression saine de la fonction vénusienne exige que nous jouions toujours notre propre rôle, c'est-à-dire que nous restions dans le cadre de notre essence unique, dont le thème natal est le reflet. On sait qu'un des risques que court la personne amoureuse est de jouer un rôle pour se conformer aux désirs de l'autre. Elle peut aussi tomber dans l'excès inverse, en exigeant que l'autre joue un rôle pour lui plaire. Enfin, elle doit se garder de se mettre au service de l'être aimé, déviant alors de son chemin propre. Si Psyché avait aidé le vieillard ou les tisserands, elle serait restée prisonnière des Enfers, car elle aurait perdu ses oboles destinées à Charon ou les galettes pour Cerbère. Être juste au sens platonicien nécessite une sorte de descente en Hadès, car on ne peut être vraiment juste si l'on n'a osé affronter l'inconscient. C'est ainsi le processus d'individuation, au sens jungien du terme, qui est en jeu : devenir soi nécessite un accès à l'inconscient, et suppose qu'on soit capable de rester soi-même au sein d'une relation, sans n'être qu'une moitié d'un couple, sans jouer le rôle qui est projeté sur nous.

Psyché semble avoir réussi sa mission puisqu'elle a obtenu le flacon demandé par Vénus. La tour l'avait cependant prévenue : le plus important de tous les conseils qu'elle lui donnait était de ne pas ouvrir le flacon, car ce qu'il contenait appartenait à une divinité. Si Psyché continue de suivre les vertus platoniciennes, notamment celle de la justice, elle ne devrait pas ouvrir le flacon contenant la beauté de Proserpine et destiné à Vénus. Mais, prise de curiosité, et pour plaire à son amant, elle ouvre le flacon. Elle n'y trouve qu'un sommeil venu de l'Enfer et tombe, n'étant plus qu'un « cadavre endormi ». Psyché a-t-elle trébuché sur la dernière marche de ses travaux vénusiens ? Notons que, pour la deuxième fois, elle est curieuse, et que, pour la deuxième fois, un drame s'ensuit, d'où l'interprétation hâtive que l'on lit trop souvent, selon laquelle Psyché est un conte sur la confiance trahie dans la relation amoureuse. Au contraire, par deux fois, la curiosité de Psyché la rapproche du divin : grâce à sa lampe, elle contemple la beauté divine, celle de Cupidon ; ouvrant le flacon, elle souhaite obtenir la beauté d'une déesse, pour être digne de celle de son amant.

Le sommeil qui tombe sur Psyché n'est pas une punition, même s'il est qualifié d'« infernal ». En suivant l'idée platonicienne de chemin initiatique, dont la beauté est le guide et que nous détaillerons plus loin, ce sommeil est une sorte de chrysalide dans laquelle l'âme achève sa métamorphose. Cette dernière est prête pour cette transformation : ayant contemplé la beauté du divin, elle s'est d'abord efforcée de la retrouver en se montrant vertueuse, puis a osé vouloir se l'approprier, en souhaitant faire sienne la beauté de Proserpine. Mieux que quiconque, la reine des Enfers sait qu'il faut parfois mourir pour advenir, elle qui était Koré et qui, arrachée à sa mère et forcée d'entrer dans le royaume d'Hadès, en est devenue souveraine. Psyché va elle aussi changer d'identité et de royaume, pour vivre sur l'Olympe. Cupidon est en effet là pour la sauver : il la débarrasse de la torpeur qui l'entoure, la réveille en la piquant délicatement de sa flèche, et demande à son père Jupiter de lui accorder l'immortalité.

L'immortalité et la naissance de Volupté

Le mariage sacré

À ce stade, si l'on suit une interprétation platonicienne, Psyché a montré qu'elle pouvait développer les quatre vertus cardinales, la sagesse, le courage, la modération et la justice : vertueuse et désireuse de la beauté divine, l'âme est désormais digne d'être immortelle. Jupiter accède à la demande de son fils et fait boire à Psyché le nectar divin, puis déclare l'union de Psyché et de Cupidon « conforme au droit civil ». Cette parole du roi des dieux est importante, elle marque le respect de la Loi dans l'union entre Psyché et Cupidon : un dieu n'épouse qu'une immortelle. Elle fait bien sûr référence à l'exaltation de Saturne, la Loi, en Balance, où Vénus est maîtresse. Cette notion d'égalité dans la relation, chacun reconnaissant l'altérité et le statut de sujet de l'autre, est à retenir, car elle rappelle la vertu de justice et est utile pour comprendre l'astéroïde. Le mythe se termine par l'immortalité de Psyché et la joie de Vénus, qui, n'étant plus que douceur, danse aux noces de son fils. En lui imposant ses travaux, Vénus a offert à Psyché la révélation de sa beauté divine, celle qui lui octroie l'égalité dans sa relation avec Cupidon et l'immortalité.

Le plaisir mérité

Mais ce ne sont pas les seuls cadeaux que Psyché reçoit : la voici prête à donner naissance à son enfant, c'est-à-dire, symboliquement, à donner forme à ce qui n'était encore qu'un potentiel. Cet enfant reçoit le nom de Volupté, *Voluptas* en latin, ce qui signifie plaisir, joie, satisfaction, contentement. Apulée accorde à Psyché et Cupidon le droit au plaisir et à la joie dans leur mariage, mais ils ne peuvent y accéder que parce que Psyché a réussi à développer les vertus décrites par le mythe. Ces qualités sont donc essentielles pour atteindre une union non seulement heureuse, mais aussi égalitaire, et participant du sentiment d'accomplissement, tel que symbolisé par l'immortalité finale. Nous verrons que ces qualités sont représentées par le signe, la maison et les aspects de l'astéroïde Psyché dans notre thème.

Vénus et Cupidon : nos alliés dans le processus d'individuation

Les deux divinités au cœur du mythe sont Vénus et son fils Cupidon. Pour comprendre ce que signifie l'astéroïde Psyché dans le thème natal, il est utile de revenir sur certaines de leurs dimensions dans la Grèce antique.

Les deux Vénus

Vénus, déesse de la Beauté et de l'Amour, a de multiples facettes. Pour savoir ce qu'Apulée pensait de la déesse, il faut lire son *Apologia*, qui reprend sa défense contre des accusations d'utilisation de la magie. Il explique qu'il est initié aux mystères de l'école de Platon, et qu'il n'en dira rien, à l'exception d'un exemple lié à Vénus. Selon les enseignements secrets qu'il a reçus, il existe deux Vénus, dont l'une règne sur les hommes et les animaux et leur insuffle des désirs vulgaires et des passions physiques. L'autre, la Vénus céleste, nous fait choisir l'élu de notre cœur selon sa noblesse et beauté d'âme, celle qui nous rappelle la beauté divine aperçue avant que notre âme ne se soit incarnée dans notre corps. Apulée ne dit certainement pas tout ce qu'il sait. Il se contente de rappeler ce qui est déjà présent dans *Le Banquet* de Platon, quand Pausanias énonce qu'il existe l'Aphrodite ancienne et sans mère, fille d'Ouranos, appelée céleste (Ourania) et l'Aphrodite plus jeune, fille de Zeus et de Dionè, appelée populaire (Pandèmos). Le reste du discours de Pausanias peut étonner, quand il explique que l'Aphrodite céleste pousse les hommes à aimer les garçons, et à se détourner des femmes. Mais il faut penser au-delà des questions d'homo- ou d'hétérosexualité. Aphrodite Pandèmos nous attire vers celui qui nous est dissemblable, car c'est avec lui que l'on peut se reproduire, et à ce titre elle concerne autant les êtres humains que les animaux. Elle assure la survie d'une espèce, et concerne ainsi la Nécessité. Aphrodite Ourania, née sans mère, donc, symboliquement, non attachée à la matière et appartenant au domaine de l'esprit, nous pousse vers notre semblable, mais pas n'importe lequel : celui qui possède une part de la beauté divine qui est aussi la nôtre. Ainsi cette déesse nous insuffle, par l'intermédiaire d'Éros, l'amour pour des qualités qui sont en nous, et que nous allons développer, révéler, en étant amoureux d'un être humain dont la beauté est semblable. C'est là que l'autre devient notre miroir, le fameux miroir qu'Aphrodite a toujours à la main, car il reflète une part de nous dont l'expression est nécessaire pour atteindre la complétude et exprimer notre individualité, nos qualités solaires.

Vénus, alliée du Soleil

Après avoir évoqué, dans les paragraphes précédents, les liens entre Vénus et le Soleil, il peut être utile de rappeler en quoi ces astres sont liés. Dans la mythologie grecque, Vénus est nommée par Hésiode « Aphrodite dorée » et il la décrit souvent comme « souriante ». Homère, dans l'Iliade, lui adjoint les deux mêmes épithètes « dorée » et « souriante ». L'or renvoie aux qualités solaires, et le sourire à la joie. Aphrodite est la garante d'une joie authentique car elle permet aux qualités solaires de s'exprimer. Dans l'épisode du jugement de Pâris, c'est à Aphrodite que revient la pomme en or. Héphaïstos, son époux, fond l'or pour lui fabriquer ses parures. C'est dans un lit en or qu'il l'attache, avec des liens d'or, à son amant Arès pour les exposer au jugement des autres dieux et déesses.

Dans le mythe de Psyché, Vénus est particulièrement cruelle. Elle l'est aussi dans celui du Minotaure, où elle est responsable des amours contre-nature entre l'épouse de Minos, Pasiphaé, et un taureau. Vénus encore provoque la guerre de Troie en offrant l'épouse d'un roi grec à un prince troyen. La mythologie grecque regorge de ses colères et de ses vengeances. Cela nous enseigne que, si Vénus ne trouve pas sa juste place dans notre vie, elle se vengera et nous fera souffrir. Elle pourra nous infliger aussi bien une passion destructrice qu'une impression de vide intérieur qui s'apparente à la dépression, si nous décidons de l'ignorer.

Pour nous rapprocher du Soleil et nous aider à découvrir qui nous sommes, Vénus chemine bien sur les routes du Taureau et de la Balance : mais il s'agit de moyens et non de fins. Ni les objets qui attisent notre désir, ni les relations qui nous enflamment ne sont les buts poursuivis par Vénus : ils ne sont que des moyens de nous définir nous-mêmes, les fameux miroirs vénusiens. L'objet de notre désir est un support pour la projection de ce qui, en nous, est précieux et doré, ce qui nous permet de vivre nos qualités solaires. Vénus exige que nous définissions nos valeurs, que nous fassions nos choix, et que nous y restions fidèles pour éprouver un sentiment authentique d'estime personnelle, d'amour propre. Vénus étant en effet traditionnellement surnommée « la planète de l'Amour », on peut accepter cette définition, si l'on parle *in fine* de l'amour que l'on se porte à soi-même.

Ainsi, à la fin du mythe, « Apollon chanta en s'accompagnant de la lyre, et les jolis pieds de Vénus dessinèrent un pas gracieux, en le réglant sur ces accords divins. » Vénus règle son pas sur la musique d'Apollon : la déesse est enfin dans son rôle d'alliée du Soleil, puisqu'elle a permis à l'âme de trouver sa beauté divine. Elle lui a donné la possibilité de vivre son immortalité solaire, d'éprouver le sens profond de sa propre vie.

Vénus et les mystères de l'amour

Apulée considère Vénus comme une Initiatrice, celle qui nous conduit sur les chemins de l'Initiation par la Beauté. Il suit en cela une tradition platonicienne. Certains astrologues ont pu développer des visions similaires de Vénus, tel Dane Rudhyar qui y voit l'Alchimiste et l'Initiatrice, celle qui ouvre la porte des plans de conscience transcendantaux, de l'universel.[5] Vénus représente selon lui le processus alchimique d'extraction du spirituel à partir du matériel, l'or alchimique étant alors l'amour le plus pur ou encore la sensation la plus pure, celle qui, de nature esthétique, permet la perception de la Beauté.

Dans *Le Banquet* de Platon, Diotime explique à Socrate comment obtenir, grâce à l'amour, le salut par la beauté : « On peut se flatter peut-être de t'initier, toi aussi, Socrate, à ces mystères de l'amour ; mais pour le dernier degré, la contemplation, qui en est le but, pour qui suit la bonne voie, je ne sais si ta capacité va jusque-là. » Elle lui explique qu'il s'agit d'aimer d'abord la beauté d'un seul corps, puis tous les beaux corps, puis la beauté des âmes, puis la beauté qui réside dans les actions et les lois, celle qui est dans la connaissance, et, enfin la Beauté absolue, éternelle, surnaturelle, celle qui n'appartient à aucun objet, aucune personne, aucune idée. En contemplant le Beau absolu, l'âme ne peut que désirer la vertu, et, ce faisant, elle devient chérie de Dieu et mérite l'immortalité. Socrate termine son exposé et sa narration des propos de Diotime en ajoutant qu'elle l'a convaincu que notre meilleur allié ici-bas, pour atteindre le divin et l'immortalité, est l'Amour. Psyché est donc une illustration de ce qui devient possible dès lors qu'on suit l'initiation vénusienne (les travaux) et qu'on admire la beauté divine : l'obtention de la félicité et de l'immortalité.

---

5 Dane Rudhyar, *New Mansions for New Men* (Borodino Books, 2017).

Cupidon, le porteur de torche

Ces « mystères de l'amour » sont également liés au divin à l'intérieur de nous, celui qui est atteint à travers le processus d'individuation tel que défini par Jung, et dont l'amour est un moteur extrêmement puissant. Ce moteur, cette énergie, sont liés au fils de Vénus, Cupidon, ou Éros chez les Grecs. Dans l'Antiquité gréco-romaine, il était vu comme un éclaireur. Il était parfois représenté avec une torche, parfois même en train de brûler l'aile d'un papillon. Ce dernier, symbole de l'âme (et de l'astéroïde Psyché), passe grâce à Éros à travers un processus de purification par le feu, à l'image du *calcinatio* alchimique, pour que l'âme se métamorphose et accède à elle-même. Éros avait ainsi, entre autres titres, celui de « Purificateur de l'âme ». Dans son étude sur l'interprétation de *l'Âne d'or*, ouvrage d'Apulée dans lequel se trouve le mythe de Psyché, Marie-Louise von Franz cite une prière à Éros comportant les passages suivants : « toi qui vis secrètement dans toutes les âmes, tu crées le feu invisible, touchant tout être animé, le torturant infatigablement de plaisirs et de délices douloureux, depuis que l'univers a existé. Toi [...] l'archer, le porteur de torche, seigneur de toute perception spirituelle et de toutes les choses cachées [...] ».[7] Lorsque nous tombons amoureux, Éros nous éclaire avec sa torche, nous brûle de son feu, et nous désigne le but avec sa flèche. Psyché, l'astéroïde dans notre thème, ne peut ainsi être activée, au moment de transits et de progressions, que si l'Éros nous a déjà mis en relation avec une personne qui nous permettra d'accomplir nos propres travaux. Nous verrons qu'il s'agit autant de relations amoureuses au sens propre du terme (Beauvoir-Sartre) que de relations que l'on qualifie d'amicales, mais qui peuvent nous animer tout autant lorsqu'elles nous semblent vitales (Lennon-McCartney, Wagner-Nietzsche).

---

6 Marie-Louis von Franz, *L'Âne d'or : Interprétation du conte d'Apulée*, trad. par Francine Saint René Taillandier (La Fontaine de Pierre, 2008).
7 K. Preisendanz. *The Greek Magical Papyri in Translation Including the Demotic Spells*. PGM IV. 1716-1870 p.70.

Psyché : une révolution vénusienne moderne

Le véritable amour selon Platon : Lucius et Isis

Le mythe de Psyché et de Cupidon fait partie de l'œuvre *Les Métamorphoses* (ou *l'Âne d'or*) qui narre les aventures de Lucius (dont le prénom est le même que celui d'Apulée). Parce qu'il a tenté, avec l'aide de sa maîtresse, d'utiliser la magie sans la connaître ni la maîtriser, il se retrouve par erreur transformé en âne. Il relate ensuite ses péripéties, qui débutent alors qu'il a été volé par des brigands qui vont l'utiliser comme bête de somme. Ces mêmes brigands ont enlevé une jeune femme nommée Charitè pour en obtenir une rançon, et leur vieille maîtresse de maison lui raconte, pour la distraire de son chagrin, l'histoire de Psyché et de Cupidon : en l'écoutant, l'âne Lucius découvre ainsi ce mythe.

Après de nombreuses aventures, Lucius se retrouve une nuit réveillé par un éclat de lumière : c'est la pleine lune. Il se rappelle alors que la « Lune, divinité du premier ordre, exerce un souverain pouvoir et préside aux choses d'ici-bas » et adresse une supplique à la divinité lunaire, qu'il nomme tour à tour Cérès, Vénus céleste, Artémis et Proserpine. Isis lui apparaît alors, son manteau noir orné d'étoiles et d'une lune pleine et brillante. Elle lui dit avoir reçu des noms très divers, et cite Diane, Hécate, Minerve, Vénus, Proserpine, Junon, mais explique que seuls les Égyptiens et les Éthiopiens la nomment par son vrai nom, Isis.

La déesse lui rend son apparence humaine, et Lucius, émerveillé, souhaite être initié à ses mystères, mais hésite en raison de l'obligation de respecter le vœu de chasteté. Il finit par accepter son initiation dans la joie. Il précise que « l'initiation était une sorte de mort volontaire, avec une autre vie en expectative », et narre le grand jour en ces termes : « J'ai touché aux portes du trépas ; mon pied s'est posé sur le seuil de Proserpine. Au retour, j'ai traversé tous les éléments. Dans la profondeur de la nuit, j'ai vu rayonner le soleil. Dieux de l'enfer, dieux de l'Empyrée, tous ont été vus par moi face à face, et adorés de près. » Après cette initiation, qui précède une deuxième, cette fois-ci aux mystères d'Osiris, Lucius finira sa vie au service de ces divinités, dans le bonheur de l'amour chaste du divin. On retrouve là ce que Socrate décrit dans *Le Banquet* de Platon.

Apulée et la « troisième espèce d'amour »

Lucius touche aux portes du trépas, ce qui n'est pas sans rappeler ce qui arrive à Psyché chez Proserpine, à la différence que Lucius sait ce qui l'attend et l'accepte totalement. Mais dans les deux cas, cette mort apparente est bien la dernière étape d'une métamorphose, celle qui rend digne de l'amour et rappelle la métamorphose de la chenille en papillon, symbole de l'astéroïde et de l'âme.

Mais Psyché n'est pas Lucius, car Apulée, conscient que la pureté de l'amour que Lucius voue au divin n'est accessible qu'à un petit nombre de ses semblables, et souhaitant avant tout leur éviter l'autre type d'amour qui se contente de la jouissance physique, ouvre une troisième voie, qu'il avait déjà présentée dans son *De la Doctrine de Platon* : « Il y a une troisième espèce d'amour, que nous avons dite intermédiaire : résultant de la juxtaposition de l'amour divin et de l'amour terrestre, solidement formé à parts égales de leur alliance et de leur association, cet amour est divin puisqu'il est proche de la raison mais, en tant que terrestre, il est lié au désir et à la volupté ».

Psyché accède, grâce à ses travaux, à cette troisième espèce d'amour, divin et terrestre à la fois : elle habitera sur le mont Olympe et sera l'égale de son époux ; immortelle, elle enfantera une fille du nom de Volupté. Cette volupté n'a rien à voir avec l'espèce d'amour qu'Apulée qualifie d'« impur et indigne de l'homme », car elle ne se nourrit que de la jouissance des corps et n'a rien à voir avec l'âme.[8] Il a bien démontré que Psyché s'est montrée digne et vertueuse ; quant à Cupidon lui-même, mais cela dépasse le cadre de ce livre, il a également évolué dans les épreuves pour devenir amoureux de l'âme et non plus seulement du corps de Psyché. Apulée explore ainsi les voies de l'amour humain et reconnaît la dignité de celui-ci, même si la révélation de Lucius montre que l'amour le plus abouti est celui que l'on voue à la déesse primordiale.

L'amour à la fois divin et terrestre est donc, pour Apulée, atteignable par un être humain s'il se montre capable de réussir ce que Psyché a réussi : il doit faire preuve de discernement, définir ses valeurs et éviter la fusion avec l'être aimé (premier travail), montrer sa modération, en évitant d'agir

---

8 Apulée, *De la Doctrine de Platon*, in *Œuvres complètes d'Apulée t. III*, trad. Victor Bétolaud (Garnier Frères, 1836).

guidé par ses sens (deuxième travail), développer son courage, pour aller affronter l'inconscient et ses émotions enfouies (troisième travail), et enfin être capable de prendre sa place dans la relation, et ne pas jouer un rôle qu'on voudrait qu'il joue (quatrième travail). Chaque fois que l'astéroïde Psyché sera activé, par des planètes en transit ou en progression, ces thèmes seront actualisés. Vénus peut être honorée dans ces conditions, et favoriser une union heureuse (« Volupté ») entre deux êtres égaux (le respect de la loi civile jupitérienne). Elle favorisera alors le Soleil du sujet, son essence divine, en lui permettant l'accès à l'immortalité symbolique.

La découverte de Psyché et le mouvement romantique

Psyché a été le seizième astéroïde à être découvert, le 17 mars 1852. Ce jour-là, le Soleil était en Poissons, signe d'exaltation de Vénus, et cette dernière était en Taureau, signe dont elle a la maîtrise. Le Soleil formait un quinconce très étroit avec l'astéroïde Psyché, situé en Lion. La conjonction parfaite entre Psyché et l'étoile Regulus est frappante, comme si Psyché était enfin prête à régner, à obtenir une certaine forme de reconnaissance. Mais ce qui mérite de retenir notre attention sont les aspects que formaient Vénus avec les autres éléments du thème. S'il s'agissait d'une personne, nous qualifierions ces aspects de particulièrement difficiles. Vénus était en effet conjointe à Pluton, Saturne et Uranus, ces deux dernières planètes étant sur le même degré du zodiaque, c'est-à-dire en conjonction partile. Elle était, de surcroît, en trigone à Chiron. Cette Vénus mise en difficulté par Saturne et les planètes dites extérieures semble faire écho au début du mythe, où le culte de Vénus n'est plus assuré.

Il apparaît qu'une nouvelle façon (Uranus/Pluton) de prendre en compte la fonction vénusienne était nécessaire, à un moment où le mouvement romantique touchait à sa fin, et après les bouleversements uraniens du siècle précédent. Psyché a été découverte par Annibale de Gasparis, alors en poste à l'observatoire de Naples. Ayant vu le jour en 1819, juste après les guerres napoléoniennes, il est né, pour ainsi dire, en même temps que le mouvement romantique italien (même s'il y avait des prémices en Italie pendant l'épopée napoléonienne, le romantisme ne s'imposa qu'après). Comme le jour de la découverte de l'astéroïde dont il choisit lui-même le nom, on trouve dans le thème d'Annibale de Gasparis une Vénus difficilement aspectée, en exil en Scorpion, elle forme un trigone d'orbe 1° avec une triple conjonction extrêmement étroite de Saturne, Pluton et Chiron. En conjonction avec le Soleil et Mercure, elle est également en trigone à Mars.

Gasparis éprouvait donc probablement des difficultés à ressentir sa valeur personnelle, tout comme à vivre des relations affectives épanouissantes.

Neptune a été découverte très peu de temps avant Psyché, la première en septembre 1846 et la seconde en mars 1852. Les deux ont un lien évident avec le mouvement romantique qui touchait à son terme à cette époque. Comme le dit très bien Victor Hugo « On n'a jamais plus parlé du romantisme que depuis qu'on dit : *"le romantisme est mort"*. »[9] Le siècle précédent, celui des Lumières, avait établi les bases pour un changement de paradigme, en mettant l'accent sur les choix individuels et le bonheur personnel. À la fin du XVIIIe siècle et au début du XIXe, les romantiques purent ainsi proposer une nouvelle forme de relation amoureuse entre deux êtres. Jusque-là, dans la majorité des mariages, les aspects pratiques étaient décisifs (transmission de terres, union entre personnes de même niveau social, ententes entre familles...). La sexualité était dès lors vue comme devant servir uniquement à la reproduction, ou comme une activité récréative pouvant être pratiquée, si possible discrètement, en dehors de toute notion d'amour. Les romantiques décrivirent au contraire une union idéale, la rencontre entre deux âmes sœurs. Selon eux, l'amour doit opérer la fusion du corps et de l'âme, du désir et du sentiment. Il devient un idéal de plénitude, de communion entre deux êtres.

Les parallèles entre la vision de l'amour des romantiques et celle prônée par Apulée à travers le mythe de Psyché sont donc nombreux. Alors que Cupidon est tombé amoureux de la beauté physique de Psyché, et que cette dernière s'unira physiquement à lui sans même savoir qui il est, les deux traversent des épreuves et connaissent une évolution qui permettra à leur union d'être fondée sur un amour réciproque, de nature divine, c'est-à-dire parfait, et sur le partage de leurs désirs terrestres, incarné par la naissance de leur fille Volupté. Psyché et Cupidon sont bien deux âmes sœurs qui ont trouvé le secret de la félicité, dans la communion des cœurs et des corps.

Psyché l'astéroïde dans le thème natal

La découverte de Psyché coïncide avec un tournant dans la vision collective de ce que représente Vénus. Jusque-là, l'astrologue évoquant Vénus avec son client devait se trouver dans une forme d'impasse, puisque Vénus implique un choix, et que l'immense majorité des personnes ne choisissaient pas leur conjoint. À partir du XIXe siècle, le romantisme tient possible le bonheur dans le mariage si le partenaire est choisi et les deux amants sont désireux

---

9 Victor Hugo, *Océan – Tas de pierres* (Albin Michel, 1942).

de s'unir autant par l'esprit que par le corps ; cet amour confine au divin, et rapproche l'être humain d'une forme d'immortalité.

En pratique, Psyché est donc ce qui, en nous, peut nous permettre une union véritablement heureuse, que ce soit en amitié ou en amour. C'est cet astéroïde qui nous sert de guide pour développer les quatre piliers, qu'Apulée compare à des vertus, d'une relation mature, saine et heureuse. La sagesse nous aide à reconnaître nos limites et à discerner des choix conformes à nos valeurs, à l'abri des influences extérieures ; la modération nous oblige à choisir l'objet de notre affection sans être soumis à nos sens ; le courage nous permet d'assumer nos choix et nous pousse à nous confronter à nos émotions et à ce qui est ignoré ou refoulé ; et enfin la justice consiste à ne pas demander à l'autre de jouer un rôle que l'on attendrait de lui, tout comme à refuser de sortir de son propre destin, en comblant les attentes de l'autre.

Nous n'avons pas accès immédiatement à ces qualités, sinon Psyché n'aurait pas eu à affronter les travaux de Vénus. Nous ne pouvons les développer seuls, en méditant ou en nous isolant : le point de départ est toujours une relation, car Psyché n'aurait rien entrepris si son désir de revoir Cupidon n'avait été aussi fort. C'est bien le désir qui nous met en mouvement, même si, comme nous le verrons dans les exemples décrits dans la partie suivante, il s'agit du désir de posséder une part de la beauté d'un être aimé qui fait écho à une même beauté profondément enfouie en nous. Ainsi, l'activation de Psyché, et le dévoilement des qualités qu'elle représente, permettent de vivre Vénus d'une manière qui ne soit ni compulsive, ni trop rationnelle, ni liée à des patterns familiaux hérités, mais tout simplement authentique.

Les clés de l'interprétation de Psyché en astrologie

Les clés pour interpréter l'astéroïde Psyché en astrologie sont donc au nombre de trois : Vénus, le Soleil, et la notion d'une beauté intérieure dont la révélation est nécessaire pour servir le potentiel de ces deux astres. Les qualités de Psyché, symbolisées par sa position en signe et en maison et par ses aspects, sont spécifiques à chaque individu : il nous appartient donc de trouver de quelle manière nous allons honorer Vénus et développer une relation saine et épanouissante, quel « pilier » (les vertus d'Apulée) nous devons travailler, quels sont nos atouts pour y arriver. Une Psyché conjointe à Saturne en Vierge ne donnera pas les mêmes informations qu'une Psyché en Cancer conjointe à Pluton. Si l'une nous demande de nous concentrer sur la sagesse et la justice, l'autre nous incite à avoir le courage de la descente en Hadès et de la confrontation aux émotions. D'une manière générale, le signe dans lequel se trouve Psyché doit trouver une place dans notre vie pour que notre façon d'aborder la relation soit au service de Vénus et du Soi. Nous reviendrons sur l'interprétation de Psyché en signes et maisons dans la troisième partie.

Si l'on cherche à schématiser le mouvement intérieur, Vénus, aidée de l'Éros, nous pousse dans une relation qui nous permet de développer les qualités symbolisées par Psyché, qui en retour servent le sens d'estime de soi qu'offre Vénus et sa capacité à nous procurer de la joie. Vénus nous permet alors de trouver le beau en nous, notre propre valeur, et peut ainsi se mettre au service du Soleil et du sens de notre vie.

Résumé

Dans le mythe de Psyché, tout est dit dès le début : le culte de la déesse n'est plus assuré, Vénus n'est plus honorée parce qu'on vénère à sa place sa mortelle copie. Psyché est donc un faux. Ses travaux vont lui permettre de devenir vraie : la symbolique du mariage divin montre qu'elle a atteint la complétude ; elle est désormais une vraie déesse. Pour avoir empêché le culte de Vénus, l'âme subit une série d'épreuves lui permettant de développer des attributs qu'elle possédait mais ignorait. De même, par l'intermédiaire de transits, de progressions ou en synastrie, l'activation de l'astéroïde Psyché nous permet de développer des qualités intérieures, qui n'avaient pas encore accédé à la conscience, et qui sont nécessaires à l'expression saine et complète de la planète Vénus.

L'astéroïde Psyché mérite vraiment qu'on s'y intéresse, si l'on comprend à quel point Vénus lui est tributaire. La tradition platonicienne nous montre bien que cette planète, en tant que symbole de la beauté, peut être le guide d'un véritable chemin initiatique vers le divin. La tradition astrologique ne nous dit pas autre chose, quand elle prétend que Vénus est exaltée en Poissons : dans ce signe l'amour s'étend au vivant dans son ensemble, et au divin. Grâce à sa faculté de nous faire entrer en relation avec une personne, ou avec quelque chose de plus grand que nous, Vénus possède à la fois le don de nous connecter à nous-mêmes, et au divin.

La mission spatiale Psyché

La Nasa a lancé sa mission Psyché le 13 octobre 2023 à 10h19 du Centre spatial Kennedy en Floride. L'étude des configurations planétaires du moment est particulièrement intéressante : le Soleil, la Lune et Mercure sont en Balance et sont donc gouvernés tous les trois par Vénus, qui est culminante, exactement sur le Milieu du Ciel en Vierge. On retrouve donc l'accent sur les signes de la Balance et de la Vierge, dont nous avons déjà mis en évidence l'importance dans le mythe. Regulus est encore saillante, comme le jour de la découverte de Psyché, car elle est conjointe au Milieu du Ciel et à Vénus. Le signe du Scorpion n'est pas en reste, car Mars se trouve sur le premier degré du signe, nous rappelant qu'Apulée a choisi de faire mourir Psyché aux Enfers avant sa renaissance sur l'Olympe. L'ascendant est également en Scorpion, Psyché y étant conjointe, en Sagittaire. Vénus est sur-valorisée dans ce thème : sur le Milieu du Ciel, disposant du Soleil, de la Lune et de Mercure, elle est également maîtresse d'Uranus et de Jupiter, qui sont dans le signe du Taureau, en quinconce à la conjonction Soleil-Mercure. Enfin, Neptune se trouve en Poissons, dans le signe d'exaltation de Vénus, tout comme Saturne, sur le premier degré des Poissons. La conjonction de Saturne avec le Fond du Ciel du thème nous rappelle le fait que Vénus est née de la castration d'Ouranos effectuée par Saturne : c'est cette divinité qui est à la racine même de l'existence de Vénus.

Partie II

Quand le Soleil progressé éclaire Psyché

Introduction

En 1852, au moment de la découverte de l'astéroïde, Psyché est le nom d'un mythe qui traite d'une réalisation personnelle à travers la relation, mais qu'en est-il de l'astéroïde qui porte le même nom ? Comment vérifier s'il a un rapport avec le mythe transmis par Apulée ? Howard Sasportas, astrologue américain qui a co-fondé le Centre d'Astrologie Psychologique anglais avec Liz Greene, écrit dans son livre *Direction and Destiny in the Birth Chart*, qu'il voit « le Soleil progressé comme une torche qui éclaire tout ce qu'il touche ».[10] C'est cet éclairage que j'ai commencé à suivre et qui m'a permis de découvrir que des événements très significatifs, en rapport avec une relation importante de la vie de l'individu, avaient lieu lorsque le Soleil progressé « rencontrait » l'astéroïde Psyché. J'exposerai ce travail dans cette deuxième partie. Nous verrons qu'il ne faut pas se limiter à la conjonction, au carré ou à l'opposition : les sextiles, les trigones, les quinconces et même les semi-sextiles sont pertinents. Tout se passe comme si le Soleil progressé éclairait Psyché dès qu'il entrait dans le degré où cette dernière se trouvait en natal, quel que soit le signe. Par exemple, si Psyché est à 15° du Taureau, le passage du Soleil progressé à 15 degrés de n'importe quel signe mettra en lumière une problématique relevant du mythe de Psyché. L'orbe est assez étroit : l'expérience montre que l'influence de Psyché se fait sentir à l'intérieur d'un orbe d'un demi-degré avant et après l'aspect exact. En termes de temps, cela représente environ six mois avant et six mois après l'aspect exact. Les conséquences peuvent durer bien plus longtemps, mais le ou les événements déterminants et les changements engagés auront lieu dans ce laps de temps.

La pertinence d'utiliser les astéroïdes en astrologie demeure controversée, d'autant plus qu'ils ont été peu étudiés, et sont loin de faire consensus quant à leur interprétation. J'ai choisi de détailler assez longuement ce qui s'est passé pour une dizaine de personnalités et trois de mes clientes quand leur Soleil progressé a éclairé Psyché, de manière à convaincre les plus sceptiques de la réalité des effets de l'astéroïde. Les événements et les

---

10 Howard Sasportas, *Direction and Destiny in the Birth Chart* (The Wessex Astrologer, 2023).

changements intérieurs sont en effet suffisamment éclairants pour être éloquents. Comme nous le verrons dans les exemples choisis ci-après, la rencontre avec l'astéroïde Psyché est un moment où la façon dont nous honorons Vénus doit être questionnée. Une relation, qu'elle soit amoureuse ou affective, produit en nous des effets qui nous poussent à évoluer. Ce moment n'est pas toujours agréable, loin de là : dans le mythe, la déesse ordonne à ses servantes Tristesse et Souci de torturer Psyché. Lorsque notre Soleil progressé rencontre Psyché, des événements ou des situations douloureuses nous poussent à accomplir nos propres travaux pour restaurer le culte de notre Vénus et nous rapprocher d'une forme d'immortalité symbolique. De nouvelles ressources intérieures accèdent à la conscience, le processus d'individuation connaît une étape importante. Nous discuterons du sens à donner à ces qualités révélées par la relation dans la troisième partie. La rencontre avec Psyché est toujours un moment extrêmement fécond pour la découverte de soi.

Simone de Beauvoir

Simone de Beauvoir nous offre un exemple éloquent des effets de l'astéroïde Psyché, grâce au journal qu'elle a tenu et publié sous le titre *Cahiers de jeunesse*.[11] Ce témoignage est d'une richesse sans égale pour comprendre l'astéroïde Psyché, et les enjeux soulevés par une relation, quelle que soit sa nature, lorsque le Soleil progressé forme un aspect avec lui. Le Soleil de la philosophe est à 17°31 du Capricorne, et sa Psyché à 10°07 du Scorpion. Pour connaître les effets de cet astéroïde, il fallait donc attendre le passage du Soleil progressé en Verseau, signe dans lequel il forma un carré exact à Psyché natale le 26 mars 1930.

Simone de Beauvoir rencontra Jean-Paul Sartre le 08 juillet 1929 ; le 30 juillet ils furent reçus tous deux à l'agrégation de philosophie. En septembre 1929, Beauvoir était déjà en admiration devant Sartre, mais leur relation semble n'avoir été intime qu'à partir d'octobre, à la faveur d'un transit de Jupiter sur la Vénus natale de Beauvoir. Très vite, Sartre lui signifia que leur amour était nécessaire, mais qu'ils pouvaient profiter d'amours « contingentes ». Il lui proposa de signer un bail de deux ans. Au début de leur relation amoureuse, le Soleil progressé se trouvait à 9°40 du Verseau, à 0°27 de former un carré exact avec Psyché natale : il venait de rentrer dans la zone d'influence de l'astéroïde.

En parcourant le septième cahier des *Cahiers de jeunesse*, on ne peut qu'être frappé par l'inégalité de la relation qui se nouait : Beauvoir, subjuguée par Sartre, confie ne chercher qu'à se perdre en lui, à ne vivre que par et pour lui, à s'oublier pour n'être heureuse que du simple fait de l'aimer. Nous n'avons pas le journal intime de Sartre, mais l'on devine bien qu'il n'était pas dans le même état d'esprit. Dès le mois de décembre, il avertissait sérieusement Simone : elle était bien trop dépendante de lui. Beauvoir écrivit : « C'est la première fois que brutalement je me sens renvoyée, comblée de dons, mais bien, à tout jamais congédiée. » Sartre lui avait dit qu'il pensait qu'elle était trop enracinée dans son bonheur. Mais elle sembla réagir très vite, car elle nota le même jour : « Larmes non amères, larmes

---

11 Simone de Beauvoir, *Cahiers de jeunesse 1926-1930* (Gallimard 2008).

34   *Savoir Aimer – L'astéroïde Psyché*

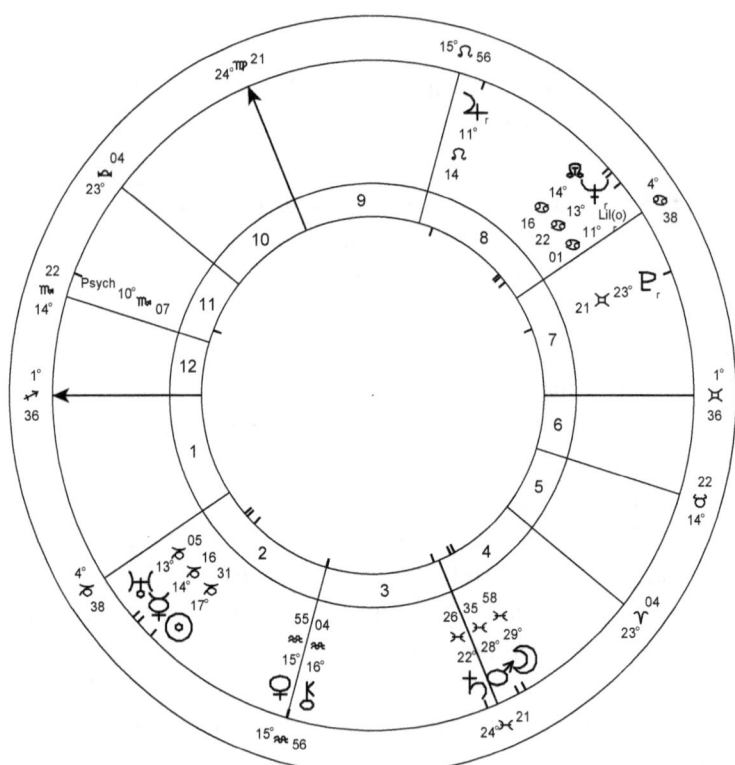

d'où déjà une force naît, larmes d'où je sens que la Walkyrie va se dresser, éveillée enfin de ce long sommeil de bonheur. Oui, j'aimais tout à l'heure me sentir ramenée par ce chemin au temps où de moi seule il fallait tirer tout. » Ce jour-là, le 12 décembre, Chiron en transit était à 10°37 du Taureau, en opposition à sa Psyché natale.

De manière symbolique, la relation Sartre-Beauvoir était au même point que celle de Psyché et de Cupidon, avant que Psyché ne se décide à l'éclairer et que le dévoilement n'ait lieu. Simone vivait dans une espèce de torpeur, un bonheur dans lequel elle oubliait le but de sa vie, ne se satisfaisant que d'être aimée par Sartre. De même Psyché, alors qu'elle se sent si seule dans ce palais toute la journée, et que sa vie ne consiste qu'à attendre ses étreintes avec Cupidon, semble être comblée par cette situation. Sartre l'a bien senti, lui, qui avait dit la veille que Simone lui semblait « trop incrustée dans [son] bonheur ». Mais toutes les deux s'éveillent : Psyché exige la vérité, et se retrouve seule à en assumer les conséquences à travers les travaux imposés par Vénus ; Simone « éveillée de ce long sommeil de bonheur », se sentait enfin ramenée vers elle-même et son potentiel. Pourtant, elle ignorait que ses travaux vénusiens ne faisaient que débuter.

Elle s'en doutait, probablement, car, le 25 décembre, elle écrivait : « La Walkyrie veille-t-elle ? Peut-être, très loin [...]. » L'année 1930 s'ouvrit de la même manière que se finit 1929 : « Je ne sais même pas ce que je désire. Tout est parfait. Je suis faible, je suis lâche. » Psyché est encore dans le palais de son amant, prisonnière de sa béatitude. Le carré exact entre le Soleil progressé et Psyché eut lieu fin mars, mais Simone avait arrêté d'écrire pour ne reprendre qu'en juin. On sent bien que ses résolutions de Walkyrie, prises au mois de décembre, avaient été vaines, puisqu'elle écrivait, le 9 juin, alors que le Soleil progressé avait dépassé le carré exact à Psyché de 0 degré et 12 minutes : « Comme en un certain jour de décembre, pour les mêmes raisons environ, je suis sans défense, sans courage, accablée. Il m'a reproché à Tours hier de vivre dans une trop entière dépendance de lui et son groupe. » Elle sait que la solution est de se remettre à écrire, mais elle n'y croit pas : « Et j'aimerais tant, par-dessus tout ! Mais je n'ai pas de talent, je ne peux pas ! Je souffre ». Vénus exigeait un travail mais Beauvoir ne se sentait pas capable de le réussir. Son estime d'elle-même avait trop pâti de ces sept mois de relation, elle avait perdu foi en son talent.

Dans le mythe de Psyché, c'est Vénus qui, n'étant plus honorée du fait de la beauté de sa rivale mortelle, définit la nature des travaux. Chez Simone de Beauvoir, Vénus est en Verseau, exactement conjointe à Chiron et en quinconce à une conjonction Neptune-Lune Noire. Elle se situe sur la cuspide de la maison III. Enfin, elle est opposée au maître de l'ascendant, Jupiter, dans le signe du Lion. Ce qu'exige une telle Vénus n'est pas aisé à synthétiser, mais il est d'emblée évident qu'une Vénus en Verseau ne saurait se satisfaire d'une relation fusionnelle dans laquelle Beauvoir s'oublierait. Mais la conjonction Neptune-Lune noire en Cancer, elle, le pourrait. En aspect à Vénus, cette conjonction évoque une quête d'absolu dans la relation, un désir vertigineux de se fondre en l'autre. Le conflit intra-psychique appartenant à Beauvoir, symbolisé par ce quinconce d'une Vénus en Verseau avec une conjonction Neptune-Lune Noire, est projeté sur Jean-Paul Sartre. Ce dernier est à la foi l'océan dans lequel elle souhaite se noyer et l'instance qui la repousse dès que son indépendance de Verseau est en danger. Le cri de Beauvoir « mais je n'ai pas de talent ! » est à rapprocher de la conjonction quasi exacte entre la planète symbolisant l'estime de soi et Chiron. Cette conjonction évoque une mémoire familiale où l'expression de Vénus semble avoir été entravée, comme si des blessures liées à l'estime de soi s'étaient transmises dans la psyché familiale. Cela rend Simone d'autant plus sensible au mythe de Psyché, dans lequel Vénus demande à être honorée et exige que ses volontés soient satisfaites. Vénus étant sur la cuspide de la maison III, l'écriture est bien un des moyens privilégiés de lui rendre hommage. Pour finir, Vénus étant opposée à Jupiter en Lion, maître de l'ascendant, le conflit porte aussi sur la façon de porter des valeurs universelles (Verseau), tout en s'autorisant à briller et à défendre une ambition personnelle (Lion).

La crise symbolisée par la rencontre avec Psyché n'était donc pas résolue en juin : la relation était toujours inégale, Simone s'oubliait toujours dans son amour de Sartre, et elle ne se possédait pas elle-même, pas plus que son talent. Elle écrivit, toujours le 9 : « Cet amour a pris tellement tout, tellement ! J'ai tellement vécu en lui seul et négligé ma propre vie ! » Si l'on revient au mythe, et à sa lecture platonicienne, il est évident que Simone a négligé la vertu de la sagesse, celle illustrée par le travail de tri des graines, et qui consiste à savoir se différencier de l'autre. Elle n'a pas non plus respecté la vertu de modération, tant elle se montre excessive dans ses sentiments. Enfin, la justice, la loi Saturnienne n'était pas respectée, au sens de l'exaltation de Saturne en Balance, qui nous impose de ne pas nous assujettir à l'autre. Pourtant, à tous ses problèmes, toujours, la même solution, comme une évidence qui tardait à s'imposer : « Il faut que j'essaie d'écrire, ma seule chance. » Le 10 juin, elle confirme combien Vénus souffre : « mon pauvre amour pour moi est même presque mort », mais elle semble avoir avancé, dans la douleur : « N'ayez crainte ce soir, mon amour ; je suis terriblement indépendante de vous, mon amour ; [...] Mais si vous saviez à quel point, quand je me retrouve, tout m'est égal, et mon bonheur même ! à quel point ! » Avoir le courage de se retrouver pour Simone, comme celui d'oser désobéir dans le but de connaître la vérité, pour Psyché, s'accompagne d'un sacrifice : celui, au moins provisoire, du bonheur éprouvé dans l'amour. La quête de l'authenticité a un prix.

Simone cessa à nouveau d'écrire tout l'été, et reprit son journal en septembre, cinq mois après le carré exact à Psyché, le Soleil progressé l'ayant dépassé d'un demi-degré (0°28). Elle semblait avoir trouvé enfin la solution à son conflit intra-psychique, projeté sur son amant Jean-Paul Sartre. Entre l'amour et l'indépendance, entre l'oubli de soi dans la fusion extatique et la quête de l'accomplissement. Elle affronta d'abord la vérité, le 6 septembre. Comme Psyché, elle porta la lumière sur son amant : « Je relis mes notes d'octobre dernier. Oh ! je sens trop fort comme il m'aimait moins que je ne l'aimais, comme ce n'était qu'une petite aventure de Baladin, quand je lui donnais mon âme dans un émerveillement où je me perdais. » La beauté n'était plus l'apanage de Sartre : « Il n'est plus aussi parfait à mes yeux », et elle avait enfin perçu la sienne, puisqu'elle écrivait le 7 septembre : « Je suis heureuse. [...] Je pourrais avoir une année splendide si j'écris chaque jour comme aujourd'hui. » Puis, le lendemain : « Je suis heureuse. J'ai écrit toute la journée. » Le culte de Vénus semblait donc enfin restauré : l'écriture, expression de cette Vénus en Verseau en maison III, permettait à Beauvoir de retrouver son estime personnelle et sa joie de vivre.

Durant toute cette année, les qualités de sa Psyché en Scorpion avaient pu être révélées, et lui permettre d'exercer la lucidité chère au signe adepte des profondeurs émotionnelles, pour décrypter ce qui se jouait dans sa relation avec Sartre. Ses allusions nombreuses à la Walkyrie, déesse guerrière des mythologies germaniques, font écho au domicile de Mars dans le signe du Scorpion ; de plus, comme nous le verrons dans la troisième partie, sa Psyché est conjointe au Mars en Scorpion de Sartre. C'est donc une beauté divine colorée par Mars dont elle est tombée amoureuse, et elle sent bien que c'est en développant des qualités martiennes au sein de la relation, en s'inspirant d'une Walkyrie, qu'elle pourrait se retrouver. Elle s'est finalement montrée capable d'utiliser la sagesse et le courage du Scorpion pour exister en tant qu'individu créatif et authentique, au sein d'une relation avec un homme qu'elle estimait et a continué à admirer toute sa vie. On retrouve là l'Aphrodite-Ourania de Platon : celle qui nous fait tomber amoureux d'une personne dont les qualités font écho aux nôtres, et nous permettent de dévoiler notre profondeur. Une Vénus en Verseau en quinconce à une conjonction Neptune-Lune Noire peut idéaliser la relation, refusant de voir que chacun des protagonistes possède une ombre. Contrainte par la souffrance et le rejet de développer les qualités symbolisées par sa Psyché en Scorpion, Beauvoir a pu affronter son propre monde émotionnel et sa dépendance à l'égard de Sartre pour restaurer son estime d'elle-même et ses valeurs. Elle a accompli ses propres travaux, pour parvenir à révéler les qualités du Scorpion, du moins celles nécessaires pour établir une relation saine et égale avec Sartre, comme Psyché dans le mythe. Tous les signes ont leur propre sagesse et peuvent faire preuve de courage et de modération de différentes manières ; chaque signe peut développer une conscience de soi suffisante pour être juste et jouer son propre rôle, son propre destin. Beauvoir a dû le faire à la manière du Scorpion, et ce signe évoque à la fois les eaux froides défendues par les dragons du troisième travail et la descente dans le royaume de Proserpine du dernier. On comprend que l'expérience émotionnelle qu'elle a vécue à l'âge de vingt-deux ans l'ait obligée à plonger au plus profond d'elle-même et l'ait durablement marquée.

Pour nous, lecteurs, qui savons combien les livres de Simone de Beauvoir lui ont conféré une certaine forme d'immortalité, il est frappant de constater la proximité symbolique entre son histoire et celle de Psyché. Perte de soi dans la relation, souffrance, quête d'authenticité, travail sur soi, immortalité : l'astéroïde portant le nom du mythe semble bien lui avoir permis d'en vivre tous les éléments. Beauvoir exprime magnifiquement bien ce que nous invite à vivre Psyché, quand elle tire, en septembre, les conclusions de l'année qui vient de s'écouler : « Je ne suis plus une petite fille émerveillée, je suis moi, avec mes désirs, mes amis, mon travail à faire, et qui l'aime. » Si la rencontre avec l'astéroïde Psyché peut signifier une rupture, comme nous le verrons tout au long de cet ouvrage, ce n'est pas une obligation, et Beauvoir nous montre comment tirer profit des enseignements de l'astéroïde sans renoncer à la relation qui a servi à les transmettre. Quand elle écrit « Je ne suis plus cette petite fille d'aventures et de rêves », on sent bien que quelque chose est mort en elle, comme Psyché après avoir ouvert le flacon de Proserpine, mais la femme de lettres, elle, a accédé à la vie éternelle.

Friedrich Nietzsche

Le philosophe Friedrich Nietzsche vécut une rupture déterminante dans sa vie au moment du sextile entre son Soleil progressé et Psyché, survenu début juillet 1878. On peut même affirmer que ce fut un tournant majeur dans sa vie, dans son œuvre, et dans sa pensée. Pensant avoir trouvé dans l'œuvre du compositeur Richard Wagner la réponse aux questions métaphysiques qui l'habitaient, le philosophe avait écrit en 1876, dans ses *Considérations inactuelles* : « Wagner a inventé un style qui signifie l'infini, il devient l'héritier de Hegel, la musique comme Idée... », assorti d'éléments sur la vie du compositeur permettant d'expliquer son art.[12] La lecture de ces passages avait apporté tant de baume au cœur d'un Wagner fatigué et en proie au doute, que ce dernier lui répondit : « Ami ! Votre livre est prodigieux ! Comment avez-vous pu me pénétrer de cette manière ? » Cosima Wagner, son épouse, insista pour que Nietzsche se rendit aux répétitions, puis aux premières du festival de Bayreuth qui devait avoir lieu l'été 1876. Nietzsche, dont l'état de santé était déjà problématique, accepta mais regretta très vite : Wagner n'avait aucun temps à lui consacrer, tout lui était source de migraine insupportable, et, surtout, il commençait à remettre en doute l'art wagnérien, principalement, au début, en raison des personnes venues assister au festival. Il appuyait ses critiques sur les wagnériens, non sur Wagner.

La rupture n'intervint pas à ce moment-là : durant l'automne 1876, Nietzsche et Wagner passèrent leurs vacances dans la même ville italienne, et s'y virent tous les jours, chez l'un ou chez l'autre. Ils firent de longues promenades propices aux discussions philosophiques et à l'échange de points de vue. Nietzsche, qui avait perdu son père lorsqu'il était enfant, avait besoin d'un homme qui en jouât le rôle. Il pensait avoir trouvé en Wagner quelqu'un de l'âge de son père qu'il pouvait admirer, qui prenait soin de lui et de sa santé, et dont l'épouse le traitait comme un membre de la famille. Sa relation avec Wagner devint la plus importante de sa vie, et le resta même

---

12 Friedrich Nietzsche, *Considérations inactuelles*, in *Œuvres complètes de Frédéric Nietzsche vol.5*, trad Henri Albert (Mercure de France, 1907).

après leur séparation, même après la mort du compositeur. Il écrivit ainsi dans *Nietzsche contre Wagner* : « Car je ne fus jamais avec personne comme avec Richard Wagner... » puis, dans *Le Cas Wagner* : « Tourner le dos à Wagner, ce fut une fatalité pour moi ; aimer quelque chose ensuite, une victoire. »

En 1877, comme il l'expliqua plus tard, Nietzsche avait des doutes vis-à-vis du maître, mais il restait wagnérien : le 10 octobre 1877, il écrivait à Cosima, au sujet du prochain opéra de Wagner : « La superbe promesse du Parcival peut bien nous réconforter dans toutes les choses où nous avons besoin de réconfort ». C'est pourtant seulement deux mois après qu'il acheva *Humain, trop humain,* en janvier 1878, alors que son Soleil progressé entrait tout juste dans la sphère d'influence de l'astéroïde, avec un orbe de 0°30. Cet ouvrage devait sceller la rupture avec son ami : si Wagner n'y est pas cité explicitement, il revient sur ses écrits antérieurs en affirmant que la musique n'est pas un langage signifiant et qu'elle occupe une place secondaire dans la hiérarchie des arts. De plus, plusieurs de ses aphorismes font allusion à Cosima et ne sont flatteurs ni pour cette dernière, ni pour son époux. Il savait, en l'envoyant à Wagner, qu'il allait perdre son amitié. Il le lui envoya en avril, mais le journal de Cosima Wagner nous apprend que son mari ne commença à le parcourir que le 24 juin, et Cosima rapporte qu'il « s'étonne de sa vulgarité prétentieuse. »[13] Ce jour-là, qui marqua la prise de distance définitive de Wagner avec Nietzsche, le Soleil progressé du philosophe était à 0°02 du sextile exact à Psyché. Ils ne s'adressèrent plus jamais la parole.

Le 15 juillet 1878, dans une lettre écrite à son amie Mathilda Maier, Nietzsche expliquait qu'il vivait un tournant majeur dans sa vie, et qu'il souhaitait à tout le monde d'en vivre un pareil : « Je **vis** désormais mon aspiration à la sagesse, jusqu'au plus petit détail, alors qu'avant je me contentais de révérer et d'idolâtrer le sage – en bref, si vous pouviez savoir ce que cela fait de vivre ce changement et cette crise, alors vous ne pourriez vous empêcher de souhaiter avoir la même expérience. » Là encore, on ne peut manquer de relever le parallèle avec le mythe de Psyché. Elle cherche désespérément la beauté divine aperçue chez Cupidon, pour finir par l'incarner elle-même en devenant immortelle. Nietzsche pensait qu'il avait trouvé l'incarnation du sage, Wagner, pour finalement réaliser que sa beauté intérieure était justement cette sagesse. Juste avant de sombrer dans la folie, le philosophe est revenu, dans *Nietzsche contre Wagner*, sur cette période de sa vie : « Lorsque je me retrouvai seul, je tremblai ; peu de temps après, je fus

---

13 Cosima Wagner, *Journal III : 1878-1880* (Gallimard, 1979).

Friedrich Nietzsche 41

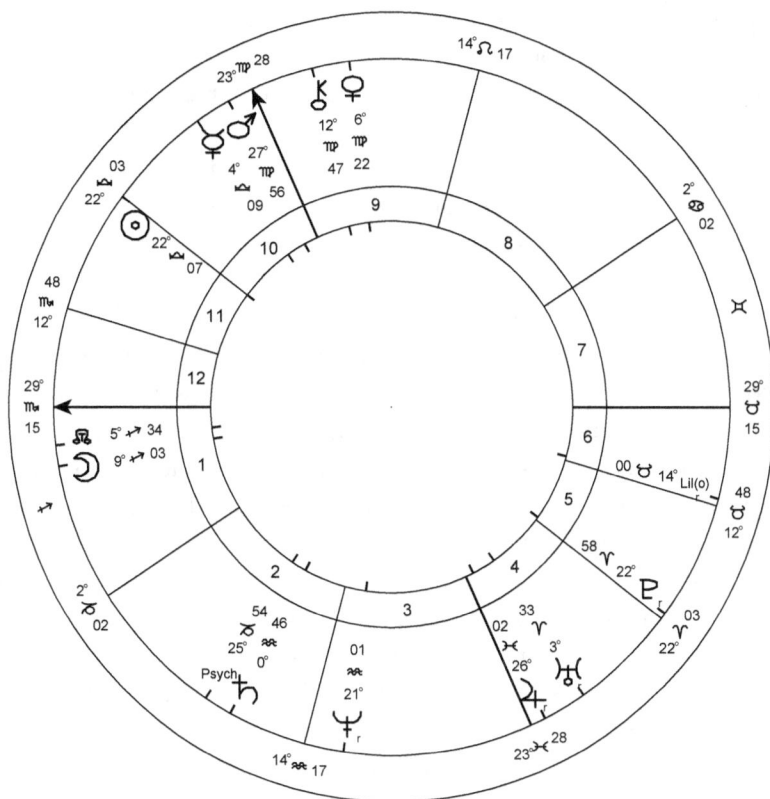

malade, plus que malade, las [...] je pressentais que j'allais être maintenant condamné à me défier plus encore, à mépriser plus profondément, à être plus absolument seul que je le fus jamais avant. Car je ne fus jamais avec personne comme avec Richard Wagner... ». Pour lui, les travaux vénusiens furent particulièrement cruels, car il dut se résoudre à une nécessaire solitude, certes temporaire, mais aussi à une méfiance envers ses semblables qui ne lui étaient que trop familières, les ayant connues dans son adolescence et ses années d'études.

Pendant toute cette période, Pluton en transit était opposé au Soleil progressé du philosophe : de mai à septembre 1878, il était à moins d'1 degré d'orbe. Le kairos, c'est-à-dire la couleur du temps, était plutonien : une période de renoncement à des structures, des idéaux, des pensées et des relations qui ne servent plus l'évolution du sujet, mais au contraire le maintiennent dans une ancienne peau devenue trop étroite. Ce transit évoque en effet la mue du serpent, animal à sang froid dont les liens symboliques avec l'inconscient sont un rappel des effets de Pluton. Cette opposition au Soleil progressé était bien sûr majeure dans la vie de Nietzsche, en 1878. Mais l'astéroïde Psyché a souvent, à l'instar de Mars, le rôle de déclencheur, de révélateur, pour les transits des planètes lentes, comme nous le verrons dans la troisième partie. Dans le cas du philosophe, il est évident que sa rupture avec Wagner, permettant le dévoilement de ses qualités psychéennes, fut un moment de manifestation extérieure de la profonde mutation symbolisée par le transit de Pluton ; et cette rupture eut lieu au moment du sextile exact du Soleil progressé avec Psyché.

Dans le thème de Nietzsche, le Soleil est dans le signe de la Balance au carré de Psyché, nous y reviendrons dans la quatrième partie, en trigone à Neptune (1°06), et l'axe des nœuds se superpose à l'axe ascendant-descendant. Il est peu de dire que les relations dans la vie de cet homme sont d'une importance majeure pour la construction de son identité. Le trigone à Neptune reflète sa tendance à l'idéalisation, puis à la déception. Nous avons vu que, lorsque le Soleil progressé forme un aspect à Psyché, c'est le moment d'interroger la façon dont nous avons honoré Vénus à cette période-là de notre vie. Dans le thème de Nietzsche, Vénus dispose du Soleil en Balance ; elle est en Vierge et en maison IX. Le sixième signe nous invite au tri et au discernement : Nietzsche le dit lui-même, il a idolâtré le sage plutôt que de trouver lui-même la sagesse. Il a fait sien ce qui ne lui appartenait pas. La maison IX est le terrain sur lequel Vénus entend être honorée : celui de la philosophie, de la pensée, des idées, et du groupe social. Vénus est conjointe à Chiron : cette conjonction peut rendre l'estime de soi plus compliquée au début de la vie ; suivant la symbolique centaurique, celle du médecin blessé, les relations peuvent occasionner des blessures éternelles ou permettre une guérison. Cet aspect peut aussi signifier que la solitude, qui blesse l'instinct vénusien d'établir des relations, est nécessaire pour construire un sentiment de valeur personnelle durable. Psyché est en Capricorne, et conjointe à Saturne : les qualités qui ont pu voir le jour pendant cette année 1878 sont celles de la capacité à accepter un isolement temporaire, à ne pas dépendre de l'autre, à incarner soi-même le guide, l'expert, le sage, le Père en tant que principe. Le Capricorne permettait à Nietzsche de se passer de soutien extérieur et d'accéder aux vertus de la sagesse et de la justice platoniciennes, qui consistent à jouer le rôle qui nous est propre, sans dépendre de l'autre ni en attendre l'aval. Ses qualités psychéennes lui offrirent l'accès à sa verticalité.

Nietzsche avait besoin de développer sa beauté intérieure (Psyché) pour établir des frontières claires (la Vierge) entre sa pensée (maison IX) et celle des autres, y compris Wagner. Il devait rendre sa pensée la plus pure possible, dépourvue de toute influence, de toute admiration, de toute fidélité à une autre personne que lui-même. Psyché en Capricorne devait lui permettre de donner à Vénus sa juste place. La rupture avec Wagner peut ressembler à un reniement. Mais elle était nécessaire, indispensable à Nietzsche et à sa Vénus en Vierge. Plus jamais le philosophe ne se laissa ensuite aller à idéaliser quelqu'un, ou à chercher chez l'autre les réponses à ses propres questions. Et il compara toujours par la suite cette crise, cette période de souffrance, à une guérison de son âme et de sa pensée.

John Lennon

Il est intéressant de voir les points communs entre deux hommes que cent ans, ou presque, séparent. Dans le thème de John Lennon, nous retrouvons une Vénus en Vierge, un Soleil en Balance et un aspect important entre le Soleil et Psyché, cette fois-ci un trigone exact. L'importance des relations est à nouveau soulignée, et le mythe de Psyché est particulièrement mis en valeur : en raison du trigone d'une part, et parce que Vénus est maîtresse du Soleil en Balance. La rencontre entre le Soleil progressé de Lennon et Psyché aboutit à un processus étonnamment similaire à celui qui produisit la rupture entre Nietzsche et Wagner. Là aussi, il s'est agi d'une divergence entamée auparavant, mais qui atteignit le point de non-retour au moment de l'aspect avec l'astéroïde. Et dans ce cas également, la relation était d'une importance majeure : celle avec Paul McCartney.

Le Soleil progressé de Lennon, alors en Scorpion, forma un quinconce exact à Psyché du 13 au 18 novembre 1970. Cette année fut particulièrement marquante pour John : ce fut l'année de la séparation des Beatles mais ce fut aussi, on le sait moins, celle durant laquelle il fut traité par Arthur Janov selon une thérapie « primale », menée d'après son livre *le Cri Primal*. Lennon suivit, avec son épouse Yoko Ono, cette thérapie à Los Angeles pendant 3 mois, de mai à fin juillet 1970. Dès qu'il rentra en Angleterre, il enregistra un album devenu depuis mythique : le *John Lennon and Plastic Ono Band*. Pendant l'enregistrement de l'album, du 26 septembre au 23 octobre, le Soleil progressé était à 0°08 du quinconce exact avec Psyché. L'album abordait des sujets liés à ce que Lennon nommait lui-même ses traumas : l'abandon par sa mère à cinq ans (il la retrouva plus tard mais la perdit une seconde fois quand elle décéda alors qu'il avait dix-sept ans), la carence paternelle, la condition ouvrière de sa famille, la fin de l'aventure Beatles... Chez un artiste dont le quinconce du Soleil progressé à Psyché faisait écho au trigone natal, il semble que ce moment de sa vie ait été propice à l'arrêt de refoulements et à la reconnexion avec la souffrance liée aux premières relations de sa vie. Il l'exprime ainsi : « Janov m'a montré comment ressentir ma peur et ma douleur, ainsi je peux mieux les gérer, c'est tout. [...] Parce qu'avant, je ne ressentais rien, c'est tout. Je bloquais mes émotions, et quand on ressent, on pleure. »[14] Le thème de la relation est, bien sûr, mis en exergue, puisque la majorité des traumas de Lennon était liée aux liens avec ses parents. En septembre, Jupiter en transit était au carré de sa Lune natale et au trigone de sa Lune progressée. Il ne fait aucun doute que cela l'a aidé à renouveler la façon dont il vivait et exprimait ses émotions. Mais le langage a une part extrêmement importante dans l'évolution de Lennon. Or, sa Psyché est en Gémeaux et en maison II, maison qui, en plus d'être celle qui peut symboliser nos valeurs ou le rapport au corps, est en lien avec le narcissisme primaire. Freud a pu notamment expliquer que par l'accueil qu'il reçoit de ses parents, et par leur « compulsion à attribuer à l'enfant toutes les perfections », l'enfant se retrouve dépositaire de leur narcissisme, depuis longtemps abandonné.[15] La relation de Lennon avec ses parents fut, dès le départ, compliquée : il avait donc besoin d'interroger ce narcissisme primaire, au moment où le Soleil progressé éclairait Psyché. Sa thérapie par le cri et l'écriture de nouvelles chansons lui permirent de laisser ses sentiments s'exprimer, ce qui était un préalable essentiel pour pouvoir honorer Vénus. Lennon accomplit ainsi le troisième travail de Psyché, en osant plonger dans les eaux noires et glaciales des émotions, en développant le courage donné par le signe des Gémeaux, celui d'utiliser les mots pour faire face à l'inconscient.

Les principaux transits, à cette époque, étaient liés à Vénus : Uranus en transit était conjoint à Vénus progressée et Chiron était au carré de cette même Vénus progressée. Uranus avait déjà fait une première conjonction avec Vénus progressée au début de 1970 et Chiron un premier carré en avril, mais le moment où ces transits devaient se manifester concrètement dans la vie de Lennon avait été fixé par Psyché : le 15 novembre, jour où Paul McCartney lui intenta un procès. Psyché est l'étincelle qui déclenche les effets des transits en cours des planètes lentes : ce qui se préparait depuis des mois est alors extériorisé, par l'intermédiaire d'une relation. Lennon avait encore devant lui des travaux, malheureusement très pénibles, à accomplir, avant que Vénus ne puisse retrouver une expression saine : il devait ouvrir les yeux sur sa relation avec Paul McCartney. On peut facilement comprendre l'importance de McCartney pour Lennon en lisant les interviews de ce dernier, jusqu'à sa mort. On peut également examiner leurs thèmes et constater que l'opposition natale Lune Noire-Neptune de John

---

14 Jann S. Wenner, *Lennon remembers: The Full Rolling Stone Interviews from 1970* (New York: Verso, 2000).

15 Sigmund Freud, *Pour introduire le narcissisme* trad. Olivier Mannoni (Payot & Rivages, 2012).

46 Savoir Aimer – L'astéroïde Psyché

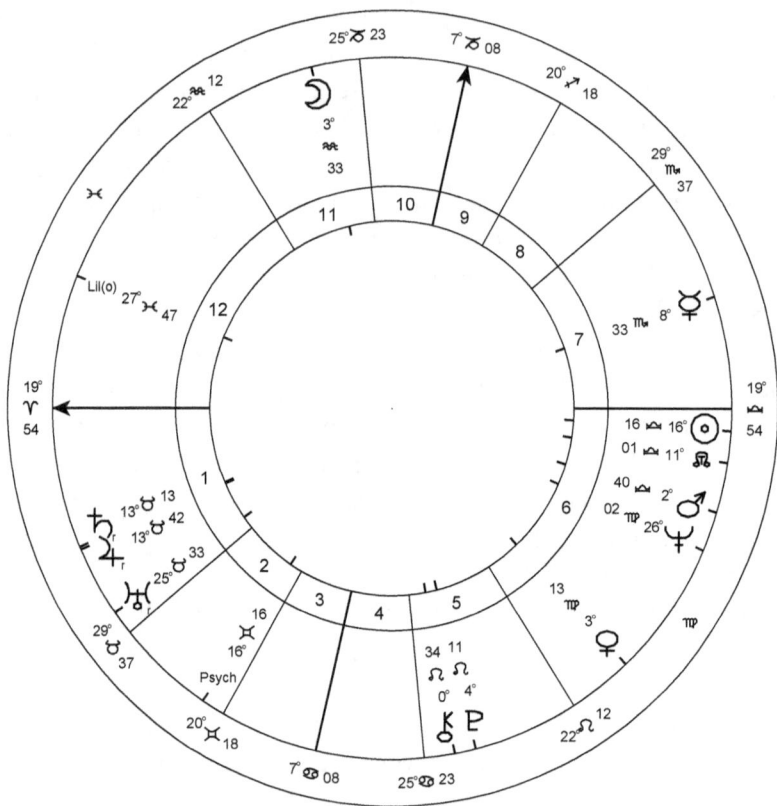

forme un carré en T avec le Soleil en Gémeaux de Paul. Il est peu dire que Lennon devait admirer au plus haut point le talent et la vivacité d'esprit de son ami, ainsi que son éclectisme, mais cette admiration devait susciter des sentiments forcément ambivalents, s'agissant de la Lune Noire.

Après sa rencontre avec Yoko Ono et le succès d'un concert qu'ils avaient donné tous les deux, John avait décidé de quitter les Beatles en septembre 1969, mais l'information ne fut divulguée qu'en avril 1970, par McCartney. Pour ce dernier se posait alors un problème majeur : la liquidation juridique des Beatles. Sous la pression de Lennon, ils avaient, début 1969, choisi comme manager Allen Klein, avec lequel McCartney refusait de signer le moindre contrat, averti par ses avocats de sa malhonnêteté, et lui préférant son beau-frère John Eastman. Mais les trois autres

John Lennon 47

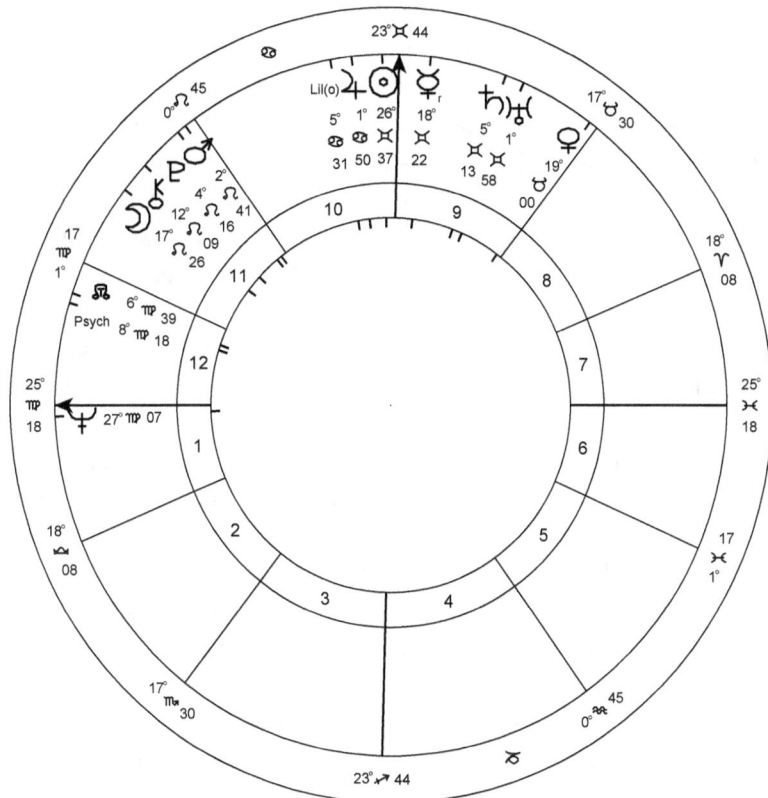

Beatles, reprochant à McCartney de vouloir prendre l'ascendant sur eux, avaient confirmé Klein, et McCartney faisait, depuis le milieu de l'année 1970, tout son possible pour dissoudre les Beatles, afin de rompre tout contrat toxique avec Klein. Tout accord entre les membres des Beatles étant impossible, Paul sembla commettre l'irréparable en faisant remplir par ses avocats, le 15 novembre 1970, un dossier dans le but de poursuivre ses trois amis en justice. Le Soleil progressé de Lennon était, cette semaine-là, en quinconce exact à Psyché. Une conciliation avec George Harrison fut tentée, en vain, début décembre, puis McCartney attaqua officiellement les trois autres membres des Beatles en justice le 31 décembre.

Être confronté à Psyché, pour Lennon, c'est donc être poursuivi en justice par son meilleur ami, son associé de toujours, celui avec qui il connut un succès inégalable. Ce qu'il vécut à ce moment-là, lorsque, comme dans le mythe, s'éclaira d'une autre manière la personne aimée et idéalisée, fut sûrement horriblement décevant. Il nous est possible de comprendre, au moins partiellement, ce que traversait Lennon, et la façon dont il a réagi, grâce à une très longue interview qu'il a donnée au magazine Rolling Stone en décembre 70.[16] Il se plaignit à plusieurs reprises, dans l'interview, de l'ascendant qu'exerçait McCartney dans le groupe. Cette rupture l'aurait libéré, en lui permettant de réaliser cet album sans lui : « Je pense que c'est la meilleure chose que j'aie jamais faite. C'est fidèle à qui je suis. » Ce très long entretien accordé à Jan Wenner, qui dut paraître dans deux numéros différents de *Rolling Stone*, montre la nouvelle importance qu'accordait Lennon au langage, à la communication de ce qu'il était, et illustrait le dévoilement des vertus de sa Psyché en Gémeaux. Dans le thème de Lennon, Vénus est en Vierge et en Maison VI. Les problématiques vénusiennes sont donc particulièrement en jeu dans le travail et dans les relations qui en forment le quotidien. Vénus est au carré d'Uranus : dans cet entretien, John expliquait avoir pris la décision de ne plus jamais se retrouver dans un groupe, mais de faire appel au cas par cas aux personnes avec lesquelles il voudrait travailler. Avec le signe de la Vierge est soulignée l'importance de comprendre la différence entre ce qui nous appartient et ce qui vient de l'autre, afin de retrouver une certaine forme de pureté dans notre expression personnelle. Le thème de Lennon présente une Lune Noire en Poissons qui est opposée à Neptune en Vierge. Ce dernier est, de plus, conjoint au maître de l'Ascendant, Mars. Le travail discriminatif de Vénus en Vierge est donc d'autant plus important pour distinguer son désir de celui de l'autre et l'assumer, sans être contaminé par un désir de fusion avec quelque chose de plus grand que lui. En enregistrant un album sans les Beatles, Lennon put être fidèle à lui-même, devenir un individu au sens propre du terme, écrire sa musique comme il l'entendait et exprimer ce qu'il voulait.

Les mots sont l'outil dont se saisit John pour permettre à Vénus en Vierge de rétablir sa pureté et ses frontières. Il mit ainsi les choses au point : « J'en ai assez de lire que Paul est le musicien et que Georges est le philosophe. Je me demande où est ma place, quelle était ma contribution ? Cela me blesse, vous savez, j'en ai assez. [...] je suis fidèle à mon travail, alors qu'avant je ne l'aurais pas été. » Il répondit, quand on lui demanda s'il était un génie : « Oui, si cela existe, alors j'en suis un. » On peut noter l'emploi du mot « fidèle » à deux reprises : il y a bien là un rapport avec le discernement

---

16 Jann S. Wenner, *Lennon remembers: The Full Rolling Stone Interviews from 1970* (New York: Verso, 2000).

virginal et le premier des travaux de Psyché, mais aussi avec la justice et le dernier travail. Ce mot suppose aussi que Lennon ait pu se sentir infidèle à lui-même auparavant, soumis à la relation, influencé par McCartney, emporté dans une direction qui n'était pas la sienne. La rencontre avec l'astéroïde Psyché, et la reconnexion avec Vénus qu'elle implique, ont en effet pour finalité de nous permettre de redevenir « fidèles » à nous-mêmes. Lorsqu'il était associé avec Paul McCartney et les Beatles, Lennon ne pouvait pas suivre sa propre voie, et il était probablement très impressionné par le talent de Paul et la célébrité des Beatles. Psyché l'a aidé à briser les liens qui le maintenaient statique et à découvrir sa beauté intérieure, son immortalité. Chaque rencontre avec Psyché est une chance de devenir plus vrai, plus complet, d'apercevoir en soi quelque chose que l'on a cherché chez quelqu'un d'autre. Le talent et la beauté de McCartney, comme le montre son stellium en Gémeaux, font ainsi écho à la Psyché de Lennon dans le même signe, comme nous le verrons dans la troisième partie.

Le 12 mars suivant, McCartney gagna le procès. Le Soleil progressé était toujours dans l'orbe de Psyché durant la première moitié de l'année 1971 qui fut très éprouvante pour Lennon, pris dans des problématiques financières inextricables liées à la liquidation du groupe. Quand le Soleil progressé quitta l'influence de Psyché, environ 6 mois après l'aspect exact à l'astéroïde, donc au mois de juin, il commença à enregistrer l'album *Imagine*. S'il réglait ses comptes avec McCartney dans la chanson « How do you sleep ? », il écrivit à cette période de sa vie une chanson marquante : « Imagine ». Chanson pacifiste, universaliste, hymne à la paix et à la tolérance, elle fut jouée en même temps par toutes les radios françaises, au lendemain du 11 septembre 2001. Dans cet album figurent aussi « Gimme Some Truth » et « I Don't Want To Be a Soldier », critiques acerbes des hommes politiques et de la guerre. Si l'album de 1970, rédigé après sa thérapie primale, évoquait majoritairement ses traumas, l'album *Imagine* ne les passait pas sous silence mais introduisait les sujets qui semblaient vraiment tenir à cœur à Lennon : les thèmes sociétaux, l'engagement, la lutte. Des thèmes que McCartney ne souhaitait pas, lui, aborder. La rupture avec son frère de cœur fut un traumatisme inoubliable, mais elle lui permit finalement d'accéder à une authenticité dans son art et dans son expression publique qu'il n'aurait jamais atteinte en restant membre des Beatles.

Camille

Pour l'une de mes consultantes, la rencontre avec Psyché suivit le même cheminement, même si la rupture qui suivit fut avec son époux. Elle commença une thérapie environ deux mois avant la conjonction exacte avec Psyché, alors que le Soleil progressé était en Cancer, signe propice au retour sur soi et à l'écoute de son intériorité, de son enfant intérieur. Elle y évoqua en particulier la très douloureuse relation avec sa mère qui, atteinte de dépression chronique, ne lui avait manifesté que de l'indifférence teintée d'hostilité. Elle n'avait jamais osé affronter ce trauma, préférant interroger la relation avec son père, imparfaite, certes, mais qui avait au moins eu le mérite d'exister. Ce dernier avait été bien plus à même d'encaisser la révolte de Camille à l'adolescence, et de subir, encore, sa rancune liée à son enfance malheureuse. Mais en 2017 c'était le kairos, le temps opportun pour s'attaquer à la relation qui n'avait pu se construire, symbolisée de manière éloquente par une croix cardinal comprenant la Lune en Capricorne, une conjonction Saturne-Mars à la fin du Cancer et au début du Lion, Chiron en Bélier, et Uranus en Balance.

Dans son mariage, il est peu de dire que sa Vénus en Taureau n'était pas honorée : au lieu de goûter aux joies simples de la vie à deux, à la sensualité et au plaisir de partager le quotidien avec l'être aimé, Camille était en permanence sur ses gardes, de peur de contrarier son mari. Le Taureau cherche la détente dans la relation, celle qui découle du sentiment d'être bien dans l'ici et le maintenant avec l'autre, alors que Camille était toujours sous tension. Le goût de la beauté d'une telle Vénus n'était pas non plus respecté car, habituée à faire fi de ses besoins et instincts, elle n'avait jamais cherché à savoir ce qu'elle trouvait vraiment beau et ce qui lui plaisait authentiquement.

Le travail mené sur sa petite enfance lui permit d'ouvrir les yeux progressivement sur sa relation de couple, toxique, qui l'avait plongée dans une dépression chronique proche de celle de sa mère. Puis, alors que la conjonction exacte avec Psyché était passée d'à peine deux mois, elle connut une succession d'épisodes traumatiques avec son mari qui la convainquirent que le divorce était la seule issue possible : des vacances où il fut violent verbalement, une tension sourde quotidienne, des explosions imprévisibles, jusqu'à ce qu'il en arrive à s'en prendre à leurs jumelles de sept ans. Ce fut la violence de trop : elle eut le courage de trouver une association de lutte contre la violence conjugale puis de prendre un avocat. Cette séparation lui permit de renouer avec elle-même et de commencer à être enfin à l'écoute de ses désirs.

La Psyché de Camille, en Cancer, est exactement au carré du Chiron de son ex-époux, en Bélier. Son Ascendant est également en Cancer, ainsi que, on l'a vu, Saturne. Cette planète en Cancer et la Lune, maîtresse de ce signe, au cœur de la croix cardinale, suggèrent que Camille avait besoin, pour suivre son ascendant Cancer, de revenir sur sa petite enfance et sur les blessures qu'elle avait pu refouler. Psyché en Cancer indique qu'elle devait développer les qualités de ce signe, et notamment sa sagesse, pour pouvoir vivre pleinement sa Vénus en Taureau en maison XI. La sagesse du Cancer est de savoir revenir sur ses pas, sur les traces de son passé, lui qui préfère se déplacer de côté et où la Lune, à la mémoire réputée très longue, élit domicile. Il existe une pièce frappée au temps de l'empereur Auguste sur laquelle figure un crabe, symbole du signe du Cancer, tenant dans ses pinces un papillon, symbole de l'âme, et, par conséquent, de l'astéroïde Psyché. Le lien entre le Cancer et Psyché est donc particulier ; les Pythagoriciens ont en effet repris une théorie plus ancienne, mais dont on ignore l'origine, selon laquelle l'âme descend de la voie lactée pour s'incarner sur Terre par la porte du Cancer, puis, une fois sa vie terrestre finie, retourne au Ciel par la porte du Capricorne. Le Cancer serait donc le signe qui serait chargé d'accueillir l'âme et d'en prendre soin. Psyché en Cancer est ainsi une invitation à retourner aux origines, aux débuts de la vie, pour comprendre ce qui a fait défaut dans la petite enfance, et réussir à s'accorder à soi-même l'accueil dont l'âme avait besoin.

On comprend pourquoi Camille crut trouver la beauté du signe chez son mari qui avait Chiron en carré exact à sa Psyché : la blessure de son époux interpellait sa propre intériorité. Les interactions en synastrie impliquant Chiron ne sont jamais simples, et on ne saurait les décrire *a priori* : tout dépend du degré de conscience des deux personnes. Il semble dans ce cas que l'arrivée du Soleil progressé sur Psyché, et en carré au Chiron de son mari, ait permis à Camille de ressentir suffisamment la blessure de son enfant intérieur pour s'engager en thérapie. Elle a ensuite pu faire face au comportement de plus en plus agressif de son mari. Il était temps pour elle d'utiliser la sagesse du Cancer pour se protéger et mettre en place les conditions nécessaires à son épanouissement. S'en est suivie une période paisible, propice à la satisfaction de sa Vénus en Taureau, durant laquelle elle s'est attachée à embellir son lieu de vie et à redéfinir ses valeurs. Comme pour Lennon, l'éclairage de Psyché par le Soleil progressé s'est manifesté par l'entrée en thérapie puis par une rupture, la fin d'une relation extrêmement importante. Pourtant la rupture Lennon-McCartney n'avait rien à voir avec la thérapie de Lennon, puisque c'est McCartney qui l'avait initiée. De même le mari de Camille fut vraiment plus violent qu'à l'accoutumée, même si elle était enfin prête à le voir. Il s'agit donc de synchronicité et non de causalité, et il semble que le comportement disruptif d'un être aimé, tout comme un nouveau questionnement sur les traumas de la petite enfance, soient deux moyens différents que puisse utiliser l'astéroïde pour nous faire interroger la façon dont nous avons, jusque-là, vécu Vénus.

Deux ans plus tard, Camille fut capable de démarrer une nouvelle relation avec un homme choisi selon ses valeurs. Elle utilisa les leçons transmises par Psyché pour construire une relation, et d'une manière générale une vie, où elle osait exprimer qui elle était et vivre son Soleil plus pleinement et de manière créative.

Madame du Châtelet

Au moment de la rencontre avec l'astéroïde Psyché, ce n'est pas une relation affective qui marqua la vie de Madame du Châtelet, mais une relation de maître à élève. Elle n'en fut pas moins très douloureuse pour la Vénus de cette femme qui plaçait le savoir au-dessus de toutes ses valeurs. Née au début du XVIIIe siècle, Gabrielle Émilie du Châtelet, née le Tonnelier de Breteuil, eut la chance d'avoir un père qui ne fit guère de différence entre l'éducation de ses fils et celle de sa fille. Très jeune, elle montra « un goût dominant pour les mathématiques et la métaphysique » et son père, le baron de Breteuil, au lieu de l'envoyer au couvent, lui fit donner des leçons à domicile dans ces deux disciplines.[17] Elle bénéficia d'une instruction poussée en langue, ce qui lui permit de savoir parfaitement le latin, ainsi qu'en sciences et en philosophie. Elle devint une grande intellectuelle, cartésienne, n'admettant comme mode de pensée que celui de la déduction. Pour Voltaire, qui fut son amant et son compagnon intellectuel, elle était remarquable par « la fermeté sévère et la trempe vigoureuse de son esprit ». Dotée d'une énergie considérable, Émilie du Châtelet dormait très peu, travaillait beaucoup, et faisait preuve de capacités intellectuelles hors norme. Mais, malgré son ambition et la chance d'avoir pu bénéficier de cette nature et de cette éducation, elle n'avait pas le niveau des étudiants qui sortaient de l'Université, puis travaillaient sous la direction d'un maître. Madame du Châtelet, à l'âge adulte, se trouvait donc limitée par son travail solitaire. Elle fit alors appel aux meilleurs scientifiques de son temps, en commençant par Maupertuis. Elle travailla ensuite avec Clairaut. Mais l'année de la rencontre avec Psyché, c'est à Johann Samuel Koenig, mathématicien allemand, qu'elle confia son instruction.

L'heure de naissance de Madame du Châtelet n'est pas connue, et la date du quinconce exact entre son Soleil progressé et Psyché ne peut être établie avec précision : on peut en revanche savoir qu'il eut lieu au cours l'année 1739, quelle que soit l'heure de naissance. En prenant une venue au monde

---

17 Voltaire, Mémoires pour servir à la vie de Monsieur de Voltaire, éd. Beuchot, Vol. I (Garnier Frères, 1883, p.7).

à midi, on obtient un quinconce exact au milieu du mois de mai 1739. Nous savons comment s'est passée cette période de la vie de Mme du Châtelet grâce à sa correspondance, notamment avec son ancien professeur et ex-amant Maupertuis, avec qui elle était restée amie. Le 11 mai 1739, Mme du Châtelet partit avec Voltaire pour Bruxelles afin de régler un procès au sujet d'un héritage concernant son mari, et elle était ravie : « Je suis venue ici la plus forte en amenant M. de Voltaire et M. de Koenig ».[18] Koenig était arrivé chez elle le 27 avril.

Mais, dès le 20 juin, elle faisait état à Maupertuis de difficultés et de doutes profonds quant à sa valeur en tant que femme de sciences : « Je ne sais trop si Koenig a envie de faire quelque chose de moi, je crois que mon incapacité le dégoûte ». Elle poursuivait : « J'ai bien peur qu'il ne soit bien tard pour moi pour apprendre tant de choses si difficiles ». Pourtant, Mme du Châtelet avait besoin de ces leçons. Elle avait ainsi écrit, quatre mois plus tôt : « Je vais quitter quelques temps la physique pour la géométrie, la clé de toutes les portes. » Ce fut clairement un moment très douloureux dans la vie d'Émilie : ses professeurs avaient toujours loué son intelligence scientifique, la jugeant supérieure à celle de Voltaire, et elle avait toujours réussi à se hisser au niveau qu'elle souhaitait dans ses apprentissages. Pour suivre Koenig, elle ne ménageait pourtant pas ses efforts, se levant tous les jours à six heures du matin, malgré une heure de coucher tardive, mais elle se décourageait : « je suis quelquefois prête à tout abandonner. »

Dans le thème de Madame du Châtelet, Vénus est en Verseau et ne forme comme seul aspect important qu'une opposition à Uranus. L'estime d'elle-même reposait, pour Émilie, sur son indépendance intellectuelle et sur sa capacité à acquérir ce qu'elle valorisait : des savoirs abstraits et universels. Le signe du Verseau ne s'est jamais manifesté chez elle par un besoin de fraternité ou par une envie d'améliorer le sort de ses semblables. Elle fit plutôt preuve de l'égoïsme nécessaire pour réussir l'œuvre qu'elle nous laissa, et notamment ses traductions annotées et commentées des théories de Newton et son explication de la doctrine de Leibniz. Dans ses rapports avec Koenig, Châtelet ne faisait pas preuve de l'indépendance d'esprit, de la distance nécessaire dans la relation chères à sa Vénus en Verseau opposée à Uranus. Ainsi, d'une manière générale, jusque-là, dans son travail, elle s'était contentée de servir d'interlocutrice à Voltaire : il comptait sur elle pour débattre et enrichir ses propres travaux ; ils travaillaient parfois

---

18 Émilie du Châtelet, *La Correspondance d'Émilie Du Châtelet 1733-1740* (Centre international d'étude du XVIIIe siècle 2018).

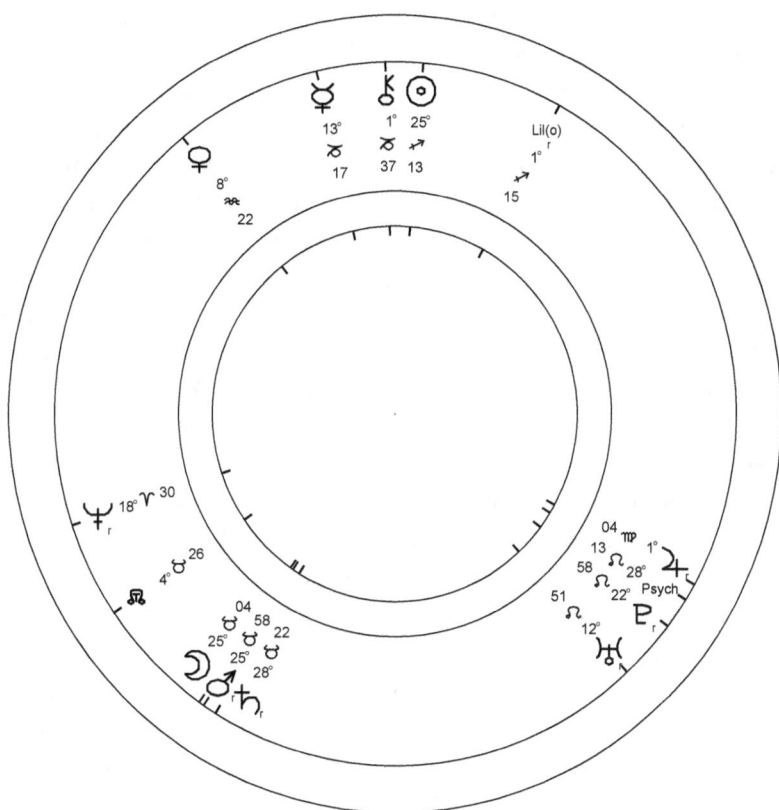

chacun de leur côté puis confrontaient leurs résultats ensuite, au coin du feu. Mais Émilie ne publiait pas en son nom propre, et ne s'était pas encore risquée à émettre des avis personnels sur des sujets que Voltaire n'avait pas choisi d'étudier. La rencontre avec l'astéroïde Psyché était donc une occasion de rendre un culte plus authentique à sa Vénus.

En juin 1739, face à ce qui s'annonçait comme un échec, sa confiance en elle était pourtant au plus bas : « Je vous avoue qu'un des chagrins les plus sensibles que j'aie eu dans ma vie, c'est le désespoir où je suis prête à entrer sur ma capacité pour une science qui est la seule que j'aime. » En septembre, elle commençait néanmoins à se ressaisir, et à comprendre que l'échec était à reprocher à Koenig, et non à son incapacité à elle : « Je ne puis deviner quel a été son projet en venant chez moi, car quand même j'aurais été un ange il m'eût été été impossible en 3 mois de voyage et d'affaire d'apprendre ce que je désirais de savoir. »[19] La colère montait, contre lui et non plus contre elle-même : « Je vous avoue que les procédés de M. de Koenig me feraient haïr tous les mathématiciens [...] ». À la fin de l'année 1739, Mme du Châtelet essaya, en vain, de faire venir Johann Bernouilli, mathématicien et physicien suisse, pour remplacer Koenig auprès d'elle à Bruxelles. Ses lettres à Bernouilli nous permettent de comprendre que quelque chose de grave s'était passé entre elle et Koenig, à l'automne : « Il a tant pris de peine pour me prouver qu'il avait l'âme d'un laquais mal élevé, qu'il a bien fallu le voir tel qu'il est. [...] Il est impossible que vous vous représentiez Monsieur l'indignité et la bassesse de ses procédés avec moi ». Malheureusement pour Émilie, Koenig avait tant et si bien sali sa réputation que même Maupertuis, fidèle ami, dissuada Bernouilli de lui dispenser des cours, et Mme du Châtelet dut poursuivre seule son instruction et son étude de Leibniz. Nous ne pouvons manquer de relever, dans l'extrait cité, l'expression « il a bien fallu le voir tel qu'il est », qui évoque le dévoilement narré dans le mythe de Psyché. Châtelet avait mis Koenig sur un piédestal, et lui avait demandé de la nourrir de connaissances, sans se demander s'il en était capable et s'il en valait la peine. Telle Psyché dans le palais de Cupidon, elle attendait son maître avec impatience et l'admirait sans le connaître vraiment.

Cette collaboration entre Mme du Châtelet et Koenig resta un très mauvais souvenir pour elle, et lui causa des torts jusqu'en 1741, où il l'accusa de plagiat. Mais ce ne fut pas un moment perdu dans sa vie pour autant, bien au contraire : un an avant, elle avait commencé à écrire un livre qui parut trois ans plus tard, sous le titre d'*Institutions de physique*. Grâce à Koenig qui lui fit découvrir Leibniz, elle reprit en 1739 son ouvrage, alors en cours d'impression, pour y ajouter ce qui en fit sa valeur : son explication des travaux de Leibniz. Bien que Koenig l'accusât d'avoir repris un livre qu'il avait écrit pour elle, il fut donné raison à Mme du Châtelet, et cet ouvrage est souvent considéré de nos jours comme son œuvre majeure. On prétend qu'Einstein s'y référait quand il écrivit son fameux « $E=mc^2$ », car elle était la seule à comprendre en quoi Newton avait tort et Leibniz raison. L'échec qu'elle connut avec Koenig lui apprit beaucoup sur elle-même : elle comprit qu'elle pouvait réussir seule et assumer des points de vue qui pourraient lui valoir le rejet de sa communauté. Dans le thème de la scientifique, Psyché est en Lion : il lui fallait donc développer les qualités du Lion pour honorer Vénus et, par-là, son Soleil. Elle prit le risque d'exprimer un point de vue

---

[19] Lettre à Bernouilli, 15 septembre 1739

personnel, de parler en son nom propre et de ne plus se cacher derrière le talent des autres. Avec son Soleil en Sagittaire et sa Vénus en Verseau, le sens qu'elle donnait à sa vie, sa raison d'être, ce qui la valorisait, passait par la compréhension des lois de l'univers. Les yeux rivés vers le ciel, elle devait pourtant se souvenir de faire briller sa propre étoile. Elle prit ainsi le risque de parler à la première personne, tout en présentant un savoir collectif et universel et en exprimant ce qui faisait sa différence et son originalité en tant que scientifique. Elle rétablit de la sorte le culte de Vénus en Verseau opposée à Uranus. Elle se sentit légitime dans les savoirs scientifiques théoriques chers au Verseau, et ne permit plus à aucun scientifique de lui faire douter de sa valeur. On peut noter avec intérêt que l'astéroïde formait un carré exact à Saturne le jour de sa naissance : c'est dire l'importance du maître dans le dévoilement, chez elle, des qualités symbolisées par Psyché. Ici, Koenig joua un rôle majeur, mais Maupertuis, avant lui, en avait joué un similaire. Ainsi, après la rencontre avec Psyché, Mme du Châtelet prit une nouvelle dimension en publiant ses *Institutions de Physique,* s'autorisant à défendre une ambition et des opinions personnelles. La querelle sur les « forces vives », qui suivra la publication de cet ouvrage, l'opposa ainsi au secrétaire de l'Académie des Sciences, et elle ne fut soutenue que par Maupertuis, Voltaire lui-même prenant ses distances. Mais, face aux plus ardentes critiques, Émilie du Châtelet fut capable de répondre, de justifier un point de vue personnel, et de gagner : « je ne suis pas secrétaire mais j'ai raison et cela vaut tous les titres », écrivit-elle à un ami, en 1741.[20] Nul doute que sa Vénus était à nouveau honorée et que cette rencontre avec Koenig marquait un tournant décisif dans sa réalisation personnelle.

Enfin, dans un livre souhaitant mettre en avant l'intérêt de l'étude des astéroïdes, il peut être intéressant de mentionner que l'astéroïde 12059 a été nommé *du Châtelet* en son honneur. Si l'on pense à la personne pour qui Émilie a eu le plus d'importance, et sur qui elle a eu la plus grande influence, un nom s'impose avec évidence : Voltaire, dont elle fut l'amante, la compagne de travail, l'inspiratrice, la correctrice, la guide, et la très chère amie. Or, ce dernier a dans son thème une conjonction d'orbe inférieur à 1 degré entre son Soleil et l'astéroïde *du Châtelet*. Voltaire, lui aussi, a son astéroïde, le 5676. Dans le thème d'Émilie, il est à 25°45 de la Balance, au sextile partile de son Soleil, à 25°13 du Sagittaire. Voltaire est celui qui s'est battu pour permettre à l'héritage de la marquise d'être sauvegardé, publiant notamment après sa mort son ouvrage sur Newton.

---

20 Lettre au Comte d'Argental, 2 mai 1741

Isaac Newton

Quelques mots sur Isaac Newton, traduit, compris et expliqué en France de manière inégalée par Émilie du Châtelet. Il peut paraître compliqué d'étudier le passage du Soleil progressé en aspect à Psyché chez ce grand physicien, qui ne s'est jamais marié, à qui on ne connaît pas de liaison, et dont on pense qu'il présentait une forme d'autisme de très haut niveau intellectuel qui l'isolait socialement. On connaît quand même au moins un ami, ou tout au moins une relation significative, à Newton : le collègue avec qui il partagea sa chambre au Trinity college, John Wickins. Cette cohabitation fut un repère dans la vie de Newton pendant vingt ans. On sait que Wickins quitta le Trinity college en 1684, et la date de sa nouvelle prise de fonction, le 4 avril 1684, est connue. Le site internet de l'université de Cambridge situe le départ de Wickins au même moment. Le trigone exact entre le Soleil progressé et Psyché eut lieu en septembre 1684. Il est donc tout à fait possible que la perte de son seul ami soit l'événement qui obligea le physicien à dévoiler les qualités de sa Psyché en Balance. Nous n'avons aucun écrit de Newton sur cette relation, mais la perte de cette amitié ressemble bien aux séismes que vécurent Nietzsche et Lennon.

Très peu de temps avant le trigone exact, Edmond Halley, astronome découvreur de la comète du même nom, lui rendit visite, en août 1684. Il vint lui demander quelle forme aurait la courbe de la trajectoire d'un corps céleste autour du Soleil, en supposant que la force d'attraction de l'astre soit proportionnelle au carré de la distance du corps. Une ellipse, lui répondit Newton. Il le savait, car il l'avait calculé, mais impossible pour lui de remettre la main sur ses calculs pour les donner à Halley. Il lui promit donc de les lui envoyer. Les ayant retrouvés, il voulut les recommencer car il n'en était pas satisfait. Ce qu'il ressentit alors, au moment où son Soleil progressé était en trigone à Psyché, dut ressembler à ce qu'éprouva Madame du Châtelet avec Koenig : la douloureuse morsure du doute sur sa valeur scientifique, la nécessité de remettre en cause ses compétences. Leur vécu commun à ce moment-là peut être lié au fait qu'ils aient tous les deux Vénus en Verseau, qui, chez eux, indique qu'ils plaçaient leur sentiment de valeur personnelle dans leur maîtrise des savoirs universels mathématiques et

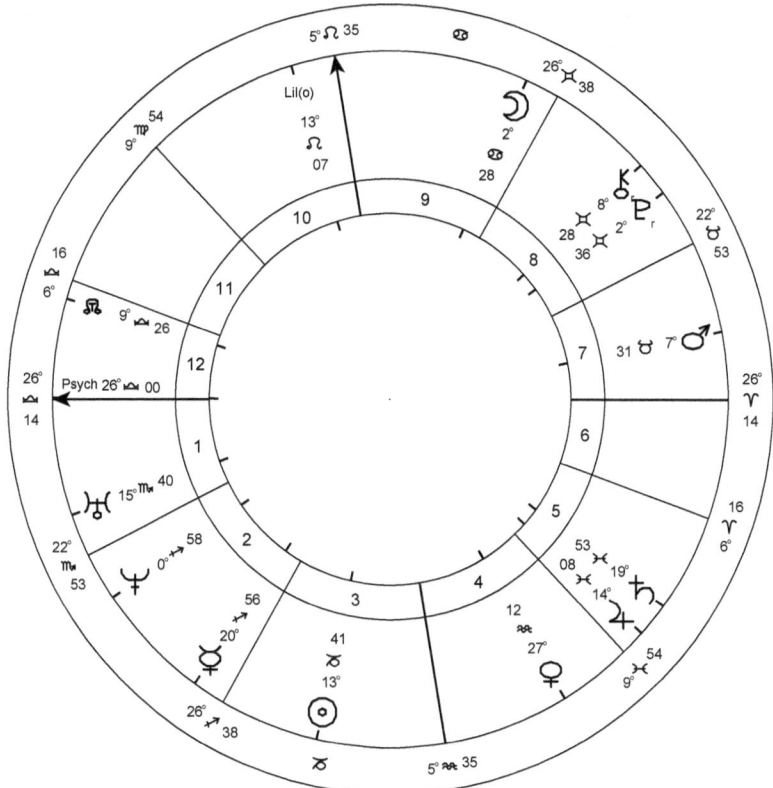

astronomiques. Le travail qu'il accomplit alors en trois mois servit de germe à son chef d'œuvre, les fameux *Principia* qui occupèrent Émilie du Châtelet pendant tant de temps.

Dans le thème de Newton, Psyché est en Balance (peut-être sur l'ascendant, mais son heure de naissance n'est pas certaine) en trigone étroit à Vénus. Les qualités de la Balance, qui peuvent aller du respect de l'égalité dans le partenariat à l'amour de la beauté des lois régissant l'univers, s'allient à merveille avec les valeurs d'une Vénus en Verseau. La sagesse, et peut-être, la modération, de la Balance (Newton étant réputé pour ses réactions exagérées et son don pour se faire des ennemis) étaient nécessaires pour qu'il puisse goûter au sentiment de valeur personnelle que pouvait lui offrir cette Vénus en Verseau et son amour des savoirs relatifs aux lois du cosmos.

Mais les qualités de la Balance avaient besoin d'une relation pour voir le jour. Ainsi, même pour ce solitaire invétéré, le trigone du Soleil progressé avec Psyché mit en lumière deux relations : celle qui se termina avec son seul ami, qu'il ne revit plus jamais, et une plus éphémère avec Halley, qui le conduisit à une remise en cause scientifique, grâce à laquelle, à travers ses *Principia*, il gagna son immortalité.

Gérard de Nerval

Le thème de Gérard de Nerval, né le 22 mai 1808 à Paris, sous le nom de Gérard Labrunie, présente une particularité intéressante : le Soleil et la Lune forment tous les deux un aspect étroit à Psyché, respectivement un quinconce et une opposition. Or, Nerval n'a jamais connu sa mère, qui l'a laissé quand il avait deux semaines à une nourrice, puis à son grand-oncle maternel, pour suivre son mari enrôlé dans la Grande Armée. Elle est décédée en Silésie deux ans plus tard. Quant à son père, il ne le connut qu'à ses sept ans, à son retour de guerre. Les deux relations les plus importantes de l'enfance, voire de la vie, lui ont donc fait défaut, et les aspects entre les luminaires et Psyché renforcent l'importance de ce manque, comme nous le verrons dans la quatrième partie.

Le Soleil progressé de Nerval forma un trigone exact à sa Psyché natale dans la semaine du 20 mai 1838. Nous savons qu'il vécut à ce moment-là un chagrin d'amour dont il ne se remit jamais, et qui le hanta jusqu'à son suicide en 1855. Nerval avait rencontré en 1834 une actrice et chanteuse, Jenny Colon, dont il était tombé passionnément amoureux. Pendant des mois, il loua la même place, chaque soir au premier rang d'orchestre, pour la contempler, sans chercher à l'aborder. Il essaya ensuite, en vain, pendant toute une année, de faire représenter pour elle un opéra sur *La Reine de Saba*, car elle souhaitait rejoindre une scène lyrique. Finalement, ce fut seulement en octobre 1837 qu'il parvint à lui offrir des vers qu'elle chanta ensuite à l'Opéra-Comique. Il est probable que les deux devinrent amants peu de temps après. À la fin du mois de février 1838, Victor Loubens, un ami, écrivait : « Gérard écrit dans les journaux et couche depuis trois semaines avec Jenny Colon, la grande victoire est remportée. Il fait beaucoup d'opéras comiques. »[21] Malheureusement, cette idylle fut loin d'être heureuse, comme le rapportèrent ses amis Houssaye et Dumas : « Je vis un matin arriver Gérard, les yeux rougis par les larmes. C'était au plus beau temps de sa passion. Jenny Colon qui ne le trompait que trois fois par

---

21 Julie Anselmini, Claude Schopp. *Dumas amoureux* (Presses universitaires de Caen, 2020). https://doi.org/10.4000/books.puc.12077.

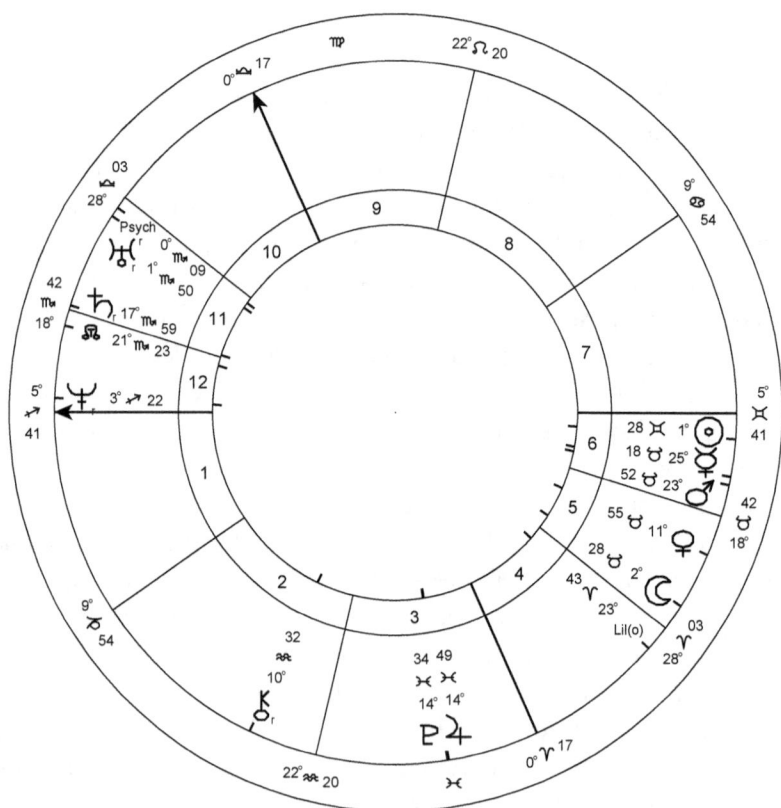

semaine menaçait de le tromper tous les jours. Devant cette Colonisation il était désespéré, mais silencieux, car il l'aimait trop pour l'accuser. »[22] Cette anecdote se situe vraisemblablement en février ou mars 1838, deux mois, donc, avant le trigone exact. Puis ce fut un drame, le drame de sa vie pour Nerval : elle épousa le 11 avril un flûtiste de la troupe de l'Opéra-Comique. Le Soleil progressé était alors à 0°06 du trigone exact à Psyché. Dans *Aurélia*, qu'il écrivit à la fin de sa vie, Nerval revint sur l'événement en ces termes : « Chacun peut chercher dans ses souvenirs l'émotion la plus navrante, le coup le plus terrible frappé sur l'âme par le destin ; il faut alors se résoudre

---

[22] Arsène Houssaye et Alexandre Dumas, *Confessions d'un demi-siècle. 1830-1880, tome I* (Paris, E. Dentu, 1885 ; BnF collection ebooks, 2015).

à mourir ou à vivre : je dirai plus tard pourquoi je n'ai pas choisi la mort. »[23] Il se jeta à corps perdu dans les voyages et « dans les enivrements vulgaires ». Elle mourut peu de temps après, en 1842, ce qui le perturba durablement.

Dans le thème de Nerval, Vénus est en Taureau et en maison V, en lien avec les planètes Saturne, Chiron et Pluton. Ces aspects permettent d'envisager que les relations amoureuses aient pu être pour lui compliquées, intenses et source de souffrance. De même, s'accorder de la valeur et trouver la beauté en lui-même n'a pas dû être chose aisée pour Nerval. Dans son cas, Psyché était en Scorpion, où se trouvait également un stellium composé d'Uranus, de Saturne et du Nœud Nord. Ces quatre points du thème contrebalancent en quelque sorte l'autre stellium, cette fois en Taureau, composé de la Lune, de Vénus, de Mars, de Mercure et du Nœud Sud. Le signe du Taureau, de façon assez frappante, semble beaucoup plus accessible à Nerval que le Scorpion : le Nœud Sud y est situé, montrant une certaine façon innée, ou très précocement conditionnée, de réagir à l'environnement. De plus, les planètes en Taureau sont personnelles et extrêmement importantes. Ainsi, même le Soleil en Gémeaux a probablement eu du mal à s'exprimer, du moins au début de sa vie. Mais la tension entre les pôles Scorpion et Taureau a dû être constante : en effet, Uranus en Scorpion s'oppose à la Lune, et Saturne s'oppose à la fois à Vénus, Mars et Mercure. De la sagesse du Scorpion, Nerval ne connut d'abord que Saturne, et la planète est ici davantage une source de peur, d'insuffisance et d'angoisse face à l'intimité que de connaissance de soi. En tombant amoureux d'une femme à laquelle il n'a pas osé parler pendant plus de deux ans, puis en acceptant qu'elle l'ait trompé constamment, Gérard de Nerval s'est en fait protégé des dangers d'une relation intime et d'un amour partagé, ce qui est symbolisé par l'opposition de Vénus à Saturne en Scorpion et d'Uranus à la Lune. En rencontrant Psyché, Nerval perd Jenny Colon, qu'il n'a finalement jamais vraiment eue. Psyché en Scorpion est alors activée, et le signe s'exprime autrement que lorsqu'il s'agit de Saturne. Il incite Nerval à prendre le risque de plonger dans l'Hadès, dans le royaume de ses émotions douloureuses et des carences affectives de son enfance, afin d'établir des liens vénusiens plus sains. Les choix du Scorpion, sa sagesse selon Platon, sont indissociables de son courage à plonger dans les eaux sombres et glacées des émotions. Dans le magnifique *Sylvie*, publié presque vingt ans plus tard, Gérard de Nerval a exprimé sa vision de l'amour après Jenny Colon. Marcel Proust écrivit à propos de cette nouvelle : « Si un écrivain aux antipodes des claires et faciles

---

23 Gérard de Nerval, *Aurélia, Sylvie, Les chimères* (Libertalia 2018).

aquarelles a cherché à se définir laborieusement à lui-même, à éclairer des nuances troubles, des lois profondes, des impressions presque insaisissables de l'âme humaine, c'est Gérard de Nerval dans *Sylvie*. »[24] Au début de l'histoire, le narrateur vient voir une actrice qui l'a séduit. Lorsqu'un ami lui apprend qu'elle est déjà fiancée, il accueille la nouvelle avec indifférence, car il n'a pas l'intention de lui faire la cour. Elle lui rappelle un ancien amour, dont il ignore ce qu'elle est devenue depuis qu'elle est entrée au couvent, et une autre, Sylvie, qu'il décide de rechercher. Le récit s'achève sur la compréhension par le narrateur de la source de ses obsessions et de ses rêves, au terme d'une quête intérieure motivée par ses sentiments pour ces trois femmes. Il décide de les abandonner, réalisant que ses sentiments amoureux n'étaient pas sincères. On reconnaît là le Scorpion, sa lucidité, sa capacité à interroger en profondeur ses motivations, et aussi son courage, qui peut aller jusqu'à renoncer à toute union avec une personne qui ne serait choisie que du fait de mécanismes projectifs. *Sylvie* montre le désir poignant d'authenticité de Gérard de Nerval.

Vénus en maison V suggère que le culte de la déesse est en lien avec sa créativité littéraire, et celle-ci fut en effet nourrie par sa quête de l'idéal féminin, de femmes déifiées et donc inaccessibles, qui furent source d'inspiration comme de déceptions tout au long des voyages entrepris après Psyché. Sa souffrance lui permit de nourrir son écriture, d'aller très loin dans l'expression des tourments de l'âme humaine. Ainsi, l'écriture en tant qu'expression artistique fut un véritable exutoire pour les aspects difficiles de sa Vénus, liée à Chiron, Saturne et Pluton. Psyché en Scorpion est également évidente dans toute son œuvre, dans sa profondeur et sa subtilité, dans la manière dont il a pu dépeindre le monde souterrain des émotions. Il avait Neptune sur l'ascendant, et Psyché lui a peut-être aussi donné la clarté dont il avait besoin pour réaliser qu'il ne cherchait pas une épouse ou une compagne, mais une déesse, une sauveuse, une rédemptrice.

Enfin, il est intéressant de noter que Nerval fut influencé par Platon, et, également, par le mythe de Psyché, lui dont les deux luminaires forment un aspect à l'astéroïde. Dans *Aurélia*, écrit l'année suivant la découverte de l'astéroïde, il affirmait : « *L'Âne d'or* d'Apulée, *La Divine Comédie* de Dante, sont les modèles poétiques [des] études de l'âme humaine. » La quête de son Cupidon féminin aura été une des lignes directrices de sa vie et l'origine de son inspiration. Contrairement aux autres personnes mentionnées dans cette partie, il préféra finalement Isis, la déesse rédemptrice, comme Lucius

---

24 Marcel Proust, *Contre Sainte-Beuve* (Gallimard, coll. Bibliothèque de la Pléiade, 1971).

à la fin de *L'Âne d'or* d'Apulée, à une femme de chair et de sang, avec laquelle il aurait pu connaître la *voluptas*, le bonheur qui, selon Apulée, est destiné aux êtres humains.

Marie-Antoinette

Au moment où son Soleil progressé forma une opposition avec Psyché, Marie-Antoinette put prendre conscience de l'emprise qu'exerçait sur elle une des filles du roi Louis XV, sa tante par alliance, Madame Adélaïde. Elle était en effet sous son influence, et avait abandonné son jugement et les intérêts de sa famille pour complaire à une femme dont elle cherchait l'aval et l'affection, en raison de son isolement au sein de la cour de France. Le Soleil progressé de la dauphine fut en opposition exacte avec Psyché du 05 au 10 janvier 1772, un peu moins de deux ans après son mariage. Après son arrivée en France, elle avait maintenu une correspondance suivie avec sa mère, l'impératrice d'Autriche. Ce mariage étant le gage d'une nouvelle amitié franco-autrichienne, sa réussite était impérative. Marie-Antoinette se devait de se faire accepter, puis aimer, à la cour de France, et cela commençait par plaire à la première personne du royaume, le roi Louis XV. Sa mère ne cessait de le lui répéter dans leurs échanges épistolaires, confiant en parallèle à l'ambassadeur d'Autriche à Versailles, Mercy, le besoin qu'elle avait que sa fille obtînt une certaine influence sur le roi.

Louis XV, à la fin de sa vie, avait pris pour maîtresse une courtisane, enfant naturelle d'une couturière, Madame du Barry, née Jeanne Bécu. Cette dernière s'était aliéné les filles du roi, tantes du futur Louis XVI, qui ne supportaient pas que leur père se fut abaissé à une telle idylle publique. Madame Adélaïde, l'aînée des filles encore en vie de Louis XV, était la plus redoutable. Après avoir déjà surnommé la précédente favorite royale, Madame de Pompadour, « Madame Putain », elle avait naturellement dirigé son mépris et ses intrigues contre Jeanne du Barry, entraînant dans son sillage ses sœurs restées à Versailles, Sophie et Victoire. À son arrivée en France, Marie-Antoinette reçut pour recommandation de sa mère d'être aimable avec Mesdames Tantes : elles étaient non seulement les filles du roi de France, mais Madame Adélaïde était de surcroît très proche du futur roi. En effet, elle avait un certain ascendant sur son neveu Louis-Auguste, le futur Louis XVI, qui, orphelin de père et de mère, pensait qu'Adélaïde, ayant été très proche de son père, en portait la voix posthume. Surtout, leur salon était réputé pour être un endroit où se faisaient et se défaisaient les

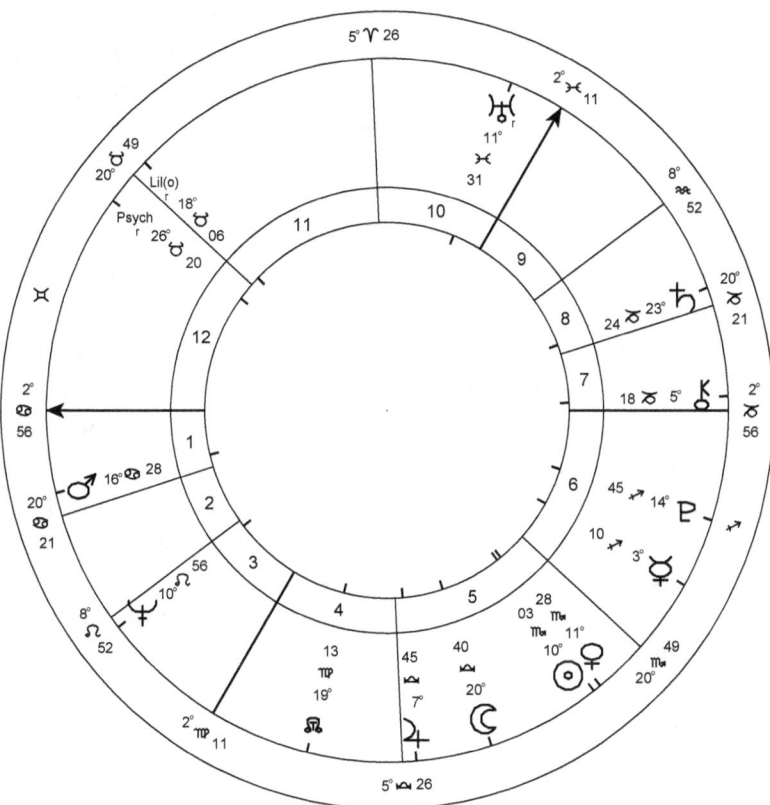

réputations à la Cour, et Marie-Antoinette devait veiller à la sienne. Les filles de Louis XV, quant à elles, étaient ravies de passer du temps avec l'archiduchesse, et de l'introduire dans leur salon. Elles pouvaient ainsi ajouter au nombre des ennemis de Jeanne du Barry non seulement le futur roi, mais aussi son épouse la dauphine. Naïvement, Marie-Antoinette crut bien faire en se rapprochant de ses tantes par alliance : ayant du mal à se lier à son époux, cela lui permettait d'afficher une certaine entente avec lui. De plus, elle était assez isolée à son arrivée, et elle eut l'impression d'être ainsi acceptée dans sa nouvelle famille. Enfin, fille d'impératrice, elle pensait normal de ne fréquenter que des filles de roi. La place occupée par Jeanne du Barry, aux côtés de Louis XV en toute occasion, l'offusquait. Les filles de

Louis XV et Marie-Antoinette prirent donc le parti d'ignorer la maîtresse du vieux roi.

Le mépris affiché par la dauphine s'aggrava à la fin du mois de décembre 1770, à la suite du renvoi du ministre qui avait été l'artisan du mariage autrichien. Il fut remplacé par un intime de la favorite. La réaction de Marie-Antoinette fut de déclarer la guerre à la favorite : elle ne s'adressa plus du tout, pendant des mois, à la maîtresse du roi. L'Étiquette interdisait aux personnes venues « faire leur cour » de parler les premières : ce fut donc un silence glacial qui s'installa entre les deux femmes, puis, bientôt, entre la dauphine et tout l'entourage de Jeanne du Barry. Cette guerre d'usure était trop humiliante pour la maîtresse du roi, et elle en fit part à son amant. Louis XV s'adressa d'abord à la dame d'honneur de Marie-Antoinette, sans résultat. Il se résolut alors à saisir du problème l'ambassadeur d'Autriche qui ne parvint pas, non plus, à faire plier la dauphine. Informée par son ambassadeur Mercy, la mère de Marie-Antoinette, l'impératrice d'Autriche, se rendait parfaitement compte que sa fille était sous la coupe d'Adélaïde. N'oublions pas que la dauphine avait alors un peu plus de seize ans, quand Madame en avait trente-neuf ! Marie-Antoinette croyait tout savoir et tout comprendre, mais elle n'était qu'un pion dans des intrigues politiques et des querelles de cour. En s'aliénant Madame du Barry, elle s'aliénait le roi, et ainsi travaillait contre sa famille autrichienne ; mais elle ne s'en rendait que peu compte, tout occupée à persifler avec Mesdames Tantes.

L'impératrice d'Autriche dut exhorter dans de nombreuses lettres sa fille à complaire au roi de France. Dans son pays, elle faisait fouetter et mettre en maison de correction les prostituées, et sa fille le savait. Mais en France, le roi agissait selon son bon plaisir, et Marie-Antoinette devait lui obéir. Le bras de fer dura sept mois. En août 1771, cinq mois avant l'opposition exacte à Psyché, elle commença à désigner ses tantes par alliance en général, et Madame Adélaïde en particulier, comme les coupables. Non seulement sa fille s'obstinait à ne pas adresser la parole à Jeanne du Barry, mais en plus, elle commençait à se montrer condescendante avec d'autres : « On l'attribue à Mesdames, qui jamais n'ont su s'attirer l'estime et la confiance. »[25] Un mois plus tard, elle se sentit obligée d'accentuer la pression sur sa fille, qui persistait dans son comportement : « [...] vous n'agissez que par vos tantes. [...] Vous vous êtes donc laissé entraîner dans un tel esclavage que la raison, votre devoir même, n'ont plus de force de vous persuader. »

---

25 Evelyne Lever, *Marie-Antoinette, Correspondance (1770-1793)* (Tallandier, 2005).

Marie-Antoinette semblait donc sous l'emprise d'Adélaïde, perdant tout jugement, à la manière d'une Psyché qui accepte d'ignorer qui est son époux.

Vénus, dans le thème de Marie-Antoinette, est en maison V, étroitement conjointe au Soleil. Cette conjonction suggère que le sentiment d'identité de Marie-Antoinette est intimement lié à l'expression de Vénus. Tout comme le Soleil, cette dernière est dans le signe du Scorpion, mettant en avant les enjeux relationnels propres à ce signe, et notamment la problématique des rapports de force dans les relations. Entre les mains de qui abandonne-t-on son pouvoir personnel ? Marie-Antoinette semble plier et se soumettre à Madame Adélaïde. Vénus est en effet également au carré, quasi exact, de Neptune, et il est possible que la jeune fille ait donné sa confiance trop facilement dans les relations, en raison d'un certain idéalisme, et d'un défaut de jugement dès lors que l'affection entrait en jeu. Sa mère, elle, n'était pas dupe : en parlant de Louis XV, elle lui rappelait : « Vous êtes la première sujette de lui, vous lui devez obéissance et soumission. » Marie-Antoinette manquait à tous ses devoirs, « par une honteuse complaisance pour des gens qui vous ont subjuguée en vous traitant en enfant. » Il semble clair, à voir l'influence néfaste que subissait la dauphine, que sa Vénus en Scorpion n'était pas honorée. Une telle Vénus tire son estime d'elle-même d'une certaine forme de lucidité sur ce qui se joue en sous-main, d'une grande profondeur d'analyse des affects, d'une habilité à voir ce qui est caché. Cette Vénus se réjouit de la vérité des rapports humains, de l'authenticité de la relation, de son intensité. Chez la toute jeune Marie-Antoinette, ces qualités n'étaient clairement pas encore développées. Sa mère finit sa lettre de septembre en s'affolant : « je vous vois dans un grand assujettissement », et elle ajouta de quoi faire frémir d'horreur un Scorpion : « Des complaisances outrées sont des bassesses ou faiblesses. » Le rapport de force continuait entre Marie-Antoinette et sa mère : cette dernière, après avoir fait preuve d'un ton autoritaire et pressant, eut ensuite recours au chantage affectif : « Mais ce qui m'a fait de la peine, et m'a convaincue de votre peu de volonté de vous en corriger, c'est le silence entier sur le chapitre de vos tantes [...]. Est-ce que mes conseils, ma tendresse, méritent moins de retour que la leur ? J'avoue, cette réflexion me perce le cœur. » Alors que le Soleil progressé était à 0°20 de l'opposition avec Psyché, Marie-Antoinette se trouvait donc prise en étau entre deux personnes dont elle était très proche, toutes deux cherchant à la manipuler. Sa mère l'aimait, à n'en pas douter, ce qui n'était probablement pas le cas de Madame Adélaïde. Mais elle utilisait sa fille à des fins diplomatiques, et elle avait besoin que cette dernière se fît bien voir de Louis XV, d'abord et avant tout pour favoriser la politique autrichienne en Europe.

Dans le thème de la future reine de France, Psyché est en Taureau et en maison XII. À la fin de 1771 et au début de 1772, cette femme, née sous le signe du Scorpion, était, nous l'avons vu, sous une double emprise : celle de Madame Adélaïde, la tante de son mari, et celle de sa mère. Le signe du Taureau peut avoir la réputation d'être têtu, mais c'est parfois une qualité : c'est en tout cas une de celles que Marie-Antoinette devait développer pour se faire sa propre opinion et ne plus en changer au gré des personnes qui souhaitaient l'utiliser pour leurs propres fins. La situation dans laquelle se trouvait la dauphine évoque la vertu platonicienne de la sagesse, car il lui fallait se faire sa propre opinion, séparer les désirs des autres du sien et de ses intérêts propres, comprendre elle-même s'il lui fallait plaire à son mari, attaché à ses tantes, ou au roi de France, dirigeant de sa nouvelle patrie, ou encore à sa mère et aux intérêts de son pays de naissance. En d'autres termes, elle devait définir ses valeurs, dont l'importance est rappelée par la position de Psyché en Taureau. En pensant à ce signe, on peut avoir comme image celle d'un animal enraciné, difficile à faire mouvoir contre son gré : Marie-Antoinette avait besoin de cette qualité pour ne pas devenir une girouette cédant au plus convaincant. Mais au moment de l'opposition exacte avec Psyché, elle n'était pas encore prête à dévoiler les qualités du Taureau : au lieu de céder à Adélaïde, elle céda au roi, à la Du Barry, et surtout à sa mère.

Ainsi, au cours de la cérémonie des vœux de 1772, les mots tant attendus furent prononcés. Le Soleil progressé était ce jour-là à 0°01 de l'opposition à Psyché. À Jeanne Du Barry, présente au lever de la Dauphine, au milieu d'une foule nombreuse, Marie-Antoinette prononça le fameux : « Il y a bien du monde aujourd'hui à Versailles. »[26] Et ce fut terminé : on ne pouvait plus rien reprocher à la dauphine, mais cette dernière était bien résolue à ne plus faire aucun effort. Plier lui avait coûté bien plus qu'on ne peut se le figurer. Elle dit très vite à son ambassadeur Mercy : « Je lui ai parlé une fois, mais je suis bien décidée à en rester là et cette femme n'entendra plus jamais le son de ma voix. » Mesdames Tantes, elles, continuèrent d'ignorer la Du Barry ; et, selon Mercy, la confrontation entre Adélaïde et Marie-Antoinette fut orageuse. Peu à peu, après cet épisode, elle parvint à prendre suffisamment de recul par rapport aux intrigues de Mesdames Tantes. Ainsi, au mois de juin, le Soleil progressé ayant dépassé l'opposition à Psyché de 0 degré et 24 minutes, Mercy pouvait, avec satisfaction, annoncer à l'impératrice :

---

26 Stefan Zweig, *Marie-Antoinette*, trad. Alzir Hella (Le Livre de Poche, 1998).

« Quoique l'influence de Mesdames opère encore dans bien des circonstances, cela n'arrive cependant pas avec assez d'efficacité pour qu'il puisse en résulter des effets dangereux. » Elle commençait, avec son époux, à fréquenter davantage son beau-frère et sa belle-sœur, sans les tantes. Enfin, elle finit par ne les voir que par politesse.

Au moment de la rencontre avec Psyché, Marie-Antoinette apprit probablement beaucoup sur elle-même, et sur les autres. Elle ouvrit les yeux sur les intrigues de cour, les luttes d'influence, l'hypocrisie (y compris de sa mère qui, chez elle, faisait fouetter les prostituées), et les faux-semblants qui animent le comportement de chacun. En d'autres termes, elle fit connaissance avec les qualités d'une Vénus en Scorpion, et ne se lia plus à d'autres personnes sans discernement. L'Histoire a retenu que c'est Madame Adélaïde qui affubla par la suite Marie-Antoinette du surnom d'« autrichienne », qui lui fit un tort considérable. Elle fut à l'origine de bien des rumeurs sur elle, et réunit ses ennemis dans son château. Marie-Antoinette, quant à elle, ne se montra plus jamais aussi naïve qu'avant sa rencontre avec Psyché. Malheureusement, son refus d'être instrumentalisée et sa fuite des intrigues de cour la conduisirent à se retirer plus que de raison dans son Petit Trianon et dans ses pièces de théâtre, contribuant à la légende noire d'une reine insouciante de son devoir et de son peuple.

Maria Montessori

Le Soleil progressé de Maria Montessori forma un trigone exact avec l'astéroïde Psyché à la fin du mois de novembre 1897, alors qu'elle avait 27 ans. Peu de temps auparavant, elle avait découvert avec effroi qu'elle était enceinte. Maria Montessori n'était alors médecin diplômée que depuis une année, et travaillait à la clinique psychiatrique de l'université de Rome, en collaboration avec Giuseppe Montesano. Elle avait suivi des études de médecine contre l'avis de son père, mais avec le soutien de sa mère. Montessori avait dû faire face à de nombreux obstacles, principalement ceux liés à la misogynie de l'époque, et donner des cours particuliers pour prendre en charge une partie de ses frais de scolarité. Elle travaillait la nuit pour s'entraîner sur les dissections, car il était impensable qu'une femme se retrouvât face à des corps d'hommes nus. Elle fut ainsi la troisième femme diplômée de médecine en Italie. Maria Montessori était ambitieuse et déterminée : ce qu'elle vit à la clinique psychiatrique, où les enfants déficients mentaux étaient mélangés aux adultes, la convainquit de consacrer ses premières années de médecin à améliorer leur sort. Ce furent d'ailleurs ses succès avec les enfants qu'on qualifiait alors d'idiots, qui l'amenèrent à développer sa propre pédagogie pour les enfants dits normaux.

Maria était en 1897 l'amante de Giuseppe Montesano, avec qui elle travaillait. Leur liaison était secrète. Lorsqu'elle découvrit sa grossesse, entre les mois de septembre et novembre 1897, son monde s'écroula : en Italie, il n'était pas envisageable pour une femme mariée de travailler. L'autorisation de son époux était encore légalement requise, mais, surtout, personne n'aurait fait confiance à une femme qui était censée s'occuper de son mari et de ses enfants. Être fille-mère, par ailleurs, signifiait la fin de la réputation d'une femme, qui plus est une femme médecin, censée incarner un certain idéal bourgeois et un modèle de bonne conduite. Maria Montessori ne se confia jamais réellement sur ces heures sombres de sa vie. Néanmoins, son fils, lui, apprit des choses qu'il transmit à ses descendants,

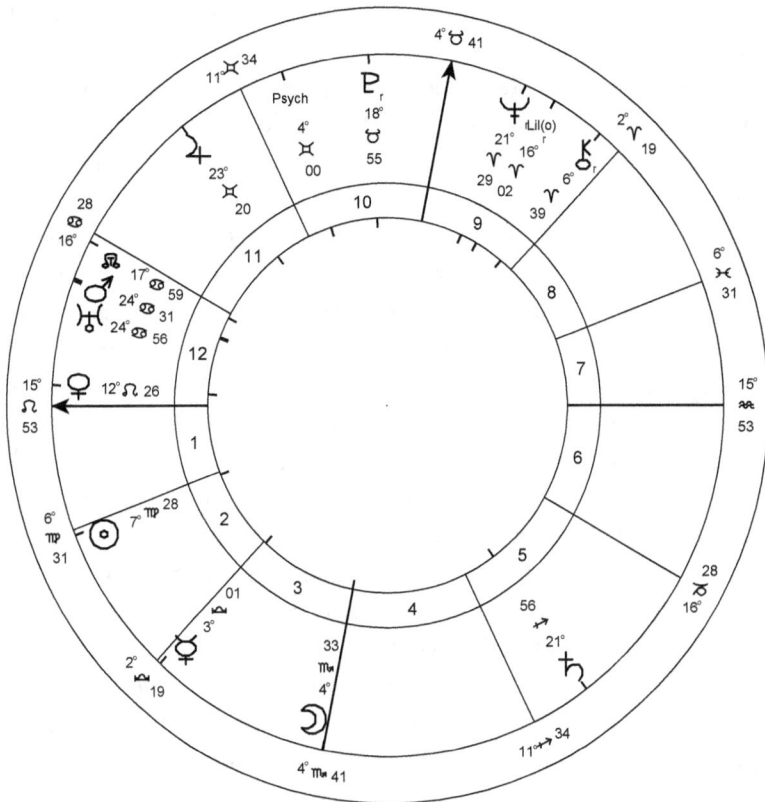

dont l'une, Carolina Montessori, a écrit un livre.[27] D'après ce qu'elle écrit, c'est la mère de Maria, Renilde Montessori, qui guida sa fille et la conseilla au milieu de sa grossesse, c'est-à-dire quand le Soleil progressé de Maria était au trigone exact de Psyché. Renilde rencontra les parents de Giuseppe Montesano, qui souhaitaient également éviter tout scandale pouvant nuire à la carrière de leur fils. Les deux familles se mirent d'accord pour cacher la grossesse et la naissance.[28] La mère de Maria fit croire que sa fille était en voyage pour lui assurer une fin de grossesse discrète ; l'accouchement eut

---

27 Maria Montessori, *Maria Montessori Sails to America*, trad. et introduit par Carolina Montessori (Montessori-Pierson Publishing Company, 2013).
28 Cristina de Stefano, *Maria Montessori, la femme qui nous a appris à faire confiance aux enfants* (Les Arènes, 2022).

lieu à domicile, le 31 mars 1898. Ensuite, pour Maria, vint probablement le moment le plus difficile de sa vie : une sage-femme déclara à l'état civil l'enfant comme né de père et de mère inconnus, et le confia en nourrice à quarante-cinq kilomètres de Rome, chez des fermiers, où il passa toute son enfance. Il lui fut donné le prénom Mario, et le nom de famille inventé de Pipilli.

Dans le thème de Maria Montessori, Vénus est en Lion. On connaît le lien privilégié de ce signe avec les enfants et le jeu, les premiers étant chez Maria le cœur de sa vocation, et le second le moyen privilégié d'arriver à ses fins pédagogiques. Maria ne disait-elle pas : « L'enfant est un roi en marche » ? C'est bien dans le signe du Lion que nous pouvons devenir les maîtres de notre royaume, comme le roi de la savane, ou comme Apollon, le dieu Soleil couronné de ses cheveux d'or, pour devenir le centre de notre propre système solaire. C'est dire l'importance de Vénus dans la pensée de la pédagogue. Elle est en effet également conjointe à l'ascendant, et a donc pour vocation d'être son guide psychique. Mais elle est en maison XII, ce qui lui donne une couleur universelle, la capacité certainement d'aimer et d'accueillir de façon inconditionnelle les enfants et de trouver de la valeur à tous. Ce lien privilégié avec les enfants aurait pu conduire Maria à souhaiter s'occuper de son propre enfant. Mais en maison XII, Vénus la reliait à quelque chose de plus grand qu'elle, l'appelait à mettre son ego au service d'un idéal qui la dépassait. Maria fit un choix douloureux, mais clair, quand elle apprit sa grossesse : elle serait au service de tous les enfants, pas des siens. Encore une fois, c'est ici à un déchirement que contraint Psyché, comme elle obligea Lennon à renoncer à McCartney ou Nietzsche à Wagner. Pour vivre sa Vénus en Lion, et, à travers elle, son Soleil en Vierge, Montessori dut renoncer à son enfant.

Cette Vénus universelle eut besoin des qualités de Psyché au moment de la grossesse de Montessori : chez elle, l'astéroïde est à quatre degrés des Gémeaux, en trigone à Mercure en Balance, et en quinconce à une Lune sur le Fond du Ciel, en Scorpion et en carré au Soleil en Vierge. Vénus dispose de Mercure, et Mercure dispose de Psyché et du Soleil. Dans cette équation, la Lune en Scorpion se retrouve isolée, et le mythe de Koré et de Perséphone qui doivent renoncer l'une à l'autre s'impose. Psyché en Gémeaux a aidé Maria à prendre sa décision non pas en fonction de son propre désir ou non de maternité, ni en fonction du rôle que l'Italie de l'époque assignait aux femmes, mais selon son avis propre. Ce signe est le démocrate du zodiaque car il est persuadé du droit à chacun de décider pour lui-même et de se faire sa propre opinion. De plus, en air, comme Mercure en Balance, il met l'accent sur l'importance pour Maria des qualités de son intellect et de conserver une certaine liberté pour pouvoir les exercer. Pendant sa grossesse, Saturne en transit en Sagittaire formait un carré au Soleil : Maria était appelée à prendre ses responsabilités, à faire des choix, à se définir en tant qu'individu. L'activation de Psyché à ce moment-là montre que les choix devaient se faire en fonction de Vénus, et par l'intermédiaire du dévoilement des qualités des Gémeaux.

La décision qu'elle prit vers le milieu de sa grossesse lui coûta une autre relation : Montesano. Une de ses descendantes raconte : « Ce qui s'est passé exactement est un peu mystérieux. Il est probable que Giuseppe Montesano ait accepté de ne pas se marier et d'élever l'enfant à distance dans l'espoir que Maria Montessori voudrait bien l'épouser plus tard. Quand il a vu que cela n'arrivait pas, leur relation en a pâti. »[29] Le 29 septembre 1901, Giuseppe reconnut légalement son fils, même s'il le laissa en nourrice. En effet, pressé par sa famille de contracter une union légitime, il s'était fiancé, et il épousa le 6 octobre une femme prénommée Maria Aprile. Maria mit fin à tout contact avec lui, renonça à son travail en psychiatrie et à toute autre activité en collaboration. Elle aurait pleuré pendant des jours. Pour Montessori, la rencontre avec Psyché conduisit donc aussi à la fin de sa relation avec Montesano : s'il promit peut-être dans un premier temps de ne jamais la remplacer, il est clair que leur histoire d'amour prit fin avec la grossesse de Maria. La relation avec son fils, elle, mourut en même temps qu'elle commençait à peine. À travers ces deux relations, Maria devait se définir, choisir qui elle suivrait. Allait-elle épouser Montesano et vivre une vie bourgeoise traditionnelle de mère de famille, épouse de médecin ? Ou allait-elle se résoudre à un sacrifice terrible, celui qui la mènerait à abandonner son enfant ? Vénus exige que nous choisissions quelles sont nos valeurs et que nous agissions selon elles dans le monde. Psyché, activée par le Soleil progressé, fut le guide qu'elle suivit, en permettant la révélation de certaines des qualités des Gémeaux, celles nécessaires à l'expression saine de sa Vénus. Ce signe peut montrer un grand courage au nom de la liberté, et son sens de la justice, au sens platonicien du terme, ne pouvait se satisfaire d'un sentiment d'appartenance né de la conformité à un rôle social. Parce qu'il craint le confinement, surtout sur le plan intellectuel, le signe des Gémeaux lui donna la sagesse nécessaire pour ne pas agir selon sa culpabilité immédiate et pour voir à plus long terme. Maria ne pouvait, au risque de provoquer la colère de Vénus, se mettre uniquement au service de son fils, ou de son mari et son fils. Car sa

---

29 Maria Montessori, *Maria Montessori Sails to America*, trad. et introduit par Carolina Montessori (Montessori-Pierson Publishing Company, 2013).

Vénus est en maison XII, et elle devait servir de guide et de force pour la mission que les aspects étroits des deux luminaires à Chiron imposaient à Maria : se consacrer aux blessés de la vie, être au service de ceux dont la monstruosité ou la différence, à l'image du centaure, semblait odieuse à la société. Plus tard, elle élargit ses premiers résultats aux enfants bien portants, assumant là aussi l'héritage centaurique : sensible à la souffrance, celle que Chiron vécut en tant qu'orphelin, elle prit sa suite en tant qu'enseignant et parent adoptif. Le travail exigé par Vénus fut particulièrement cruel pour Montessori, devant renoncer à son amant et à son fils. C'est à ce prix qu'elle atteignit son immortalité symbolique, en laissant l'héritage qu'on connaît, avec environ 25 000 écoles Montessori dans le monde. Elle put heureusement nouer des liens avec son fils Mario à l'adolescence, et leur relation devint au fur et à mesure très heureuse, puisqu'il la suivit dans tous ses voyages et la seconda dans ses travaux.

Jeanne

L'une de mes clientes, Jeanne, dut, elle aussi, affronter la perte d'un enfant et renoncer à une relation extrêmement signifiante au moment de la rencontre avec Psyché : celle avec sa sœur, de cinq ans sa cadette. Enfants, elles avaient formé avec leur mère divorcée un trio très fusionnel, auprès duquel le père, qui défaisait et refaisait sa vie périodiquement ailleurs, ne jouait qu'un rôle épisodique. Se sentant, en tant qu'aînée, le devoir de décharger sa mère le plus possible, elle avait veillé sur sa sœur autant qu'elle le pouvait. Elle lui avait même servi de mère de substitution pendant plusieurs mois : leur mère, ayant dû partir chercher du travail à Paris, et les ayant laissées toutes deux dans la maison familiale, l'aînée devait veiller sur la cadette qui n'était encore qu'au collège. À l'âge adulte, le lien entre les deux sœurs avait gardé son aspect fusionnel, au point que les compagnons successifs de l'aînée avaient pu lui reprocher de faire passer cette relation avant toutes les autres. Leur attachement était par ailleurs très intense, source de conflits fréquents, et déséquilibré, la plus jeune ayant compris que son aînée ne lui refusait rien, et ne se gênant pas pour en profiter largement. Dans le thème de Jeanne, Vénus en Taureau forme un quinconce avec Uranus et un carré avec Jupiter. Il est clair, d'après ce qu'elle m'en a raconté, qu'elle avait vécu jusque-là l'aspect fidèle et tenace du Taureau, et projeté Uranus et Jupiter sur ses compagnons.

Jeanne fut enceinte juste après le quinconce exact entre son Soleil progressé et Psyché. La décision de faire un enfant avec son compagnon était déjà, semble-t-il, une manière de mettre sa sœur à distance en osant, pour la première fois de sa vie, faire passer un autre être avant celle-ci. Malheureusement, deux mois après, elle perdit l'enfant. Pourtant avertie de cette fausse couche, sa sœur lui adressa, deux jours après et par courrier électronique, la photo de sa propre échographie : manière élégante, s'il en est, de lui annoncer qu'elle était enceinte. Pas un mot sur la perte que venait d'éprouver ma cliente. Ce fut le traumatisme de trop : étant de nouveau tombée enceinte quelques semaines après, Jeanne décida de ne plus parler à sa sœur pendant tout le temps que dura sa grossesse. Cette décision fut prise peu avant que le Soleil progressé ne dépasse Psyché d'un demi-degré.

L'astéroïde est, dans son thème, en Scorpion, exactement opposé à Vénus. Cette combinaison Taureau-Scorpion a déjà été analysée dans le thème de Marie-Antoinette : les qualités des deux signes sont complémentaires plus qu'opposées, et ils peuvent se retrouver sur l'intensité de leurs sentiments et leur loyauté. Mais le Scorpion sent des choses que le Taureau préférerait ignorer, et Jeanne tira vraiment partie de la sagesse du signe qui peut voir en quoi une relation est malsaine et dessert l'individu. Couper, pour quelques années, les liens avec sa sœur fut une décision salutaire, qui lui permit de vivre le rôle de Déméter, suggéré par sa Vénus et sa Lune en Taureau, auprès de sa fille, sans être parasitée par les sacrifices permanents qu'elle s'imposait pour sa sœur. Elle retrouva la vie simple et sereine que le deuxième signe prise tant. Et elle s'autorisa par la suite, quand elles reprirent contact, la mise à distance nécessaire dans cette relation, laissant par là-même une place intra-psychique au quinconce d'Uranus à Vénus.

Marcel Proust

L'événement le plus douloureux de la vie de Marcel Proust eut lieu quand le Soleil progressé de l'écrivain était à 0°22 d'un semi-sextile exact à Psyché. Il s'agit de la mort de sa mère. « Elle emporte ma vie avec elle, comme Papa avait emporté la sienne », écrivait-il peu de temps après.[30] Sa mère l'y ayant vivement encouragé, Proust accepta deux mois plus tard d'être hospitalisé durant six semaines pour tenter de soigner sa « neurasthénie ». Précédant le semi-sextile exact de moins de six mois, la mort de sa mère et son hospitalisation font partie des éléments à questionner pour comprendre ce qui s'est joué pour Proust à cette période de sa vie.

Marcel Proust vécut dans une famille de médecins, puisque son père et son unique frère l'étaient. Son frère Robert était oncologue et urologue et leur père Adrien était un hygiéniste renommé. Marcel, lui, avait une santé fragile. Dès l'âge de neuf ans, il souffrit d'un asthme handicapant qui, s'il le laissa en paix quelques années, reprit à l'âge de vingt-trois ans. Il était poly-allergique et souffrait de ce que l'on nommerait de nos jours soit une fatigue chronique, soit un état anxio-dépressif, selon l'étiologie considérée. Pour un homme prônant le grand air et l'exercice physique comme Adrien Proust, il était difficile d'avoir un fils fragile, fuyant l'air extérieur déclencheur d'allergies. Pour lui, son fils était neurasthénique. Père et fils entretenaient donc une relation compliquée due à une incompréhension mutuelle. Adrien Proust co-écrivit même, en 1897, un ouvrage intitulé *Hygiène du Neurasthénique*, dans lequel les auteurs soutiennent que la neurasthénie est liée à un surmenage intellectuel associé à une angoisse de performance ou de réussite : à l'ambition, donc. Ils soulignent la fréquence de l'association de la neurasthénie avec les troubles respiratoires. Ils conseillent pour éviter son développement chez un sujet qui y serait prédisposé la pratique quotidienne de l'exercice physique et le repos régulier. La vie mondaine est aussi pointée du doigt comme facteur

---

30 Marcel Proust, *Lettre à Mme de Noailles, 27 septembre 1905, Correspondance de Marcel Proust, tome V*, texte établi, présenté et annoté par Philip Kolb (Plon, 1979).

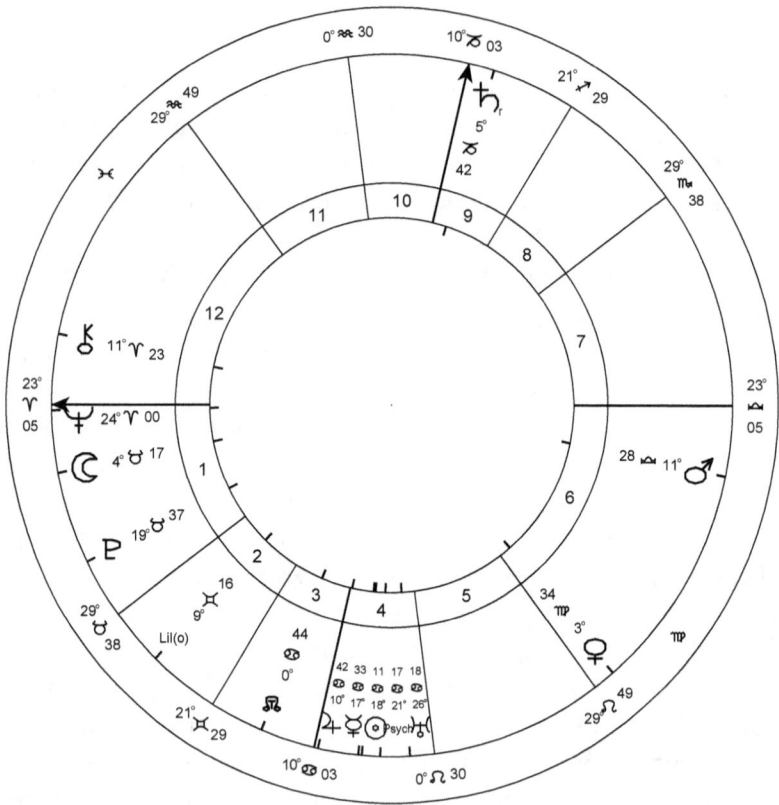

aggravant. En lisant ce traité d'hygiénisme, on ne peut que reconnaître la vie de son fils Marcel.

La mère de Proust avait probablement été convaincue par son mari de l'origine nerveuse des problèmes respiratoires de son fils. Elle lui avait donc fait promettre, avant de mourir, d'accepter de soigner sa neurasthénie. Dévasté par son décès, il tint sa promesse et entama une cure de six semaines à la clinique du psychiatre Paul Sollier à Boulogne-sur-Seine. À son admission à la clinique, le Soleil progressé était à 0°12 du semi-sextile à Psyché ; à sa sortie, il en était à 0°04. Paul Sollier proposait, grâce à l'hypnose, de provoquer des reviviscences afin de retrouver un traumatisme refoulé. Proust rentra ensuite à Paris, souffrant terriblement de son asthme, et « plus malade [qu'il] n'était parti », le 25 janvier 1906.[31] À la suite de cet épisode, il exprima toujours ses doutes sur l'efficacité de la psychothérapie et ne renouvela jamais l'expérience. Pour Marcel Proust, cette rencontre avec Psyché mêla donc le décès de sa mère, événement déclenchant son entrée en cure psychothérapeutique, et une relation, qu'on devine compliquée, avec Paul Sollier, qui chercha pendant huit semaines à lui faire retrouver des traumatismes refoulés. Cette thérapie nous rappelle la thérapie primale suivie par John Lennon, également au moment d'une rencontre entre le Soleil progressé et Psyché. Chez Proust, Psyché est en Cancer en maison IV : cette thérapie a certainement eu pour effet de permettre à Proust de s'interroger sur son enfance et son enfant intérieur. Dévoiler les qualités du Cancer chez lui revenait à prendre en compte l'individu unique qu'il était, et à prendre soin de l'enfant fragile en lui, le reconnaître et lui laisser une place. Marcel fut confronté aux souvenirs de son enfance, et là réside sûrement le germe de l'écriture ultérieure d'*À la recherche du temps perdu*, à peine quelques mois après. La thérapie n'eut pas l'effet escompté : forcer Proust à avoir des reviviscences le rendit malade physiquement pendant des mois, et le conduisit à se protéger du monde extérieur de plus en plus. Le Cancer s'était replié dans sa carapace.

Dans les mois qui suivirent, Proust aborda à de nombreuses reprises la mort de sa mère dans ses courriers. Ce fut, selon ses dires, le traumatisme de sa vie. Mais, en toile de fond, c'est aussi celle de son père qui revint à la surface. Neptune, alors en Cancer, allait et venait sur le Fond du Ciel de Marcel Proust, symbole de ses fondations, de son foyer, et, pour beaucoup d'astrologues, de son père. La relation fusionnelle entre Marcel et sa mère est bien connue, mais le stellium en Cancer de Proust, composé de Jupiter, de Mercure, du Soleil, d'Uranus (et de Psyché) se situe en maison IV, et la cuspide de la maison est également en Cancer. Ce père qui lui sembla toujours en partie inaccessible (Uranus fait partie du stellium), fit, à défaut de comprendre son fils, tout ce qu'il put pour assurer sa santé et son confort. Même s'il ne l'approuvait pas, il avait permis à Marcel de vivre la vie qu'il avait choisie, payant sans discuter ses vêtements, ses orchidées, ses cadeaux, ses dîners, ses promenades d'une douzaine d'heures dans des voitures de louage. À cela s'ajoutaient des factures de plusieurs centaines de francs par mois pour les traitements que Proust choisissait d'essayer pour son asthme, son insomnie, ses rhumatismes et ses indigestions. On retrouve

---

31 Marcel Proust, *Lettre à Ladilslas Landowski, peu après le 8 juin 1906*, Correspondance de Marcel Proust, tome VI, texte établi, présenté et annoté par Philip Kolb (Plon, 1980).

donc aussi l'image du bon père soutenant, Jupiter étant juste sur le Fond du Ciel. Dans *À la recherche du temps perdu*, Proust écrit, en évoquant le père du narrateur : « Chez mon père lui-même, la froideur n'était-elle qu'un aspect extérieur de sa sensibilité ? Car c'est peut-être la vérité humaine de ce double aspect : [...] quand on disait en parlant de mon père : " *Sous sa froideur glaciale, il cache une sensibilité extraordinaire ; ce qu'il a surtout, c'est la pudeur de sa sensibilité* " ». On retrouve là le Cancer tapis dans le Fond du Ciel. Psyché y est aussi, et le Soleil progressé de l'écrivain atteignit l'astéroïde, en conjonction, vers ses trois ans. Nous ne savons malheureusement rien de ce qui s'est passé pour lui à ce moment-là, mais, la conjonction s'étant produite en maison IV, il est possible que, déjà, la relation au père en ait été l'enjeu.

Par l'intermédiaire du Dr Sollier, Proust fut confronté au désir de ses parents. Que souhaitaient-ils ? Qu'il fût plus solide, qu'il guérît, et qu'en soignant sa dépression il changeât de mode de vie. Mais quel était le souhait de Marcel ? Voyons ce qu'il fait dire par la bouche d'un de ses personnages, un médecin, sur les nerveux, qui sont pour lui les seuls véritables créateurs artistiques ou littéraires :

> [...] Supportez d'être appelée une nerveuse. Vous appartenez à cette famille magnifique et lamentable qui est le sel de la terre. Tout ce que nous connaissons de grand nous vient des nerveux. Ce sont eux et non pas d'autres qui ont fondé les religions et composé les chefs-d'œuvre. Jamais le monde ne saura tout ce qu'il leur doit et surtout ce qu'eux ont souffert pour le lui donner. Nous goûtons les fines musiques, les beaux tableaux, mille délicatesses, mais nous ne savons ce qu'elles ont coûté, à ceux qui les inventèrent, d'insomnies, de pleurs, de rires spasmodiques, d'urticaires, d'asthmes, d'épilepsies, d'une angoisse de mourir qui est pire que tout cela.[32]

Les six semaines passées au sanatorium eurent les effets opposés aux espoirs des parents Proust. Grâce à la correspondance de Proust, nous savons que l'année 1906 est une période durant laquelle sa santé fut au plus bas : « Je n'ai pas quitté mon lit depuis six mois », confiait-il au médecin de sa mère

---

32 Marcel Proust, *À la recherche du temps perdu*, édition établie par Jean-Yves Tadié (Gallimard, « Quarto », 2020).

en juin 1906.³³ Il fit en effet une ou deux tentatives seulement, et, au moment où il semblait aller mieux, souffrit d'une grippe qui le cloua à nouveau au lit plusieurs semaines. Il lui restait, après cet épisode, quinze ans à vivre, qu'il passa la plupart du temps cloîtré chez lui, finissant même par tapisser sa chambre de liège pour éviter que l'air de l'extérieur n'y pénétrât. Ses domestiques désinfectaient le courrier au formol. Au lieu du grand air et de l'exercice prônés par Adrien Proust, Marcel se résigna à vivre enfermé.

Dans le thème de l'écrivain, Vénus est en maison VI, dans le signe de la Vierge, et, comme nous l'avons vu avec les exemples de Nietzsche et de Lennon, il est très important pour une telle Vénus de ne pas être polluée par l'influence de l'autre. Or, le père peut être une source d'influence prégnante et en partie inconsciente lorsque le Soleil est en maison IV. Vénus est par ailleurs en trigone quasi exact à la Lune, et elle peut dès lors être sous influence lunaire, ce qu'une phrase telle que « Je n'aime dans ce monde qu'une personne, c'est Maman » illustre parfaitement.³⁴ L'ascendant est en Bélier, suggérant que le goût du risque, et la capacité de ce signe à laisser derrière lui ce qui le sécurise, devraient servir de guide psychique à Proust. Mais Neptune est conjoint à l'ascendant, et Mars, maître du thème, est exactement opposé à Chiron, ce qui rend l'assertivité du premier signe beaucoup plus difficile à exprimer, et peut générer un sentiment d'impuissance ou d'incapacité chronique. De plus, nous l'avons vu, le thème de l'écrivain comporte un stellium de quatre planètes en Cancer et en maison IV : les enjeux lunaires sont particulièrement soulignés par cette configuration, et le besoin de rester en contact avec la matrice peut, dès lors, rendre compliquée l'expression martienne nécessaire à l'ascendant Bélier, et à la séparation d'avec la mère. Pourtant, Vénus en Vierge indique bien que les valeurs de Marcel devaient être dépouillées de l'influence de ses parents.

Après sa sortie du sanatorium, et alors que son Soleil progressé était toujours sous l'influence de Psyché, Proust semblait aller de plus en plus mal, mais surtout entrer dans un chagrin de plus en plus important, assorti d'une culpabilité de plus en plus forte. Début juin, il écrivait ainsi : « Ce que mon chagrin s'est transformé depuis quelques mois est effrayant, et c'est tellement plus douloureux encore maintenant ». Ou encore, toujours en juin : « j'ai trop constamment l'atroce angoisse qu'avec ma mauvaise santé

---

33 Marcel Proust, *Lettre à Ladilslas Landowski, peu après le 8 juin 1906*, Correspondance de Marcel Proust, tome VI, texte établi, présenté et annoté par Philip Kolb (Plon, 1980).

34 Marcel Proust, *Lettre à Louis d'Albuféra 26 septembre 1905*, Correspondance de Marcel Proust, tome V, texte établi, présenté et annoté par Philip Kolb (Plon, 1979).

je n'ai jamais fait que du chagrin à mes parents, que j'ai toujours attristé leur vie [...].[35] Proust semblait donc, au moins inconsciemment, s'entêter : non, il ne soignerait pas sa neurasthénie, non, il ne vivrait pas au grand air en faisant de l'exercice et non, il ne ralentirait pas son travail intellectuel, et ne s'interdirait pas son travail littéraire. Il ne faut pas perdre de vie que c'est Vénus qui donne le sens à ce que nous vivons quand nous rencontrons l'astéroïde. En Vierge, elle exige, telle la fourmi du conte d'Apulée, que Proust fasse le tri entre ses valeurs et celles de ses parents. Elle est en trigone étroit à la Lune, et en maison VI, qui évoque le travail et ce qui en fait le quotidien, donc l'écriture chez Proust. Cette maison est aussi associée traditionnellement à la santé : est-ce là l'origine de l'admiration de Proust pour les « grandes nerveuses », lui qui voyait une grande beauté dans la maladie des nerfs ?

Ce fut bien dans cette période de deuil et de souffrance physique que naquirent les premières ébauches d'*À la recherche du temps perdu*. On sent bien à quel point une Vénus en maison VI au trigone de la Lune peut se satisfaire d'une telle œuvre, qui revient sur l'enfance et le clan familial d'un narrateur dont la vie diffère peu de celle de Proust. Cet ouvrage illustre également magnifiquement les talents et les tournures d'âme générés par un stellium en Cancer en maison IV, qui ne semble avoir pu donner le meilleur de lui-même en termes de créativité qu'après l'activation de Psyché en Cancer au début de l'année 1906. En assumant d'être le neurasthénique que son père eût tant voulu guérir, et qui, de surcroît, n'acceptait pas de faire le deuil de sa mère et se laissait envahir par la culpabilité, Proust avait mis en œuvre le discernement virginal de sa Vénus. Cette planète ne trouve pas sa joie en se conformant aux souhaits des autres, mais en nous faisant choisir ce qui est désirable à nos yeux. Proust semblait penser que l'inspiration avait un prix : la neurasthénie, l'asthme, l'enfermement, le deuil impossible de sa mère, la culpabilité. Son père en aurait sûrement été très peiné. Mais ainsi qu'il l'a fait dire par la bouche du médecin cité plus haut, ce sont, pour lui, autant de forces créatives. Et, comme il l'a si bien exprimé lui-même : « La vraie vie, la vie découverte et éclaircie, la seule vie par conséquent pleinement vécue, c'est la littérature. »[36]

---

35 Marcel Proust, *Lettre à Ladilslas Landowski, peu après le 8 juin 1906*, Correspondance de Marcel Proust, tome VI, texte établi, présenté et annoté par Philip Kolb (Plon, 1980).

36 Marcel Proust, *À la recherche du temps perdu*, édition établie par Jean-Yves Tadié (Gallimard, « Quarto », 2020).

Robert Francis Kennedy

Robert, né huit ans après son frère, le futur président John Fitzgerald Kennedy, fut un allié incroyablement efficace dans la conquête du pouvoir par ce dernier. Cependant, il ne fut jamais considéré par son père comme un potentiel leader, au contraire de Joe, leur frère aîné, et de John. Il ne fut pas éduqué pour régner, mais pour aider, ce qu'il fit toute sa vie, jusqu'à la mort de JFK. Après l'assassinat de son frère, en novembre 1963, Robert démissionna du poste d'attorney général (ministre de la Justice) qu'il occupait sous la présidence Kennedy, et se tint en retrait du pouvoir, conservant néanmoins son poste de sénateur. Puis, vint la rencontre avec Psyché... Comme le dit son biographe, Evan Thomas, « Il a fallu une série de revers de la fin de l'automne 66 au début de l'hiver 67 pour le sortir de son humeur attentiste. Pour Robert Kennedy, le chemin vers la lumière commence toujours dans les parties les plus sombres de la forêt. Il avait besoin de souffrir avant de pouvoir connaître l'exaltation. »[37] On reconnaît là, bien sûr, une phrase qui pourrait convenir à de nombreuses personnes marquées par le signe du Scorpion, comme Robert dont le Soleil, Saturne et Mars occupent ce signe. Mais cette transformation eut besoin de Psyché pour s'accomplir. Elle aboutit à sa décision de se présenter à l'élection présidentielle de 1968.

Dans le thème de Robert, Psyché est à 9°45 du Gémeaux (à moins de 2 degrés du Soleil de son frère John, ce qui sera évoqué dans la partie sur la synastrie). Son Soleil progressé était en quinconce exact à Psyché du 23 au 28 décembre 1966. N'oublions pas que le mythe de Psyché débute par un manquement à l'égard de Vénus, qui n'est plus honorée. Chez Robert, Vénus est en Capricorne, conjointe à Jupiter et au Milieu du Ciel, en maison IX. Elle est opposée à la très significative conjonction Lune Noire - Pluton dans la maison III, celle, notamment, de la fratrie. Vénus est à l'origine de notre sentiment d'avoir de la valeur, et Robert, dont le diminutif était Bobby, luttait, de façon notoire, contre une mauvaise estime de lui. On le surnommait parfois Richelieu, car il était, lui aussi, une éminence grise

---

37 Evan Thomas, *Robert Kennedy: his life* (Simon & Schuster, 2002).

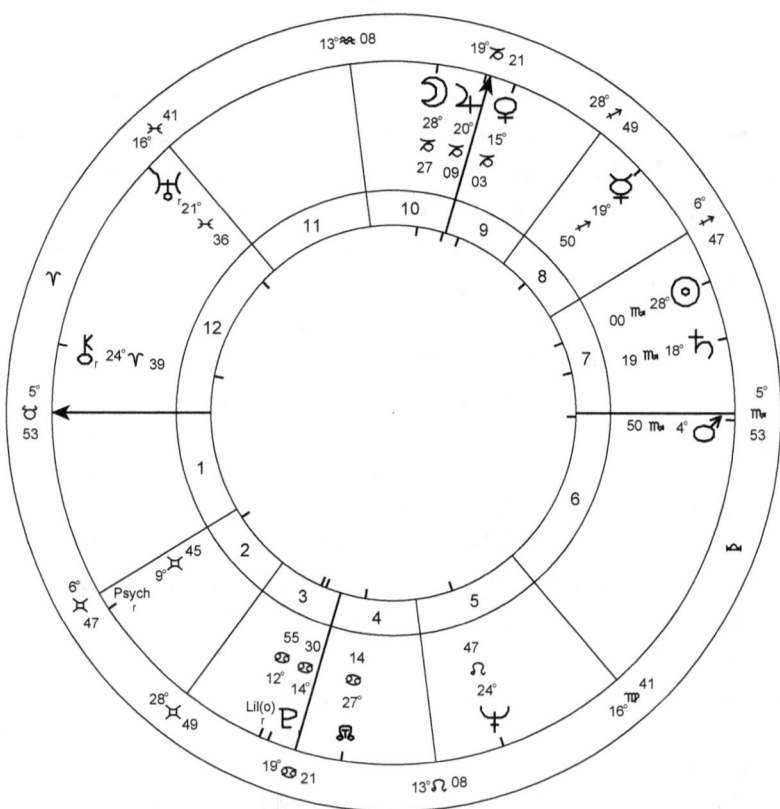

agissant dans l'ombre d'un dirigeant, son frère. Mais l'opposition d'une Vénus au Milieu du Ciel avec la conjonction Lune Noire-Pluton indique qu'il ne pouvait ressentir sa propre valeur qu'en assumant de prendre la responsabilité du pouvoir, et en s'identifiant au rôle de leader adulé (Vénus-Jupiter en Capricorne sur le MC). Dans les événements de la fin 66 et du début 67, il semble que ce qui était en jeu, pour Robert, était la question du rapport de force dans les relations : à qui laissait-il le pouvoir ? L'opposition Vénus-Pluton est éloquente à ce regard (tout comme la conjonction Pluton-Lune Noire). De plus, Robert est marqué par le signe du Scorpion, et l'on sait comme les enjeux relationnels sont importants dans la construction des natifs de ce signe.

La première personne à s'emparer du pouvoir relationnel, au détriment de Bobby, fut sa belle-sœur Jacqueline Kennedy, la veuve de John. Robert fut probablement le seul à comprendre et accompagner la douleur de Jackie après l'assassinat de son mari. Tuteur légal des enfants de son frère, il se rendait chez sa belle-sœur dès le matin pour prendre le petit déjeuner avec eux, et y retournait bien souvent le soir ; par la suite, ils devinrent amants. Il s'agissait de deux êtres brisés qui trouvaient un peu de réconfort l'un avec l'autre, et qui étaient liés par un attachement véritable. Mais en raison de cet attachement et de sa loyauté, Bobby allait voir son image publique écornée, au début de l'année 1967, par ce qui semblait être, aux yeux des électeurs, les caprices et l'abus de pouvoir de Jackie. Elle avait décidé, peu de temps après la mort de son époux, d'accorder son témoignage sur les derniers jours de JFK à William Manchester, préférant maîtriser ce qui serait publié sur son mari. Manchester avait déjà écrit sur le président avant sa mort, et son admiration pour JFK était palpable. John et Jackie avaient d'ailleurs tous les deux apprécié le livre. Manchester fit dès lors un travail d'investigation incroyable et épuisant, et finit le livre en étant hospitalisé. Il interviewa, en plus de Jackie et de Bobby, plus de mille personnes. En mars 1966, Manchester envoya un exemplaire de son manuscrit à Robert, et un autre à Jackie, pour relecture. Aucun des deux ne se sentit capable de le lire. Robert le confia donc à des proches qui ne demandèrent que de légères modifications. Elles furent acceptées, et, le 29 juillet 1966, Robert Kennedy donna son accord officiel à la publication du livre.

Mais Jackie, qui rentrait de vacances à ce moment-là, informée de la décision de Bobby, paniqua. Elle regrettait d'avoir confié tant de détails personnels. Elle comprit qu'il existait une attente extraordinaire du public envers ce livre, et elle refusait de voir les détails de l'assassinat de son mari refaire les gros titres des journaux et satisfaire la curiosité des lecteurs. Elle s'en plaignit à Robert. Ce dernier savait que c'était pourtant Jackie qui était allée chercher Manchester ; il avait donné lui-même son accord pour ce livre, qui ne salissait en rien la réputation de son frère. Mais, suivant la logique de ses sentiments et non celle de la raison ou de son ambition personnelle, il soutint Jackie. Il épousa son point de vue comme il avait épousé sa peine. Ainsi, en août, il revint sur sa parole : il écrivit à Manchester qu'il refusait la publication du livre. En septembre, il soutint l'avalanche de modifications qu'exigeaient les proches de Jackie. Il en vint même à harceler Manchester, le poursuivant jusque dans sa chambre en novembre, alors que ce dernier, malade et épuisé, s'était enregistré sous un faux nom dans un hôtel new-yorkais afin de partir pour Londres.

Enfin, Jackie, jamais satisfaite des modifications apportées, commit, en décembre, une erreur majeure, pour elle et Bobby : elle attaqua en justice Manchester et Look, le magazine qui devait publier des extraits du livre. La presse se déchaîna contre eux, et Manchester s'exprima dans les journaux. Aux premières heures du 16 janvier, le jour où le procès devait commencer, un accord fut conclu. Les rapports entre Jackie et Bobby semblaient tendus. Il confia à un ami, quelques jours plus tard : « Je n'ai jamais eu la moindre envie de perdre du temps là-dessus ».[38] Il est probable que Jackie se soit sentie obligée d'accepter l'accord, et qu'elle en ait voulu à Bobby : elle annula dans les semaines qui suivirent les vacances qu'elle devait passer avec son beau-frère, et ils se virent beaucoup moins, pendant quelques temps. Quelques jours après l'accord, Look publia le premier épisode de *La mort d'un président*. Ce fut un succès immédiat. Dès la publication des extraits du livre, l'effet sur la côte de popularité de Jackie et de Bobby fut désastreux : le 31 janvier, une enquête menée par John Harris montra qu'un tiers des Américains avait une moins bonne opinion de Jackie, et 20 pour cent de Robert. À l'automne 66, un sondage Harris le donnait gagnant aux primaires démocrates contre Johnson, l'actuel président, à 53 pour cent contre 47. Après le scandale, en mars 67, il était mené par Johnson qui capitalisait 61 % des voix contre 39 pour Bobby. Johnson, qu'il détestait, exultait : « Seigneur, ça a tué à la fois Bobby et Jackie ! »[39]

Ce qu'on appelle « le scandale Manchester » eut lieu durant toute la durée où le Soleil progressé de Bobby était en quinconce à Psyché, la décision de Jackie d'attaquer Manchester et le journal ayant été prise, et donc médiatisée, le 22 décembre (le quinconce exact étant atteint du 23/12 au 28/12). Le 16 janvier, jour du procès, le Soleil progressé était à 0°04 du quinconce exact. Le fait que Bobby se soit laissé entraîner dans ce scandale alors même qu'il n'avait rien contre la publication du livre montre bien qu'il avait laissé le pouvoir dans les mains de Jackie, au lieu de se l'approprier, comme l'y incitait l'opposition de Vénus à Pluton dans son thème natal. De plus, le Capricorne a besoin de prendre le risque de la solitude lorsqu'il s'agit de défendre ce qu'il croit juste, et Bobby n'y était pas encore prêt. Ce n'est pas un signe enclin au compromis, tout du moins lorsqu'il s'agit de sa carrière. Mais au même moment, Robert reçut une aide inattendue de son pire ennemi, Lyndon Johnson, qui le força à reprendre son pouvoir et à rétablir le culte de sa Vénus.

---

[38] Paul Brandus, *Jackie, her transformation from First Lady to Jackie O.* (Post Hill Press, 2020).
[39] Evan Thomas, *Robert Kennedy: his life* (Simon & Schuster, 2002).

Kennedy et Johnson se vouaient en effet une haine mutuelle. Pourtant, Robert ne se permettait pas de critiquer ouvertement son ennemi : ils étaient tous deux démocrates, et Robert aurait eu l'air de trahir son camp s'il s'était exprimé ouvertement contre le président en exercice. Mais en décembre 66, en même temps qu'il gérait le problème du livre de Manchester, un problème de conscience se posait à lui avec insistance. Les bombardements s'intensifiaient au Vietnam, 33 000 soldats américains étaient morts et la guerre coûtait une fortune au pays. Il confia alors à un ami qu'il se demandait s'il ne devait pas prendre la parole publiquement contre la guerre. Cependant, il pensait que Johnson le haïssait tellement qu'il risquait de réagir à un discours pacifiste de Bobby en envoyant encore plus de troupes au Vietnam ou en intensifiant les bombardements. Selon son biographe, Evan Thomas : « Ces peurs n'étaient pas totalement irrationnelles. L'hypersensibilité de Johnson vis-à-vis de Kennedy était à la limite du pathologique. » Kennedy était si terrifié par les réactions irrationnelles de Johnson qu'il se référait à lui uniquement comme à « l'Administration », pour éviter de mentionner son nom. Mais, à nouveau, ces précautions impliquaient que le pouvoir et la prise de décision étaient laissés dans les mains de l'autre. Jackie et Johnson, l'amante et l'ennemi, empêchaient tous deux Robert de s'exprimer.

Kennedy venait de vivre plusieurs transits importants touchant Uranus au cours de l'année 1966 : l'opposition d'Uranus à lui-même et le passage de Chiron et de Saturne sur la planète, en Poissons. Uranus étant en maison XII dans le thème natal, nul doute que le Prométhée en lui, avec ce lien puissant au collectif opprimé, commençait à se réveiller. Kennedy, donc, souhaitait prendre position contre la guerre, mais il se sentait entravé. Avant d'avoir pu prendre une décision, ce qu'il craignait et avait tout fait pour éviter, arriva : Johnson fut persuadé qu'il l'avait trahi. Au début du mois de février 1967, Kennedy rentrait d'un voyage en Europe, pour tenter d'oublier le scandale Manchester. Il avait, à cette occasion, rencontré à Paris un diplomate français. Johnson y vit immédiatement un complot, croyant que Kennedy cherchait à forcer le président à négocier avec les Nord-Vietnamiens. Il fut convoqué le 6 février au Bureau Ovale où un Johnson furieux se montra particulièrement violent en lui disant qu'en confortant l'ennemi, Kennedy tuait des soldats américains, qu'il avait du sang sur les mains. Ce fut libérateur pour Robert. À partir de ce moment-là, il reprit sa liberté de parole. Il décida de parler ouvertement de la guerre, pour appeler à l'arrêt des bombardements et à favoriser les négociations. Le 2 mars, il prit la parole devant le Sénat, déclarant que cette guerre était une horreur et qu'il fallait tenter une pause dans les bombardements, pour laisser une chance à la diplomatie. La réaction de Lyndon Johnson ne se fit pas attendre : le lendemain, il fit publier un article rédigé par un chroniqueur populaire, Drew Pearson, qui accusait Robert d'avoir orchestré le complot de la CIA pour tuer Fidel Castro. Ce plan ayant échoué, Castro se serait vengé en faisant assassiner John. Robert aurait donc été à l'origine de la mort de son frère. Bobby n'était certes pas la tête pensante de cette opération de la CIA, mais il n'en restait pas moins qu'il était déjà hanté depuis des années par la question de son rôle dans ce drame : son implication avec Castro pouvait-elle avoir nui à son frère ? Ou, surtout : la lutte anti-mafia qu'il avait initiée avait-elle eu pour conséquence l'exécution de JFK ? La culpabilité le submergeait à nouveau.

Alors que son Soleil progressé avait dépassé de 0 degré et 11 minutes le quinconce exact à Psyché, Robert semblait dans une impasse. Après son discours contre la guerre au Vietnam, Johnson avait intensifié les bombardements, et Bobby craignait que cela ne soit sa faute. Pluton était toujours dans les mains de l'autre. Un de ses amis, qui le vit début avril, écrivit dans son journal qu'il sentit en lui « un sentiment indéfinissable de dépression, somme s'il se sentait acculé par les circonstances et ne savait pas comment en sortir ».

Mais un événement permit à Robert de finir par intégrer les leçons enseignées par Psyché depuis l'automne, et d'être prêt à incarner le pouvoir. Son thème natal montre en effet de nombreuses positions suggérant un besoin de prendre des responsabilités, d'avoir du pouvoir et d'être dans la lumière : un stellium comprenant le Soleil en Scorpion, un autre avec la Lune en Capricorne, son opposition Vénus-Pluton sur l'axe Milieu du Ciel/Fond du Ciel, son Jupiter sur le Milieu du Ciel et sa Lune en maison X, le rendant sensible aux besoins du peuple. Le 11 avril 1967, il se rendit dans les régions rurales du Mississippi pour enquêter sur l'efficacité d'un programme contre la pauvreté. Ce qu'il vit des conditions de vie des Noirs dans le Delta le choqua profondément et durablement. La puanteur et la vermine régnaient dans des cabanes sans fenêtre, des enfants ne pouvant manger qu'un repas par jour étaient assis par terre, parfois totalement apathiques. En état de choc, il dit, à son retour, à la femme de l'un de ses collaborateurs : « Tu ne sais pas ce que j'ai vu ! Tout ce que j'ai fait a été une perte de temps ! Tout ce que j'ai fait était inutile ! »[40] L'estime personnelle de Robert devait être particulièrement faible à cette époque, mais ce fut le jour où il décida d'assumer ses opinions, ses combats, ses ambitions et où

---

40 Evan Thomas, *Robert Kennedy: his life* (Simon & Schuster, 2002).

il admit que beaucoup de gens l'aimaient et attendaient beaucoup de lui. Il reprit le culte de sa Vénus en Capricorne conjointe au Milieu du Ciel. Il passa les mois qui suivirent à chercher des solutions et présenta durant l'été un projet de loi visant à utiliser des allégements fiscaux pour attirer les investisseurs dans les quartiers pauvres—une idée radicale à l'époque, largement imitée des décennies plus tard. Robert se montra alors capable de lutter pour défendre ses valeurs, comme l'incitait l'aspect natal entre Vénus et Pluton. Il se battit contre l'immobilisme des législateurs, mais surtout contre son ennemi Lyndon Johnson, qui faisait évidemment pression contre le projet de loi au Sénat. Cet été, il commença également à demander à ses proches leur avis sur une éventuelle candidature à la présidence de la République. Ils l'y encouragèrent tous, sauf Jackie. Il se décidait enfin et écrivait son destin. Il était enfin lui-même, se battant pour ses valeurs, ne craignant plus rien ni personne, ni Johnson, ni Jackie, ni même la mort.

Dans le thème de RFK, Psyché est en Gémeaux en maison II. Ce signe aime se faire sa propre opinion, apprendre par lui-même, être informé : le passage de Robert dans le Delta lui permit d'obtenir l'information sans intermédiaire, et d'utiliser ensuite le talent pour le langage des Gémeaux pour prendre la parole pour ces laissés-pour-compte. La maison II représente bien ici ses valeurs, qui ont été constellées par le quinconce du Soleil progressé à Psyché. Déjà, sa prise de parole contre la guerre au Vietnam participait du dévoilement des qualités de sa Psyché en Gémeaux. Robert était, jusque-là, plus enclin à faire confiance au signe du Sagittaire pour se faire une opinion : son Mercure y est situé et Jupiter, son maître, est particulièrement valorisé car exactement conjoint au Milieu du Ciel. Ce signe peut penser selon des croyances acquises ou transmises, dans un cadre qui peut manquer de souplesse. Kennedy était très influencé par sa foi chrétienne, mais aussi par certaines croyances issues du clan Kennedy (et notamment du père, Joseph). Les qualités de Psyché en Gémeaux et sa sagesse permirent à Robert d'adopter un point de vue plus personnel à cette époque cruciale de sa vie, d'apprendre directement de l'école de la vie et du terrain plutôt que de sa famille, de sa religion, ou de ses lectures philosophiques grecques. Bien sûr, le signe du Sagittaire était et a continué d'être très important et surtout très inspirant pour lui, mais il lui fallait un peu de la sagesse des Gémeaux, comme il fallait à Vénus un peu de la beauté de Proserpine.

Kennedy souffrit beaucoup durant les mois où son Soleil progressé était dans l'influence de Psyché, mais il apprit aussi énormément. Il ne pouvait plus laisser Jackie détruire sa carrière ou décider à sa place. Il ne voulait pas déterrer la hache de guerre avec Johnson, mais il se devait de défendre ses valeurs et d'exprimer ses opinions. Après le milieu de l'année 67, une fois les qualités symbolisées par l'astéroïde révélées, il fut capable d'honorer sa Vénus en acceptant d'incarner le leader des pauvres, des Afro-américains, ou encore des pacifistes, et de combattre pour ce qui importait pour lui. Il avait passé la plupart de sa carrière dans un rôle de soutien et d'éminence grise, mais il était prêt à devenir le maître. Son estime de lui était bien meilleure. Robert Kennedy, après Psyché, cessa de laisser le pouvoir à l'autre, et fit sienne la fonction plutonienne : il n'avait plus à choisir entre Vénus et Pluton, et pouvait ainsi vivre pleinement son Soleil en Scorpion, quitte à prendre le risque, malheureusement, de se faire, lui aussi, assassiner. Mais, comme l'écrit Liz Greene dans son *Guide astrologique des relations humaines*, une devise qui sied parfaitement au Scorpion est cet extrait du poème *Invictus* de William Henley : « Je suis le maître de mon destin, Je suis le capitaine de mon âme ».[41]

---

41 Liz Greene, Le Guide astrologique des relations humaines (Éditions du Rocher, 1999).

Les liens entre l'astéroïde, le mythe et la projection

Tous ces exemples nous permettent de valider le rapport entre l'astéroïde découvert en 1852 et le mythe écrit 1700 ans avant. Les enjeux relationnels sont particulièrement saillants quand le Soleil progressé est environ à 0°30 de l'aspect exact, jusqu'à ce qu'il l'ait dépassé d'environ également un demi-degré, ce qui représente une durée approximative d'un an. Avant l'aspect exact, la problématique se met en place progressivement, et, bien souvent, un événement a lieu peu avant ou juste après l'aspect exact. Pour Lennon, Robert Kennedy et Marie-Antoinette, par exemple, l'événement eut lieu la semaine même où leurs Soleils progressés formaient un aspect exact à Psyché, pour Nerval à peine une semaine après. L'événement peut aussi bien être le début d'une relation amoureuse (Beauvoir) qu'une rupture (Nerval, Nietzsche, Lennon, Montessori) ou une confrontation (Mme du Châtelet, Marie-Antoinette, Robert Kennedy), parfois même post-mortem, dans le cas de Proust.

Dans les exemples que nous avons vus, la souffrance engendrée ou, au minimum, un inconfort marqué, et l'impasse relationnelle dans laquelle elles se trouvent, conduisent les personnes concernées à se rapprocher de Vénus pour la vivre de manière plus authentique. Beauvoir a besoin de six mois pour pouvoir enfin écrire et proclamer « je suis heureuse », Kennedy d'autant de temps pour commencer à envisager de se présenter à la présidentielle, tout en combattant pour son projet de loi en faveur des habitants du Delta du Mississippi. Lennon met également environ six mois à être prêt à assumer sa part politique et engagée que l'on verra dans l'album *Imagine*. Proust commence à avoir un projet de livre sur sa mère quatre mois après l'aspect exact, et il est probable qu'*À la recherche du temps perdu* soit né encore trois ou quatre mois après. Une de mes clientes mit six mois à prendre la décision de rompre tout contact avec sa sœur pour protéger sa grossesse débutante, une autre la même durée pour se résoudre à consulter un Centre spécialisé dans les violences faites aux femmes. Plusieurs mois sont donc nécessaires pour mûrir, assimiler les leçons de l'astéroïde, et pour qu'une solution créative soit trouvée, que le culte de Vénus soit restauré.

Les relations sont un moyen qu'utilise Psyché pour nous interroger sur des qualités que nous possédons, et qui sont nécessaires pour une expression saine de Vénus. Ces qualités ne peuvent être développées sans le concours d'une projection, qui nous fait voir notre propre beauté chez un autre, à l'instar de Psyché qui tombe amoureuse de la beauté de Cupidon, pour mieux la posséder elle aussi, une fois devenue immortelle. Si une relation nous fait souffrir au moment où notre Soleil progressé forme un aspect avec Psyché, c'est une façon de nous permettre de trouver en nous ce que nous admirions chez l'autre : nous pouvons ainsi nous emparer de l'énergie générée par la perte, la souffrance, ou la confrontation, pour l'utiliser dans un processus qui permette le dévoilement de qualités intérieures. L'astéroïde Psyché symbolise ainsi une beauté intérieure immortelle et divine car, en permettant de satisfaire Vénus, ces qualités (les vertus du mythe) seront mises au service du Soleil, et participeront à donner du sens à la vie de l'individu et à la rendre unique.

Bien sûr, il est légitime de se poser la question de la possibilité de l'échec. Et si l'on ne parvenait pas à honorer Vénus ? Beaucoup de critères entrent en jeu : la position de Vénus dans le thème, ses aspects potentiellement difficiles, et surtout sa compatibilité avec le reste du thème. Une personne s'identifiant davantage à Artémis ou à Arès pourrait avoir plus de difficultés à rendre hommage à Vénus. Il faut aussi regarder les transits de la période et les autres progressions, pour comprendre le kairos, et savoir si d'autres enjeux pourraient prendre le dessus. L'âge, également, est un paramètre important. Mais il semble bien que, quelle que soit la solution trouvée, chaque personne étudiée ait vécu plus pleinement sa Vénus, une fois l'épisode Psyché achevé. Le sentiment d'estime personnelle, mais surtout d'être fidèle à soi-même, s'est donc amélioré, après quelques mois. Mais il faut parfois déconnecter le concept de bonheur de celui d'estime de soi : ainsi, pour Nerval et Proust, il y a comme un choix délibéré de la souffrance comme source de création. Pour Marie-Antoinette, être fidèle à sa Vénus en Scorpion nécessite, paradoxalement, un isolement temporaire, et quant à Robert Kennedy, il s'engage ensuite dans une lutte bien peu propice au bonheur mais tout-à-fait bénéfique pour son sentiment de valeur personnelle. Comme dans le mythe, c'est tout l'enjeu de la quête de soi à travers la relation qui est souligné, et il dépasse celui de la joie ou du bonheur.

Partie III

L'astéroïde Psyché, éléments d'interprétation

Dans la partie précédente, l'étude des effets du Soleil progressé lorsqu'il arrive en aspect avec l'astéroïde nous a permis de dégager les thématiques en jeu lorsque Psyché est activée. Cette partie permettra de présenter des généralités sur l'interprétation de l'astéroïde en astrologie, à partir de sa position en signe, de ses transits, et de son activation par les transits des autres planètes. Enfin, la partie suivante détaillera certains aspects natals qui semblent particulièrement significatifs et qui méritent qu'on s'y attarde plus longuement.

Psyché dans le thème natal

Les éléments essentiels du mythe de Psyché

Afin de comprendre le sens de l'astéroïde dans le thème de naissance, reprenons les parties essentielles du mythe de Psyché.

- Au début du mythe, une beauté mortelle est vénérée à la place de la vraie Beauté, la beauté divine représentée par la déesse Vénus ;
- Psyché doit se marier (entrer en relation) en raison de cette faute ;
- Lorsqu'elle découvre la beauté de son divin époux, elle en tombe amoureuse, le perd et part à sa recherche, animée par son amour et la quête de la vraie beauté ;
- Les déesses lunaires refusent de l'aider ;
- Vénus décide des travaux qu'elle devra accomplir : c'est Vénus qui guide notre développement lorsque nous rencontrons Psyché ;
- Les quatre travaux permettent à Psyché de développer les quatre vertus platoniciennes ;
- Une fois ses travaux accomplis, Jupiter accepte l'union de Psyché et Cupidon. Psyché devient immortelle et épouse Cupidon ;
- Vénus est satisfaite car Jupiter lui dit que l'union est légitime, entre deux dieux ;
- Psyché donne naissance à *Voluptas*.

Éléments d'interprétation

L'astéroïde Psyché est donc un endroit de notre thème qui nous pousse à aller chercher chez un autre des qualités qui nous appartiennent, mais auxquelles nous ne pouvons accéder qu'une fois certaines étapes de développement, nos « travaux », franchies. Apulée compare les qualités que Psyché doit développer aux quatre vertus platoniciennes. Quel que soit le nom qu'on leur donne, ces facultés doivent être mises en jeu dans une relation si l'on veut pouvoir établir des liens affectifs sains, heureux (voluptas), égalitaires, et qui favorisent l'accès à soi. En effet, le mythe nous montre qu'elles sont nécessaires pour satisfaire Vénus, donc pour trouver notre propre valeur, puis pour devenir immortel, c'est-à-dire pour exprimer nos qualités solaires. L'immortalité renvoie en effet au Soleil, qui donne un sens à notre vie, et, par-là, la rend unique et la connecte au divin. Comme l'exprime Dane Rudhyar, lorsque l'être humain expérimente une vraie métamorphose, il devient « plus qu'un homme. Il ne fait plus qu'un avec « l'étoile » qui est son essence spirituelle. »[42] La position de Psyché dans le thème nous permet de préciser quelles vertus, quelles qualités nous devons développer et pour lesquelles nous avons besoin de l'énergie générée par une relation et les problèmes qu'elle soulève.

Toute interprétation de Psyché ne peut se faire sans avoir d'abord regardé la position en signe et en maison de Vénus, ainsi que ses aspects. En effet, Psyché obtient l'immortalité et la beauté divine en même temps que Vénus est à nouveau satisfaite. Les qualités psychéennes peuvent se rapprocher plus ou moins de celles que valorise Vénus. Ainsi, chez Newton, la présence de Psyché en Balance et de Vénus en Verseau semble faciliter l'harmonie entre elles, bien davantage que s'il s'agissait d'un carré ; mais, quoiqu'il en soit, elles sont nécessaires à la pleine expression de la planète Vénus, au développement d'un sentiment d'authenticité. Le signe de Psyché nous indique les modalités selon lesquelles nous devons développer notre sagesse, notre modération, notre courage et la justice dans nos relations. Si l'archétype de la sagesse pourrait être la Vierge, en raison de ses qualités de discernement, et de la maîtrise et de l'exaltation de Mercure, chaque signe possède sa propre sagesse, qu'il nous appartient d'écouter. Ainsi, par exemple, le Capricorne peut exceller à discerner ce qui mérite d'être construit dans la durée, ce à quoi il peut consacrer ses efforts, et ce qui lui apparaît futile. La modération, qui nécessite que l'on réfléchisse avant d'agir, peut sembler plus facilement accessible aux signes d'air, tout comme le courage peut sembler inné aux signes régis par Mars ou aux signes de feu ; mais en réalité, tous les signes ont leur forme particulière de courage. Ainsi le Cancer a, lui aussi, le courage de faire ce qui doit être fait pour protéger son intériorité ou assumer une perception du réel par d'autres canaux que les cinq sens. Si le Scorpion, qui aime s'aventurer dans les terres de l'inconscient, semble apte à développer la vertu de justice, les signes de terre peuvent très bien, en

---

42 Dane Rudhyar, *Approche psychologique des complexes astrologiques* (Éditions Médicis, 2007).

gardant des frontières saines, se protéger des projections des autres et leur accorder le droit de se protéger des leurs.

La quête de soi à travers la relation

Les relations faisant émerger les enjeux, voire les souffrances, qui nous permettent de dévoiler les qualités de notre Psyché, ne doivent rien au hasard. En voyant la beauté divine de Cupidon, et en en tombant amoureuse, Psyché se contemple elle-même, puisque cette beauté est celle qu'elle dévoilera grâce à son immortalité finale. Elle obtient cette immortalité après avoir bu le nectar, symbole alchimique car résultant de la transformation de la sève, dont l'énergie a permis de produire la fleur puis le nectar. Psyché doit donc subir sa métamorphose pour accéder à la beauté qu'elle a aimée chez Cupidon. Elle doit aussi connaître la morsure du manque, de la perte, sinon elle ne trouverait pas le courage d'affronter ses travaux. Ainsi, nous nous attachons à une personne qui possède la même beauté que notre Psyché, puis une problématique soulevée par la relation nous amène à nous l'approprier, après avoir accompli nos travaux.

Dans les exemples proposés précédemment, nous avons vu que la relation entre John Lennon et Paul McCartney avait atteint un point de non-retour au moment où le Soleil progressé de Lennon éclairait sa Psyché natale. Cette dernière se situe à 16°16 des Gémeaux, et elle est, fait important, en trigone exact au Soleil. Chez McCartney, dans le même signe, se situent Mercure à 18°21 et le Soleil à 26°39. On y trouve aussi Uranus à 1°58 et Saturne à 5°13. La relation entre ces deux hommes étant une amitié, qu'ils ont eux-mêmes qualifiée de fraternelle, il est intéressant de trouver le Mercure de McCartney en conjonction avec la Psyché de Lennon. En fréquentant McCartney, Lennon avait devant les yeux l'incarnation de la beauté des Gémeaux, avec ce stellium comprenant notamment le Soleil et Mercure en domicile. Cette beauté était irrésistible pour la Psyché de Lennon, qui, en trigone au Soleil, revêt une importance majeure dans sa construction identitaire. Comme Psyché, il a aperçu cette beauté chez un autre puis, au moment de la confrontation avec l'astéroïde, fin 1970, il a appris à faire sien ce qu'il admirait. Pour cela, Vénus veillait, et a servi de guide : restaurer son culte et la satisfaire nécessitait de développer certaines qualités liées au Gémeaux. Lennon a ainsi, par la suite, été capable de mettre en place de nombreuses collaborations avec des artistes de courants variés ou avec des activistes politiques. Il se lia d'amitié avec les fondateurs du Youth International Party, mouvement de gauche anti-guerre et anti-raciste ; il soutint des mouvements pacifistes et les Black Panthers. Il collabora avec Frank Zappa, Mick Jagger, Harry Nilsson, Elton John, ou encore David Bowie, en co-écrivant ou en produisant des titres. La beauté du Gémeaux est ici visible, avec son adaptabilité, son goût des rencontres éclectiques, ses intérêts variés, son utilisation avisée du langage.

Reprenons également la relation entre Nietzsche et Wagner. L'astéroïde est, dans le thème du philosophe, à 25°54 du Capricorne, conjoint à Saturne. Dans le même signe, chez Wagner, nous trouvons Saturne à 18°55. Cette relation étant celle d'un fils et d'un père spirituel, la présence de Saturne dans cette synastrie est porteuse de sens. De plus, la Psyché de Nietzsche étant conjointe à Saturne dans son thème natal, il était non seulement à la recherche de la beauté du Capricorne mais également de celle de Saturne, en lui-même. Il a donc été captivé par la beauté du Saturne en Capricorne de son père de substitution, pour, après le passage du Soleil progressé sur Psyché, pouvoir lui-même incarner Saturne et sa sagesse. Comme il le dit si bien : « Je **vis** désormais mon aspiration à la sagesse, jusqu'au plus petit détail, alors qu'avant je me contentais de révérer et d'idolâtrer le sage. »

Dans le thème de Simone de Beauvoir, Psyché est à 10°07 du Scorpion. Chez Sartre, dans le même signe, et en conjonction, se trouve Mars, à 8°27. Pour trouver, en elle, la beauté du Scorpion, Beauvoir a d'abord été attirée par le Mars de son amant : dans le cadre d'une relation amoureuse, ce n'est pas surprenant. De la même manière, par exemple, John Fitzgerald Kennedy, pour lequel la rencontre entre le Soleil progressé et Psyché s'est soldée par la rupture avec son grand amour Inga Arvard, a été attiré par la beauté de la Vénus en Vierge de sa maîtresse, lui qui avait Psyché dans le même signe.

L'autre nous attire, nous subjugue, mais c'est bien de nous-même qu'il vient nous parler : lorsque Psyché contemple la beauté de Cupidon, elle ne sait pas encore qu'elle aura le droit d'être aussi belle, devenue, elle aussi, immortelle. Madame du Châtelet, elle, a Psyché à 28°13 du Lion. Chez Koenig, le mathématicien qui lui a fait tant de mal, on trouve dans ce signe un stellium comportant Mercure, le Soleil, Vénus et Saturne. On comprend mieux pourquoi elle a tant attendu de lui, alors même qu'il n'a servi qu'à lui révéler que la beauté du Lion était en elle. Marie-Antoinette, dont la Psyché est à 26°20 du Taureau, n'a pas entretenu par hasard une relation très forte avec sa mère, l'impératrice d'Autriche : cette dernière a un stellium en Taureau composé de Mercure, le Soleil, Neptune et Vénus. Mais, surtout, le Mercure de la mère est à 26°20 du Taureau, en conjonction parfaite avec la Psyché de sa fille. Nul doute que Marie-Antoinette devait trouver magnifiques l'intelligence, le rayonnement et le pouvoir de sa mère. Mais à l'issue du bras de fer avec cette dernière, lié au problème posé par Madame du Barry, Marie-Antoinette a pu développer les vertus du Taureau en elle. On sait notamment qu'elle a fui les intrigues de cour pour se réfugier dans son petit Trianon et on connaît le plaisir qu'elle a eu à avoir sa propre ferme et son propre théâtre, menant une vie de plaisirs la plus simple possible. Elle fit surtout preuve, durant le reste de sa vie, et notamment pendant la Révolution, des qualités chères au Taureau de détermination et de ténacité.

Gérard de Nerval présente une conjonction étroite entre Psyché et Uranus, respectivement à 0°09 et 1°50 du Scorpion. Dans le thème de Jenny Colon, dont il est tombé fou amoureux, Uranus est à 5°50 du Scorpion et le Soleil à 12°48 du même signe. Nerval a donc été fasciné par la beauté d'un Uranus en Scorpion qui était le sien, mais dont il ne pouvait prendre possession qu'à travers l'autre, puisque la planète est conjointe à Psyché dans le thème de naissance. Jenny Colon, avec sa conjonction Soleil-Uranus, rayonnait naturellement les qualités du Scorpion, et a permis à Nerval de les faire siennes. Vénus, maîtresse du Taureau et de la Balance, règne sur les arts : la satisfaire en développant les vertus d'un Uranus en Scorpion (conjoint à Psyché natale) ne pouvait que nourrir la création du poète. Sa créativité uranienne sera en effet stimulée en permanence par sa relation perdue, et il sera capable de plonger dans les profondeurs du Scorpion pour donner à son œuvre tout son potentiel de pénétration de l'âme humaine.

La maison dans laquelle se trouve Psyché

La maison dans laquelle se trouve Psyché donne une idée du domaine, du champ d'expériences dans lequel les qualités représentées par l'astéroïde peuvent s'exprimer le plus aisément, pour ensuite se mettre au service de Vénus et du sentiment d'estime de soi. Ainsi, Robert Kennedy, John Lennon et Friedrich Nietzsche ont Psyché en maison II, et il est clair qu'ils se sont recentrés sur leurs valeurs personnelles, après la rencontre du Soleil progressé avec Psyché. Simone de Beauvoir a Psyché en maison XI, et sa relation avec Sartre lui a permis de s'impliquer dans des associations, des groupes d'intérêts communs et à vocation universelle tels que les existentialistes ou les féministes, et de fonder avec d'autres intellectuels la revue *Les Temps modernes*. Quand une planète, par sa progression ou son transit, forme un aspect important avec notre Psyché natale, la maison dans laquelle cette planète se trouve peut également nous montrer quel type de « travaux » nous seront demandés et quel champ d'expériences sera affecté.

Psyché en signes

Je propose ci-après quelques éléments de réflexion, s'agissant des qualités qui demandent à s'exprimer, selon le signe dans lequel se trouve notre Psyché natale. Bien sûr, il convient de garder en tête qu'aucun signe ne peut être décrit brièvement, et qu'il s'agit donc uniquement de points de repère. De plus, la position en maison de Psyché, mais surtout ses aspects, influencent grandement ses qualités et son rôle dans la vie du sujet. Ces qualités doivent être mises au service de Vénus et du Soleil : développées grâce à une relation, elles doivent ensuite être mises en œuvre dans une relation ; c'est ainsi qu'elles servent à nous permettre l'épanouissement dans la relation affective. Mais, suivant la symbolique vénusienne, elles ont aussi pour vocation d'être utilisées pour accroître notre sentiment de valeur personnelle et renforcer nos valeurs.

Psyché en Bélier

Nous sommes attirés par les qualités du Bélier, et cherchons, par l'intermédiaire d'une relation, à les développer en nous. Il peut s'agir de la capacité d'initiative, de la propension à prendre des risques, à chercher de nouvelles expériences, à être une force de proposition. Le Bélier est le signe dans lequel Mars est en domicile et où le Soleil est exalté. Les qualités de ces deux planètes sont donc importantes, et montrent à quel point l'assertivité, la capacité à s'affirmer et à défendre ses droits, doit être développée dans le cadre des relations affectives. La sagesse du Bélier devrait nous permettre de discerner quand nous devons assumer de quitter une position stable et apaisée pour avancer, et quand nous devons plutôt réfléchir, prendre du recul, faire preuve de modération. Au sein d'une relation, le sentiment d'être capable, à tout moment si on le souhaite, d'infléchir le cours de notre vie grâce à notre volonté et nos actions, est indispensable pour notre épanouissement. Tout enfermement ou sentiment que nous ne pouvons mettre en œuvre de nouveaux projets en raison des liens que nous avons établis nuira à notre expression personnelle et à la joie que pourrait procurer Vénus.

Psyché en Taureau

Les qualités du Taureau sont secrètement enfouies en nous, et nous avons besoin de les admirer chez un autre pour nous les approprier. Vénus gouverne ce signe, et Psyché en Taureau peut donc sembler un chemin très naturel pour servir la déesse. Le goût du Taureau pour la beauté sera probablement un levier très important dans la quête intérieure, et chercher à définir ce que l'on trouve beau et à quoi on accorde de la valeur sera capital. La Lune est exaltée en Taureau : il s'agira donc aussi de savoir prendre en compte son intériorité, ses émotions et ses besoins dans une relation affective. Enfin, la ténacité et les capacités pratiques du signe seront certainement des qualités importantes pour rester ancré sur nos valeurs.

Psyché en Gémeaux

À la manière de John Lennon qui trouva chez Paul McCartney un excellent support projectif à sa Psyché en Gémeaux, notre beauté intérieure cachée peut être liée à la grande adaptabilité du signe, à son amour de la liberté, à son éclectisme, à sa capacité à apprendre de ses expériences, comme Maria Montessori, plutôt que de dogmes préétablis. L'utilisation du langage écrit ou oral semble très importante pour oser affronter le domaine émotionnel, confrontation nécessaire pour établir des relations vénusiennes justes, au sens platonicien du terme. S'agissant de Psyché, les qualités du signe courent moins le risque de servir à se détourner des émotions ou à essayer de tout comprendre plutôt que de ressentir (ce qui peut être le cas quand les qualités de l'air sont utilisées comme défense) : elles sont au service de la création d'un lien dans lequel l'implication émotionnelle est clarifiée par la mise en mots. La notion de liberté individuelle au sein du couple est également importante.

Psyché en Cancer

Les déesses lunaires refusent leur aide à Psyché, pourtant Psyché en Cancer a besoin d'interroger la Lune et les conditionnements de la petite enfance pour établir des partenariats vénusiens porteurs de sens et heureux. Psyché en Cancer est une invitation à l'écoute de l'enfant intérieur, à un retour vers le passé et vers soi, avant de former des relations qui risqueraient de n'être, sinon, qu'une répétition de celles vécues avec les parents. La fonction vénusienne peut être entravée si la Lune n'a pas servi de miroir à la lumière du Soleil de l'enfant au cours de son développement, et c'est la sagesse de Psyché en Cancer que de le comprendre et d'apporter du soin à son intériorité avant de pouvoir la partager de façon authentique avec une autre personne. De même, l'exaltation de Jupiter dans ce signe montre que ce dont on a pris soin peut ensuite connaître expansion et développement, et incite les personnes ayant Psyché en Cancer à avoir le courage et la sagesse de choisir des relations affectives dans lesquelles elles sont à même de grandir, de se développer.

Psyché en Lion

La personne qui a attiré notre attention a probablement un don inné pour occuper le devant de la scène, et pour briller, ou une grande confiance en elle, tel Koenig qui a tant impressionné Madame du Châtelet. La sagesse du Lion est de savoir que son rayonnement propre ne doit pas être entravé par une relation affective, mais doit trouver sa place au sein de cette relation. Vénus la « dorée », la « souriante » selon Hésiode, est bien au service du Soleil, et son miroir nous indique que la relation nous sert à nous connaître, à nous rapprocher de nous-même. Psyché en Lion est donc une invitation à prendre le risque de s'exprimer à travers la relation, à être un individu au sens propre, même au sein d'un couple, et à savoir choisir ce que nous souhaitons communiquer au monde de nous-même, comment nous souhaitons rayonner.

Psyché en Vierge

Cette position est illustrée par le premier travail de Psyché, le tri des graines. Mercure gouverne ce signe, mais c'est aussi le signe de son exaltation. Nos qualités de discernement, qui sont en lien avec nos capacités intellectuelles, seront bien sûr au premier plan pour honorer Vénus. Nous devons développer en nous la capacité à faire le tri entre ce qui nous appartient et ce qui ne nous appartient pas, à maintenir une « immunité » saine face à notre environnement et dans nos relations affectives, à faire en sorte que le besoin d'harmonie et de concorde de Vénus ne nous oblige jamais à nous « vendre » en faisant plaisir à l'autre sans respecter nos propres choix.

Psyché en Balance

La personne qui nous a attiré peut-être à l'aise sur le plan social, ou posséder un don pour créer de l'harmonie dans le monde physique ou dans celui des relations. Vénus gouverne la Balance, comme le Taureau, mais ici, plus que sur les valeurs, l'accent est mis sur la justice, en lien avec l'exaltation de Saturne dans ce signe. Notre beauté intérieure, une fois dévoilée, nous permet de créer des partenariats justes, dans lesquels le statut de sujet de chacun est respecté, tout comme les différences de point de vue. Le lien juste est celui où chacun des partenaires reconnaît à l'autre le droit de jouer son propre rôle, de sortir des attentes de l'autre ou de ses projections, et d'être différent des représentations qu'on pouvait avoir du partenaire idéal.

Psyché en Scorpion

Les personnes semblant comprendre facilement les raisons cachées pour lesquelles les gens se comportent de façon irrationnelle, ou celles qui sont à l'aise avec le monde des émotions ou de l'inconscient, peuvent nous attirer au moment où notre beauté intérieure est prête à être dévoilée. Uranus est exalté en Scorpion, ce qui permet d'associer à la plongée en profondeur plutonienne la vision uranienne et sa capacité à briser les chaînes de nos asservissements. Psyché en Scorpion nous invite évidemment à l'introspection, à la transformation intérieure, à essayer de comprendre ce qui se passe dans l'ombre. Une confrontation avec nos émotions enfouies et notre rapport au pouvoir, au sein du couple, est nécessaire pour satisfaire Vénus pleinement et authentiquement.

Psyché en Sagittaire

Le Sagittaire est évoqué dans le troisième travail, et c'est son courage qui est mis en avant, ainsi que sa capacité à plonger après avoir vu de haut. Psyché dans ce signe invite à définir sa propre vision des choses, et le sens que l'on donne à l'amour ou à l'amitié. Nous avons en effet le sentiment que la vie a un sens, que le hasard n'existe pas et recouvre une autre réalité, dont les relations affectives sont une des manifestations. Le choix du partenaire ou de l'ami doit donc se faire en tenant compte de cette vision, de cette inspiration. Le premier travail de Psyché, celui du tri des graines, résonne ici : Psyché en Sagittaire doit savoir choisir ce qui est compatible avec sa propre vision et surtout ce qui donne du sens à sa vie.

Psyché en Capricorne

Nietzsche nous a permis d'illustrer Psyché dans le signe du Capricorne, dont Saturne est le maître. Saturne et Vénus semblent a priori peu enclins à passer du temps ensemble, et les aspects natals Vénus-Saturne ont la réputation d'être difficiles à vivre. Pourtant, la naissance d'Aphrodite doit tout à Cronos-Saturne, car elle naît de la castration d'Ouranos par ce dernier. De plus, Saturne est exalté en Balance. Psyché dans ce signe est donc une invitation à prendre en compte la loi saturnienne dans le couple, celle qui y voit l'association de deux êtres autonomes et indépendants, qui s'aiment sans se servir de parents de substitution, de pourvoyeurs de sécurité affective ou matérielle. Saturne privilégie la rencontre de deux êtres qui n'ont pas besoin l'un de l'autre mais ont plaisir à être ensemble et y trouve du sens, une occasion de croissance. Enfin, Mars est exalté en

Capricorne, ce qui signifie que Psyché en Capricorne peut se rapprocher de Psyché en Bélier dans le besoin de développer une certaine assertivité dans les relations. Psyché en Capricorne nous demande finalement de développer notre force intérieure et notre capacité de solitude, de nous assumer entièrement, sans avoir besoin de l'aval ou de l'aide de quiconque.

Psyché en Verseau

La sagesse du Verseau, comme nous le verrons dans la partie suivante avec Jacqueline Kennedy, est de savoir, comme le Capricorne, garder une certaine indépendance dans la relation, mais aussi une certaine distance féconde, un espace dans lequel l'individu peut grandir et s'exprimer. Il est en effet à la fois gouverné par Saturne et Uranus. Le Verseau évoque la justice au sens platonicien du terme, car il sait se garder des projections des autres, grâce à cet espace qu'il garde entre lui et l'autre, et qui lui permet d'établir des frontières saines. Bien sûr, Psyché en Verseau nous demande aussi d'ajouter aux désirs de notre Vénus, selon le signe dans lequel se trouve cette dernière, le plaisir d'un compagnonnage intellectuel ou fraternel. Nous sommes invités, à chaque fois que Psyché est activée, à reconsidérer nos idéaux, à y rester fidèles, et à faire en sorte que la relation les soutienne.

Psyché en Poissons

Psyché dans ce signe demande que la plongée dans le monde des émotions, décrite dans le troisième travail, se fasse dans le but de se relier à quelque chose de plus grand, de lumineux, de numineux. Quel que soit le signe dans lequel se trouve Vénus, les relations devront respecter le besoin de se sentir en communion profonde avec l'autre, de partager quelque chose qui va au-delà du quotidien et du visible. Vénus est exaltée en Poissons : la sagesse de ce signe tient dans sa vision de l'amour, et il convient de se demander si nous y sommes restés fidèles, à chaque fois que Psyché est activée. Cette vision peut aller jusqu'à celle de Lucius (celui qui était transformé en âne) et de Platon, c'est-à-dire une connexion au divin grâce à l'amour, ou même simplement l'amour du divin, par exemple de la déesse primordiale : Isis pour Lucius. Avec Psyché en Poissons, nous pouvons partir en quête d'une union grâce à laquelle nous avons l'impression d'entrer dans une autre dimension, celle où l'amour permet l'accès au divin en nous, à notre part divine.

Quand Psyché fait souffrir

Les qualités du signe dans lequel se trouve Psyché à la naissance ont besoin, pour être vécues pleinement, de la médiation d'un autre. Si nous admirons ou aimons une personne, et particulièrement si la relation fait souffrir, il peut être utile de regarder à quelles planètes du thème de cette personne notre Psyché fait écho. Nous sommes appelés à utiliser l'exemple qui est devant nos yeux pour découvrir un talent en nous, quelque chose d'authentique et de beau, qui n'a pas encore été développé. La maison dans laquelle se trouve l'astéroïde nous donne des indications supplémentaires sur le champ d'expériences dans lequel ces qualités pourront pleinement se développer. Par exemple, si Psyché est en maison II, le signe dans lequel elle se trouve s'exprimera préférentiellement autour de nos valeurs. Si Psyché est en maison III, ses qualités peuvent se révéler dans la mise en œuvre du langage.

La souffrance éventuelle doit être comprise comme l'expression d'un manque nécessaire et insupportable permettant de lancer une quête intérieure. Psyché souffre du manque de Cupidon, sinon elle n'accomplirait pas ses travaux. Vénus est celle qui guide, celle qui décide des épreuves qui doivent être surmontées, car elle est la gardienne de la vraie Beauté, la beauté éternelle et divine. Il est donc toujours fécond, quand nous nous retrouvons à souffrir à cause d'une relation, de s'interroger sur la façon dont nous avons honoré Vénus jusque-là. Avons-nous été fidèles à nous-mêmes ou avons-nous adoré des substituts ? Savons-nous quelles sont nos valeurs et sommes-nous capables de les respecter dans tous nos choix, y compris amoureux ? Avons-nous trouvé l'or en nous-même, celui qui génère le sentiment d'amour-propre et d'estime personnelle ?

Les relations importantes de nos vies nous apprennent toujours beaucoup sur nous-mêmes. Mais, s'agissant de l'astéroïde, elles sont indispensables. Seule une relation dans laquelle les qualités de notre propre Psyché semblent appartenir à un autre peut nous permettre de nous approprier Psyché. Cela est particulièrement vrai lorsque le Soleil progressé entre en résonance avec l'astéroïde : il peut s'agir, dans certains cas, d'un véritable séisme dans notre vie. Il reste un an dans l'orbe de l'astéroïde, et a donc tout le temps de produire ses effets. Les transits de Psyché, eux, sont comme des petites répétitions, des moments clés qui nous permettent d'avancer dans une quête toujours plus aboutie, mais jamais réellement finie, au cours de notre vie.

Les transits de Psyché

Entre Mars et Jupiter

Psyché met environ cinq ans à faire le tour du zodiaque, mais elle reste dans chaque signe pendant une durée de temps très variable, d'environ deux mois à plus de dix mois si elle y rétrograde. Ainsi, par exemple, Psyché est restée du 17 novembre 2022 au 04 octobre 2023 en Scorpion, soit 10 mois ½, alors qu'elle n'est ensuite restée en Sagittaire que du 04 octobre au 26 décembre, soit 2 mois ½. Elle avait en effet effectué une longue rétrogradation en Scorpion. Elle sera donc passée trois fois sur certains degrés du Scorpion, et une seule fois sur chaque degré du Sagittaire, ce qui permet de penser que ses effets se feront sentir plus progressivement dans certains signes, avec une phase de rétrogradation qui pourrait être une phase de prise de conscience. Psyché en transit a ainsi une durée d'influence située entre celle de Mars et de Jupiter, selon qu'elle rétrograde ou pas. En moyenne, l'astéroïde est 2,65 fois plus lent que Mars et 2,38 fois plus rapide que Jupiter.

En dehors de ses périodes de rétrogradation, son passage sur chaque degré du zodiaque est assez bref, puisqu'elle y reste deux jours et demi. Si l'on ne tient pas un journal, il y a de fortes chances que nous ne nous souvenions pas de ce qui a pu se « passer » au moment du transit de Psyché. De même, le client en consultation ne se souviendra peut-être de rien, comme c'est souvent le cas pour les transits des planètes rapides. Mais si l'on revient sur des notes prises jour après jour, on voit bien ce qu'un transit de l'astéroïde a pu soulever comme questionnement. Les effets d'un transit de Psyché sont plus facilement visibles quand elle rétrograde et passe trois fois sur le même point, en restant dans le même signe plus de six mois. Ce laps de temps plus long semble offrir l'occasion d'un retour sur soi plus conséquent, où nous sommes amenés à nous interroger sur la façon dont nous vivons Vénus et à nous demander si nous lui permettons d'être l'alliée du Soleil. C'est, bien sûr, une relation qui sera à l'origine de cette mise en mouvement : comme nous l'avons déjà vu, cela peut être une rencontre, une rupture, une déception, une confrontation, ou un malaise grandissant face au comportement d'un tiers qui nous paraît soudainement intolérable. La personne impliquée peut être un conjoint, un enfant, un parent, un ami, un collègue... Il peut aussi s'agir d'un thérapeute, car il ne faut pas oublier que le travail d'un psychothérapeute, d'un psychanalyste, ou encore d'un astrologue, est bien de permettre au client de se comprendre et de se connaître lui-même, grâce à la relation qui se noue, et de faire émerger ce qui était maintenu dans l'inconscient.

Psyché aspectant les planètes natales

Lorsque Psyché en transit aspecte une de nos planètes natales, une relation nous invite à interroger la façon dont nous avons vécu cette planète jusque-là, toujours dans le but d'une plus grande authenticité. Prenons l'exemple de l'arrivée de Psyché en conjonction à Chiron : la figure mythologique du centaure est celle d'un guérisseur, d'un médecin, d'un orphelin, d'un père adoptif et d'un enseignant, qui a été blessé de façon injuste, et dont la blessure est inguérissable. Au moment de la conjonction avec l'astéroïde en transit, une relation peut, selon l'expression, appuyer là où ça fait mal. Quelque chose de blessé, d'inadéquat, d'inadapté en nous peut refaire surface, dont la nature va dépendre de la position de Chiron dans le thème de naissance : si Chiron est en maison VIII, on se trouvera peut-être en difficulté sur le plan sexuel, si Chiron est en I, on s'estimera peut-être insuffisant pour l'autre, en position d'infériorité, si Chiron est en III, on aura du mal à communiquer dans une relation ou on ne se sentira pas entendu.... Mais la relation doit être, à nouveau, comprise comme un moyen et non une fin : si cette blessure est ressentie, c'est qu'elle avait toujours été là, dans l'inconscient, accomplissant un travail de sape invisible et néfaste à notre estime personnelle. La relation met à jour un sentiment douloureux, mais permet de le faire accéder à la conscience et de commencer à endosser l'autre rôle de Chiron, celui du guérisseur, pour soi-même.

Une rupture ou un éloignement peut réveiller un Uranus natal mal intégré : par exemple, Psyché en transit s'opposait à l'Uranus natal de John Lennon lorsqu'il débuta sa séparation de dix-huit mois d'avec Yoko Ono, entamant alors une vie de couple avec une autre femme. Une de mes connaissances, après avoir effectué un stage de découverte de soi à travers le théâtre, a ressenti « l'étincelle » nécessaire pour quitter un travail devenu trop limitant et suivre la voie qui lui avait toujours plu. Elle avait, au cours de son stage, rencontré une enseignante qui avait su la convaincre de son talent. La rencontre fut éphémère mais ses effets très durables.

Enfin, il est également intéressant de noter les jours où Psyché passe en transit sur le nœud nord ou le nœud sud : dans ce laps de temps que l'on peut étendre à 4-5 jours, une relation peut venir nous faire reconsidérer notre chemin de vie, ou nous y conforter, en nous interrogeant sur la façon dont nous avons vécu les valeurs du signe transité. La relation peut être très brève : il peut s'agir d'une seule entrevue, mais décisive pour une prise de conscience. Je l'ignorais à l'époque, mais le jour de ma toute première consultation en tant qu'astrologue, Psyché en transit était exactement conjointe à mon Nœud sud. J'ai très peu revu la consultante par la suite, mais sa réaction m'a totalement confortée dans le fait de poursuivre sur cette voie. Cette relation éphémère, qui s'est nouée pendant un peu plus d'une heure, a été déterminante dans le sens que je donne à ma trajectoire.

Comme pour n'importe quel transit, il est utile de regarder la position natale de l'astéroïde, notamment la maison dans laquelle il se trouve et ses aspects, pour affiner l'analyse et comprendre par l'intermédiaire de quelles expériences et émotions la relation cherche à nous faire évoluer.

Psyché, un activateur des transits des planètes lentes

Nous avons pu observer que l'effet de l'astéroïde est d'autant plus visible que le point du thème concerné est activé par une planète lente au même moment. Prenons l'exemple d'un transit de Saturne sur Vénus : ses effets peuvent se sentir, entre le début, puis la rétrogradation, puis le deuxième passage et la fin du transit, pendant un an. Si Psyché se joint à Saturne, ce sera un moment important du transit de la planète. Comme Mars a tendance à provoquer la manifestation extérieure d'un transit d'une planète lente, Psyché semble permettre à une relation d'exprimer ce que la planète lente cherche à faire évoluer. De la même manière, si Pluton en transit est au carré de la Lune, ses effets pourront se faire sentir sur une durée d'au moins trois ans. Néanmoins, si Psyché en transit passe sur la Lune, ou si la Lune progressée arrive sur Psyché, au cours de ce transit plutonien, ces moments seront très significatifs. Une relation sera alors le moyen choisi par Pluton pour exercer ses effets sur la Lune. On peut aussi le formuler de manière inverse, à savoir que les effets de Psyché sont amplifiés par Pluton, qui a ouvert un canal d'énergie puissant et profond que l'astéroïde peut utiliser pour nous aider à trouver le beau en nous-mêmes grâce à une relation, que le moment soit agréable ou non.

L'une de mes clientes, âgée de 44 ans, vivait ainsi un transit de Chiron au carré de Vénus, depuis environ huit mois. Elle me raconta que de nombreux sujets de discorde avec son époux avaient émaillé cette période, sans qu'elle sache vraiment pourquoi elle lui en voulait autant. Puis arriva la période de Noël, durant laquelle elle vit sa mère. Cette dernière se comporta, durant les fêtes, d'une manière tellement choquante avec une autre personne de la famille que ma cliente réalisa soudain qu'il n'y avait aucune excuse qu'elle pouvait lui trouver. À partir de là, elle prit conscience que sa mère avait un problème et que la façon dont elle l'avait traitée enfant avait elle aussi été, finalement, inacceptable. Et elle mit le doigt sur le problème qui touchait Vénus : un sentiment durable et profond, mais inavoué, de ne mériter aucun amour, puisque sa mère semblait ne pas lui en avoir témoigné. Le jour où sa mère se comporta de façon choquante avec cette personne, Psyché était exactement conjointe à sa Vénus natale. La réflexion de fond était liée à Chiron et à la blessure de l'enfance (la cliente ayant, de surcroît, une opposition Vénus-Chiron en natal), mais Psyché apporta l'élément déclencheur de la prise de conscience.

1969... l'année terrible de Paul McCartney

Pour étudier les effets des transits de Psyché, il faut pouvoir dater les événements au jour près, ce qui est difficilement faisable à moins, comme nous l'avons déjà dit, que les personnes concernées aient pris des notes jour après jour. Mais les Beatles ont une telle notoriété et ont été tellement observés, voire épiés, au jour le jour, que nous possédons assez d'éléments pour illustrer les effets de Psyché en transit sur la vie de Paul McCartney, au cours de l'année 1969.

L'année débuta par l'enregistrement de l'album *Let It Be*, pour lequel Paul avait eu l'idée de filmer leurs répétitions, dans le but d'en faire un programme télévisuel ou cinématographique. Mais, dès le début, l'ambiance était horriblement tendue, et la présence de Yoko Ono en permanence auprès de John en était en grande partie la cause. Mais le décès de leur manager, Brian Epstein, quelques mois avant, et la tentative désespérée de McCartney de prendre le groupe en main, pour éviter sa fin, y contribuaient aussi. Les caméras n'arrangeaient rien. L'attitude de McCartney était de plus en plus rigide et contrôlante, Harrison lui reprochant notamment de lui dicter ce qu'il avait à faire. Le 6 janvier, il fut enregistré disant à Paul : « Je jouerai ce que tu veux que je joue, ou je ne jouerai pas du tout si tu ne veux pas que je joue. Quoi qui te fasse plaisir, je le ferai. » Le 10 janvier, à bout, après une matinée passée à se disputer avec Paul, George décida de quitter le groupe. Juste avant la survenue de ces incidents, Psyché venait de passer sur le Fond du Ciel de McCartney. Les Beatles étaient, à l'époque, véritablement son foyer, ses racines, et l'opposition de Psyché au Milieu du Ciel met en exergue l'impact des problèmes relationnels avec Harrison sur la carrière de McCartney. Pendant ce temps, John Lennon était métamorphosé par les

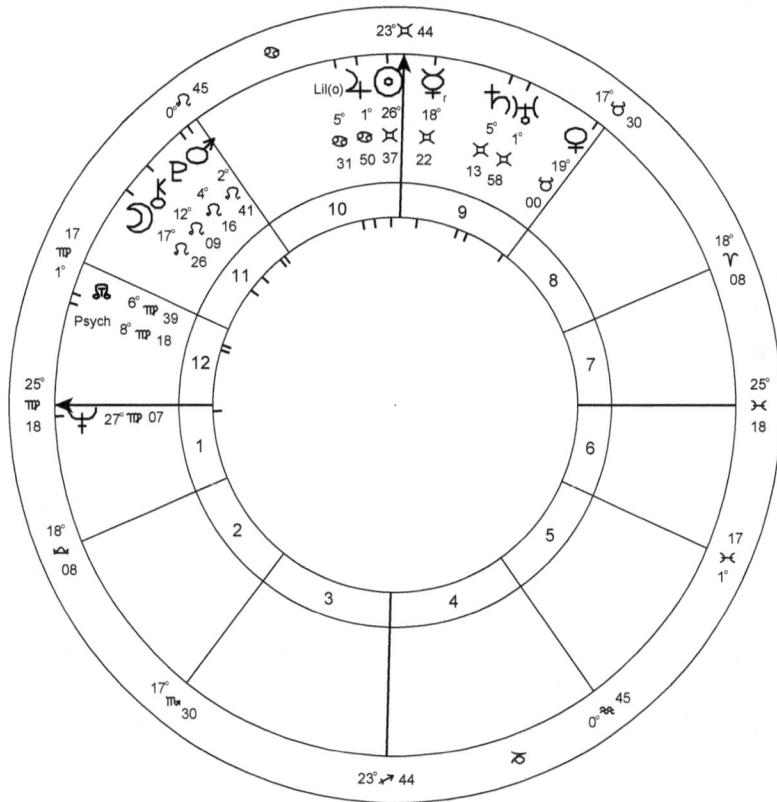

drogues qu'il prenait avec Yoko, et on ne peut qu'imaginer les conséquences sur un McCartney volontariste et perfectionniste, essayant de sauver le bateau en train de couler. D'après John : « Je suivais le mouvement et j'avais Yoko avec moi. Je me moquais éperdument de tout. J'étais défoncé tout le temps aussi, y compris avec de l'héroïne. »[43] Le 15 janvier, à son retour, Harrison se mit en position d'exiger ce qu'il souhaitait en échange de son retour : il fit changer le lieu des enregistrements et annula le projet de concert de Paul. Les négociations durèrent cinq heures durant lesquelles Harrison fut clair sur le fait que quitter les Beatles ne serait pas un problème pour lui, si on ne lui accordait pas ce qu'il demandait.

---

43 Jann S. Wenner. *Lennon remembers: The Full Rolling Stone Interviews from 1970* (New York: Verso, 2000).

Un peu plus tard, au mois de mars, McCartney se disputa avec Lennon, au point de ne pas l'inviter à son mariage avec Linda Eastman qui eut lieu le 12. Elle était enceinte. Ils partirent en lune de miel le 16. Il peut sembler étonnant qu'au même moment, Mars en transit, en Sagittaire, ait été opposé à la Psyché natale de McCartney, à 8°18 de la Vierge. Mais, en réalité, il avait eu une énorme dispute avec sa future femme la veille de leur mariage, et il avait failli tout annuler. Il venait aussi de se disputer avec Lennon. Surtout, ce dernier, mis au courant du mariage, déclara que Paul était mort pour lui, et prit la décision, le 14, de se marier lui aussi. Il partit en France pour se marier le jour même où Paul partit en Amérique pour sa lune de miel. La Psyché natale de McCartney a donc bien été atteinte par l'opposition de Mars, l'obligeant certainement à recourir au discernement et à la modération naturels de la Vierge pour ne pas annuler son mariage ou laisser sa lune de miel gâchée par les réactions de Lennon.

Au mois d'avril, Psyché entra en Verseau, signe dans lequel elle passa de nombreux mois puisqu'elle y rétrograda. Pour McCartney, l'entrée en Verseau est une position importante car son thème de naissance présente une conjonction Mars-Pluton, au début du Lion. Cette conjonction est probablement à l'origine de son besoin de contrôle, mais aussi de ses colères, pourtant bien cachées mais qui ont été rapportées par différentes sources, et de sa jalousie. Elle est sûrement également une des sources de sa créativité inépuisable, de son énergie insatiable, étant dans le signe du Lion. Au premier passage de Psyché à l'opposé de la conjonction Mars-Pluton, McCartney décréta, unilatéralement, que la version entendue à la BBC de leur single « Get Back » n'était pas satisfaisante. Alors que le single allait sortir, il revint seul en studio pour refaire le mixage. On est frappé par l'attitude de contrôle, de prise de pouvoir sur le groupe qui est visible dans ses décisions. C'est aussi le moment où il se réconcilia avec Lennon, après leur brouille du mois précédent, et ils enregistrèrent à deux « The Ballad of John and Yoko », chanson évoquant le mariage et la lune de miel de Lennon, au moment où Psyché finissait de s'opposer à la conjonction Mars-Pluton de McCartney. On sent que la problématique du pouvoir et du contrôle dans le groupe était en jeu, McCartney oscillant entre la prise de décision unilatérale pour *Get Back*, et la soumission aux désirs de Lennon d'évoquer sa relation avec Yoko (et de mettre sa photo sur la pochette du disque) dans une chanson du groupe.

Psyché, en quittant cet emplacement s'approchait, toujours en opposition, du Chiron natal de Paul, situé à 12°09 du Lion. Le 8 mai 1969, Lennon signa un contrat au nom des Beatles avec Allen Klein, le manager dont nous avons déjà parlé dans la deuxième partie, dans le paragraphe sur Lennon, et dont McCartney ne voulait pas. Le 9 mai, les trois autres Beatles exigèrent de McCartney qu'il signât également, mais il refusa. Dans la soirée, Psyché était à 11°30 du Verseau, opposée à Chiron. Une violente dispute éclata, et Paul se retrouva seul, à 23h00, dans le studio. Il eut la chance que Steve Miller arrivât ce soir-là pour enregistrer, et, voyant McCartney seul et malheureux, il l'écouta, puis ils enregistrèrent ensemble un titre : « My Dark Hour », pour laquelle il fut crédité sous un pseudonyme. Ce Chiron en Lion et en maison XI est conjoint à la Lune, et suggère que McCartney peut se sentir exclu des groupes, des associations d'une manière générale, ou se trouver inadéquat sur le plan social, isolé émotionnellement. Le fait d'être lui-même et de briller (le Lion) peut lui sembler devoir s'accompagner d'un rejet ou d'un isolement non souhaité. Les trois Beatles s'associant et le mettant à l'écart a certainement ravivé cette blessure, mais la présence de Steve Miller nous montre bien les deux faces de Chiron, le guérisseur blessé, car cette session à deux lui a montré combien ses talents de créateur musical pouvaient lui apporter un réconfort, une forme de guérison. Dans les deux cas, il s'agit de relations (Psyché) qui réveillent Chiron. McCartney commenta plus tard : « Ce fut un moment très étrange de ma vie et je jure que j'ai eu mes premiers cheveux gris ce mois-là. »[44]

Le retour de Psyché, par rétrogradation, en opposition à la conjonction Mars-Pluton arriva au moment de la naissance du premier enfant de Paul et Linda : Mary, le 28 août 1969, quand Psyché était revenue à 3°45 du Verseau. Cette nouvelle relation, ou la modification de la relation avec son épouse à ce moment-là, terrifièrent certainement McCartney : alors que l'existence des Beatles ne tenait qu'à un fil, qu'il cherchait par tous les moyens à les sauver, il devait gérer un changement majeur dans sa vie personnelle, et accepter, pour un temps au moins, d'en perdre le contrôle, comme le savent tous ceux qui ont accueilli un nouveau-né dans leur foyer.

Psyché reprit sa marche en avant et repassa en opposition à la conjonction natale Mars-Pluton au cours du mois de septembre : le 20, alors que Psyché était exactement en face de Mars, Lennon lui annonça qu'il quittait le groupe. McCartney parvint à lui faire garder le secret un certain temps, mais il sut qu'il avait perdu tout ce pour quoi il se battait depuis un an, et tout ce qu'il avait construit depuis dix ans. La nécessité de contrôle de Mars-Pluton était mise à mal par une relation, et la colère qu'elle peut contenir a probablement submergé McCartney.

---

44 The Beatles, *The Beatles Anthology* (Chronicle Books, 2000).

Pendant toute cette année, Chiron allait et venait au début du Bélier, et formait donc un trigone à cette conjonction natale Mars-Pluton. C'est le transit majeur et long qui invitait McCartney à repenser son besoin de contrôle et la façon dont il devait diriger son énergie créatrice. Mais les moments où Psyché s'opposait à la conjonction natale sont les moments où ses relations (Harrison, Linda, Lennon, sa fille Mary) servirent de déclencheurs à certaines remises en cause.

Psyché touchée par des transits ou des progressions

S'agissant des autres planètes en transit qui touchent Psyché, notamment en conjonction, elles activent elles-aussi les thèmes liés à l'astéroïde : la nécessité de développer les qualités du signe de Psyché, surtout au sein d'une relation. Il s'agit aussi de s'interroger sur notre fidélité à Vénus, donc à nos valeurs et à notre amour-propre. En gardant en tête le mythe, nous devons voir en quoi nous sommes fidèles à qui nous sommes (justice), si nous savons à quoi nous accordons de la valeur et si nous savons faire nos choix en fonction de ces valeurs (sagesse), si nous avons le courage d'affirmer ces choix et la modération nécessaire pour agir après réflexion.

La façon dont Psyché est activée dépendra de la planète qui la visite. Le Soleil progressé est particulièrement intéressant parce qu'il éclaire, c'est-à-dire qu'il permet une prise de conscience, et son passage sur Psyché est une étape importante dans le processus d'individuation. Le type d'expériences, qu'elles soient intérieures ou extérieures, qui activeront Psyché sera dépendant de la nature de la planète en transit ou en progression, et les règles habituelles d'interprétation en astrologie sont respectées. On peut ajouter qu'il semble parfois que la planète indique aussi le type de relation qui est en jeu : lorsque c'est la Lune, il n'est pas rare que ce soit une relation parent-enfant, lorsque c'est Saturne ou Jupiter, elle peut concerner un référent, un mentor, lorsque c'est Vénus, elle sera de nature amoureuse. Mais ces règles sont loin d'être rigides car une relation de nature amoureuse peut très bien être le lieu d'une expérience de type jupitérienne, par exemple.

Le retour de Psyché sur elle-même est aussi un moment à surveiller : c'est comme si nous devions nous pencher régulièrement, tous les cinq ans, sur ce qui pour nous a de la valeur, et sur la façon dont nous avons pu bafouer une de ces valeurs au sein d'une de nos relations. Il est probable qu'un événement extérieur, comme la conduite de la personne avec qui nous entretenons cette relation, soit à l'origine de ce nouveau questionnement, dont l'ampleur et la portée n'atteindront pas les possibles séismes accompagnant l'arrivée du Soleil progressé dans l'influence de l'astéroïde.

Néanmoins, ces occasions peuvent être fécondes, si l'on est prêt à effectuer le travail nécessaire : générant moins de souffrance, elles peuvent être oubliées aussitôt passées, mais elles peuvent aussi donner lieu à un travail conscient visant à interroger nos valeurs.

Partie IV

Les aspects formés par Psyché

Psyché en aspect au Soleil

Pour tenter de dégager les effets d'un aspect entre l'astéroïde et le Soleil dans le thème de naissance, il convient d'étudier d'abord les thèmes de personnes ayant un aspect avec l'orbe le plus étroit possible : Richard Wagner nous a donc semblé être, avec son quinconce exact entre Psyché et le luminaire (ou d'orbe 0°01, selon son heure de naissance), un excellent exemple pour cette recherche.

Richard Wagner

Richard naquit à Leipzig, en plein cœur des guerres napoléoniennes, en 1813. C'était le neuvième enfant de Friedrich Wagner, greffier à la direction de la police et de Johanna, née Petz. Cette année-là, en raison des affrontements dans la région, les hôpitaux étaient pleins, les cadavres n'avaient pas le temps d'être enterrés, les dépouilles des chevaux se décomposaient dans l'Elster. La situation était propice aux épidémies, et le père de Richard contracta le typhus en novembre, puis décéda le 23, alors que son fils n'avait que six mois. Dans son malheur, la mère de Richard put compter sur un ami de la famille, Ludwig Geyer, qui l'épousa en août 1814 et considéra ses sept enfants encore en vie comme les siens. Richard grandit en considérant son beau-père comme son propre père, se référant à lui par la suite en le nommant « notre père Geyer », mais il eut à affronter sa perte en 1821, alors qu'il avait 8 ans. Wagner perdait donc pour la deuxième fois son père : cette fois-ci, celui qui en avait tenu le rôle. La mort d'un père pendant l'enfance n'est jamais un événement anodin, et elle influence, à n'en pas douter, la conduite de toutes les personnes ayant eu à l'affronter. Mais, pour Wagner, le sujet du père fut réellement au cœur de son œuvre et le poursuivit jusqu'à ses derniers jours. Il faut dire qu'en plus de la perte, il dut grandir avec le questionnement sans réponse, car de son père biologique, il ne restait quasiment rien, pas même un tableau, et il ne sut jamais à quoi il ressemblait. De plus, même sa dernière épouse Cosima pensait que son vrai père aurait pu être Geyer, ce que Wagner semblait refuser de croire, mais personne ne sut ce qu'il en pensait vraiment. Au soir de sa vie, il prit soin de tout dire de lui à son fils Siegfried, lui épargnant ainsi la douleur qui le suivit tout au long de sa vie. Il s'était également lancé dans une écriture systématique des moindres détails de sa vie, *Mein Leben*, pour les transmettre à son fils.

Les problèmes paternels, et par extension, identitaires, sont au cœur d'un grand nombre des œuvres du compositeur. Le carré du Soleil à Chiron semble symboliser ces doutes solaires, mais le quinconce exact du Soleil à Psyché apporte des informations complémentaires. L'aspect peut se lire dans les deux sens : pour construire son identité individuelle, Wagner devait développer les qualités de Psyché. Mais ces qualités sont d'abord vues chez le père, figure archétypique solaire, qui aurait dû faire office de Cupidon au début de la vie. On peut donc imaginer un tiraillement constant entre le besoin de développer Psyché en Scorpion, et le manque de la relation qui aurait permis de susciter une admiration et un désir suffisants pour révéler Psyché. Dans l'œuvre de Wagner, on ne peut que constater la récurrence, chez ses héros, de problèmes liés à la mort du père ou à l'ignorance de son identité. Dès l'adolescence, il commença à écrire, et entre quatorze et quinze ans, il s'attela à *Leubald,* tragédie qui ne fut jamais achevée et qu'il croyait perdue. Dans cette œuvre de jeunesse, le père du héros a été assassiné. Leubald promet au spectre de son père de tuer tous les membres de la famille de son assassin, commet une série de meurtres, et sombre dans la folie. Dans sa *Tétralogie*, on voit se succéder les héros Siegmund et Siegfried, tous deux ayant une problématique paternelle saillante. Siegmund, dans *la Walkyrie*, est le fils de Wotan, qui ne lui a jamais révélé qui il était dans les moments passés sur Terre avec lui. Siegmund appelle son père Wolfe et ne connaît pas la vérité sur son histoire personnelle. Son fils Siegfried, que l'on retrouve dans le drame éponyme, troisième des quatre que compte la Tétralogie, est né après la mort de son père. Il ignore que l'homme qui l'élève est son père adoptif, et ce dernier le lui apprend au début de l'opéra, en même temps qu'il lui révèle ses origines. Dans *Tristan et Isolde*, Tristan a, comme dans la légende, perdu son père avant sa naissance. Walther von Stolzing, dans *les Maîtres chanteurs de Nuremberg,* est orphelin de père et de mère. Enfin, Parsifal, dans l'acte I de la tragédie éponyme, a oublié jusqu'à son nom et ignore tout de ses parents qui sont morts.

Vénus a une place singulière et une importance majeure dans le thème de Wagner : maîtresse du thème, elle est conjointe à l'Ascendant et au Soleil et en trigone au Milieu du Ciel. Elle est en domicile, en Taureau, où se trouve aussi Mercure, maître du Soleil. Nous avons vu les liens étroits qui existent entre Vénus et Psyché et, ici, elles sont en quinconce serré (moins d'1 degré). La quête identitaire de Wagner est aussi une quête vénusienne, et l'a

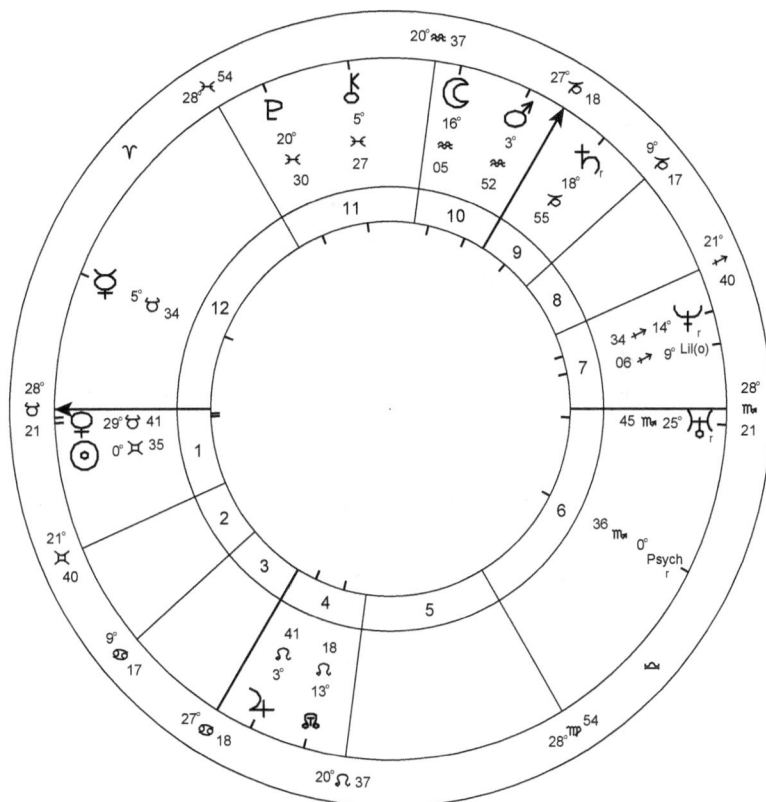

naturellement attiré vers l'art, Vénus étant en Taureau. Les liens entre Psyché, le Soleil et Vénus suggèrent que Wagner avait besoin d'établir une relation significative (Psyché) avec son père pour définir son identité (Soleil) et se donner de la valeur (Vénus). Revenant sans cesse sur cette problématique du héros sans père, c'est bien cette filiation, ou son absence, dans la confusion qu'était Wagner sur ses origines, qu'il cherche à éclairer toute sa vie, tout comme Psyché cherchant à savoir qui est son époux. À cet égard, il est particulièrement intéressant de noter que le dévoilement interdit figure dans deux de ses œuvres.

Dans *les Fées*, le premier opéra achevé par Wagner, mais qui ne fut jamais joué de son vivant, le héros Arindal apprend dans le premier acte, comme on y est désormais habitué avec Wagner, que son père est mort. Il raconte ensuite qu'il a épousé une fée, Ada, sous réserve de lui faire la promesse de ne pas chercher à savoir qui elle est pendant huit ans. Il est incapable de tenir sa promesse, et est chassé du royaume des fées. Ada doit devenir mortelle pour retrouver son époux, mais, à la suite de complications, elle est changée en pierre, et c'est finalement Arindal qui, grâce à une lyre, rompt l'enchantement. Par son courage et son amour, il accède ainsi à l'immortalité et règne avec Ada sur le royaume des fées. L'immortalité finale est un autre point commun avec le mythe de Psyché. Dans *Lohengrin*, œuvre de la maturité (1850), une jeune princesse, Elsa, est accusée du meurtre de son frère. Un mystérieux chevalier apparaît, offrant de subir le jugement de Dieu en combattant pour l'honneur de la princesse et de l'épouser ensuite – à une seule condition : *qu'elle ne cherche ni à savoir d'où il vient ni à savoir qui il est*. Le chevalier gagne rapidement contre l'accusateur, Telramund, épargne sa vie puis épouse Elsa. Mais le vaincu, humilié, rumine sa vengeance avec sa femme : tous deux, telles les deux sœurs de Psyché, vont semer le doute dans l'esprit de la princesse sur les origines du mystérieux chevalier – jusqu'à ce que celle-ci pose la question interdite. Le chevalier révèle alors son essence divine et le sens de sa mission sacrée et s'éloigne à jamais.

Ne pouvant s'appuyer sur sa relation avec son père pour révéler Psyché, Wagner réussit à vivre de façon créative cette amputation précoce : sentant obscurément que la beauté résidait dans ce qui lui demeurait inconnu, il mit en scène des héros ou des héroïnes qui ignorent leurs origines ou qui ne connaissent pas l'identité de la personne dont ils tombent amoureux. Son père fut ainsi la figure archétypique du mystère sur lequel Wagner fonda les trois quarts de son œuvre. La question des origines est ainsi omniprésente dans son œuvre, tout comme celle de l'identité et de la perte. L'amour et les relations sont empreints de pertes et de flou sur l'identité des protagonistes, la beauté appartenant à ce qui est dissimulé, et pourtant d'une importance capitale. Dans *Lohengrin*, le chevalier « pur et vaillant » à qui Elsa ne devait poser aucune question sur son identité, lui rend son frère jumeau qu'elle avait perdu pendant son adolescence, avant de repartir à tout jamais pour son royaume. Dans *Tristan et Isolde*, Isolde ignore aussi l'identité de Tristan, qui s'avère être en fait le meurtrier de son amant. Ne souhaitant pas vivre en trahissant son premier amour, mais folle d'amour pour Tristan, elle choisit de s'unir à lui dans la mort et meurt d'amour sur le corps de son amant. Dans *la Walkyrie*, Siegmund trouve refuge dans une maison inconnue, où la femme inconnue qui l'accueille se révélera être sa sœur jumelle qu'il a perdue des années auparavant, et qu'il n'avait pas reconnue. Ils tombent tous deux amoureux. Dans *le Crépuscule des dieux*, Siegfried a été victime d'un philtre qui lui a fait oublier sa bien-aimée Brünnhilde, la Walkyrie. Ce n'est qu'au moment de sa mort qu'il revit son amour pour elle et comprend réellement qui elle est. Brünnhilde choisit de le rejoindre dans la mort en s'immolant sur le bûcher.

Psyché débute sa quête et ses travaux après avoir vu Cupidon, après avoir révélé sa beauté. Wagner, lui, semble être resté bloqué, sa lampe à huile à la main, tentant vainement d'éclairer son Cupidon, celui qui lui a manqué toute sa vie. Il a alors tenté de mettre en scène des héros partageant la même perte et les mêmes interrogations que lui, cherchant à travers son œuvre ce qui lui permettrait de se reconnecter au divin perdu. Sa relation avec Cosima peut sembler avoir été stable et heureuse, cependant, en y regardant de plus près, au moment où son Soleil progressé en Lion formait un carré à Psyché, Wagner était en plein amour passionnel avec Judith Gautier, la fille de Théodore, et Cosima fit plusieurs allusions dans son journal à son état préoccupé et à sa mauvaise humeur, qu'elle mettait sur le compte de problèmes d'argent. Ce fut la dernière grande passion de Wagner, mais il semble avoir attendu de Judith qu'elle fut sa rédemptrice, qu'elle le sauvât de cette vie passée à chercher quelque chose qui se dérobait en permanence ; et, bien sûr, il fut déçu et mit quelque temps à s'en remettre, si on lit entre les lignes du journal de Cosima. Les qualités de sa Psyché en Scorpion lui étaient nécessaires pour avoir une vie amoureuse qui lui apportât joie et croissance, mais il eut certainement beaucoup de difficultés à les développer en raison de la mort précoce de ses deux premiers Cupidons.

Ainsi, la vie et l'œuvre de Richard Wagner sont d'une richesse sans égale pour comprendre ce que pourrait refléter un aspect étroit entre le Soleil et l'astéroïde Psyché dans le thème natal : une influence capitale de la relation avec le père, ou de son absence, dans la vie du sujet. Cette relation est nécessaire pour révéler les qualités de Psyché, et ces qualités sont nécessaires pour l'épanouissement solaire. Le thème solaire du beau-père de Richard Wagner, son « père Geyer », né le 21 janvier 1779, nous indique qu'il aurait été un bon support projectif des qualités du Scorpion, puisqu'on y trouve une conjonction exacte Soleil-Pluton (4 secondes d'arc d'écart), et Mars et Saturne en Scorpion. Sa Psyché était en sextile à celle de son beau-fils. Cette relation aurait pu se substituer à celle qui n'avait pas pu se nouer avec son père, et Geyer aurait pu servir de Cupidon, d'aiguillon à Wagner pour développer les qualités de sa Psyché en Scorpion. Mais il est mort trop tôt, et la mémoire inconsciente de Wagner gardait aussi la trace de la perte de son père biologique. Ils ont emporté avec eux la relation dont avait besoin Richard. Ainsi, une attente terriblement forte envers la relation avec le père a engendré désillusion et déception, nourrissant le désir d'un salut et l'espoir d'une rédemption, qu'il craignait impossible.

Friedrich Nietzsche

Le thème du philosophe, dont nous avons déjà évoqué les relations très particulières avec Wagner, est également intéressant, puisque Psyché y est au carré du Soleil, avec un orbe de 3°47. Dans la famille de Nietzsche, on était pasteur de père en fils : ses deux grands-pères et son père le furent. Mais Nietzsche perdit son père, mort des suites d'une mauvaise chute, alors qu'il n'avait que cinq ans. Contrairement à Wagner, il l'avait donc connu, et gardait le souvenir de l'avoir terriblement admiré, passant des heures à l'observer travailler dans son bureau.

En 1864, il entra à l'université de Bonn, pour étudier, suivant les traces de son père, la théologie. Bien qu'il participât à la vie étudiante, il se sentait mal à son aise dans ce milieu, et passa seul les fêtes de fin d'année. Ce qui est important à retenir, s'agissant de notre étude sur Psyché, est la longue hésitation de Nietzsche sur le choix de son futur métier : sa mère et la tradition familiale l'obligeaient à continuer la théologie, mais bien d'autres matières l'attiraient. Progressivement, il fit le choix de la philologie et partit l'étudier à Leipzig. Ce fut un crève-cœur pour sa mère, mais elle continua à être un soutien pour son fils tout au long de sa vie. Nietzsche, en réalité, ne croyait plus. Élève brillant, il obtint un poste de professeur de philologie à la fin de ses études, et commença par enseigner et écrire sur ses thèmes de prédilection : Homère, Socrate, la tragédie grecque... Mais Nietzsche eut besoin, dès l'âge de 37 ans, de s'attaquer au christianisme. Dès le *Gai Savoir*, il tient la supériorité des Grecs pour acquise : « C'est à la seule condition que tu te repentes que Dieu te fait grâce : voilà qui susciterait chez un Grec éclat de rire et scandale ».[45] En rupture avec l'Antiquité grecque, « la décision chrétienne de trouver le monde laid et mauvais a rendu le monde laid et mauvais ». On ne peut éviter de penser à Freud et à la volonté, symbolique, de tuer le père, en lisant les propos de Nietzsche sur le christianisme, puis, de manière encore plus saillante, sur les prêtres. Dans *La généalogie de la morale*, en 1887, il assène : « Les prêtres, le fait est notoire, sont les ennemis les plus méchants — pourquoi donc ? Parce qu'ils sont les plus incapables. L'impuissance fait croître en eux une haine monstrueuse, sinistre,

---

45 Friedrich Nietzsche, *Le Gai Savoir*, trad. Henri Albert, in *Oeuvres complètes de FrédéricNietzsche* (Société du Mercure de France, 1901).

intellectuelle et venimeuse. » Il poursuit dans *L'Antéchrist*, enfonçant le clou encore plus loin : « L'être vicieux par excellence, c'est le prêtre : il enseigne la contre-nature. Contre le prêtre, ce ne sont plus les raisons qu'il faut, mais la prison. »

On relèvera encore avec intérêt la phrase suivante, issue, elle aussi, de *L'Antéchrist* : « Il est indispensable que nous disions qui nous éprouvons comme notre opposé : les théologiens et tout ce qui a du sang de théologiens dans les veines. » Nietzsche se sent obligé de préciser qui est son opposé. Et son opposé, c'est celui qui a choisi la même vie que son père, qui accomplit la même mission. C'est, en vérité, son père. Bien sûr, l'expression « avoir du sang de théologiens dans les veines » est à prendre au sens figuré, mais il n'est pas anodin que Nietzsche ait eu, au sens propre, du sang de théologien dans les veines. Le problème identitaire est donc une nouvelle fois souligné, chez un sujet ayant un aspect Soleil-Psyché dans le thème de naissance.

Pour Wagner, la relation qui ne s'est pas nouée avec le père a conduit à une série de tragédies dans lesquelles la question de l'identité du père ou celle de sa mort sont centrales, montrant la profondeur du manque ressenti. Pour Nietzsche, l'absence de relation avec le père semble l'avoir poussé à créer un succédané de relation, dans laquelle le fils se rebelle contre le père, le combat, le renie, voire, même, le hait. Mais dans cette relation *post mortem*, l'un des protagonistes n'est plus là pour interagir ou se défendre. Dans sa dernière œuvre, *Ecce Homo*, avant de sombrer dans la folie, il poursuivit son combat, comme cherchant à faire réagir un père qui lui manqua toujours : « La morale chrétienne c'est la pire forme de la volonté de mentir, c'est la vraie Circé de l'humanité : c'est ce qui l'a corrompue. » Alors que Wagner tenta de porter la lumière sur un père qui lui resta inconnu et étranger toute sa vie, Nietzsche fut persuadé d'avoir porté la lumière pour le reste de l'humanité sur les hommes tels que son père, ceux qui croient et, pire, sont prêtres.

Wagner fut, de son aveu même, la relation de sa vie. Il le traita comme il traita son propre père : d'abord admiré, voire adulé, il fut rejeté, et Nietzsche passa le reste de sa vie à dénoncer la supposée imposture wagnérienne. La rupture avec cet être tant aimé fut, nous l'avons vu, consommée au moment du passage du Soleil progressé au sextile de Psyché. La mort de Wagner survint cinq ans après, mais elle n'étouffa pas la haine de Nietzsche. En 1888, avant de sombrer dans la folie, il écrivit (ou termina) *Le cas Wagner*, *Le Crépuscule des Idoles*, *L'Antéchrist*, *Ecce Homo* et *Nietzsche contre Wagner*. En janvier 1889, il se mit à envoyer des courriers laissant penser qu'il avait basculé dans une autre réalité. Un de ses plus proches amis le trouva recroquevillé, dans le noir, sur son canapé, les épreuves de *Nietzsche contre Wagner* devant lui. L'essai était paru à peine deux semaines auparavant. Il avait sombré. Bien sûr, la santé de Nietzsche avait été source d'inquiétude depuis des années : migraines, douleurs ophtalmiques intolérables. Mais le fait que sa santé mentale cède, après avoir porté deux coups fatals en une année à son ancienne idole, donne matière à réflexion.

Dans *Le cas Wagner*, on peut lire : « Wagner est-il, d'ailleurs, un homme ? N'est-il pas plutôt une maladie ? Il rend malade tout ce qu'il touche, il a rendu la musique malade. » On reconnaît là une haine identique à celle qu'il vouait aux prêtres. Dans *Nietzsche contre Wagner*, il définit à nouveau qui est son opposé : « Les chapitres suivants [...] lus à la suite [ils] ne laisseront aucun doute ni sur moi ni sur Wagner : nous sommes antipodes. » Ainsi, nous l'avons vu plus haut, son opposé est le théologien, et désormais à son antipode se situe Wagner. Ses deux pères sont ce qu'il estime être son anti-moi, son ombre identitaire. Il semble capable de se définir en disant avant tout ce qu'il n'est *pas*. Pourtant, il y écrit que Wagner fut la relation de sa vie : « Car je ne fus jamais avec personne comme avec Richard Wagner... » À nouveau, un aspect natal étroit entre l'astéroïde Psyché et le Soleil semble être le reflet d'une prédisposition à envisager la relation au père, ou à son substitut, comme centrale et déterminante dans la vie.

Dans le thème du philosophe, Psyché est en Capricorne et conjointe à Saturne. Son père et Wagner étaient nés la même année : ils avaient tous les deux Saturne en Capricorne, et possédaient donc une partie de la beauté du Capricorne, celle qui intéressait le plus Nietzsche : celle de Saturne. Nietzsche avait besoin de se distinguer de ses modèles paternels, à la fois pour incarner lui-même le père, le guide sur le plan des valeurs (maison II) et aussi pour assumer sa position de philosophe-ermite, dans une solitude recherchée. Développer les qualités du Capricorne lui était nécessaire pour satisfaire sa Vénus en Vierge, maîtresse du Soleil en Balance. Les deux étant en signe de Terre, elles partagent certaines valeurs, et la pureté philosophique recherchée par cette Vénus en Vierge en maison IX pouvait s'appuyer sur les talents développés dans la solitude et l'indépendance capricorniennes par Nietzsche. Vénus est au carré de l'axe des Nœuds lunaires, qui se superpose avec l'axe Ascendant-Descendant. Or, toute planète située au carré de cet axe a vocation à jouer un rôle majeur dans la vie du sujet. On voit ici comment tout semble se rejoindre pour faire de la relation d'une manière générale, et de celle au père en particulier, le nœud central de la vie de Nietzsche : le Soleil en Balance au carré de Psyché et Saturne, Vénus

Psyché en aspect au Soleil 129

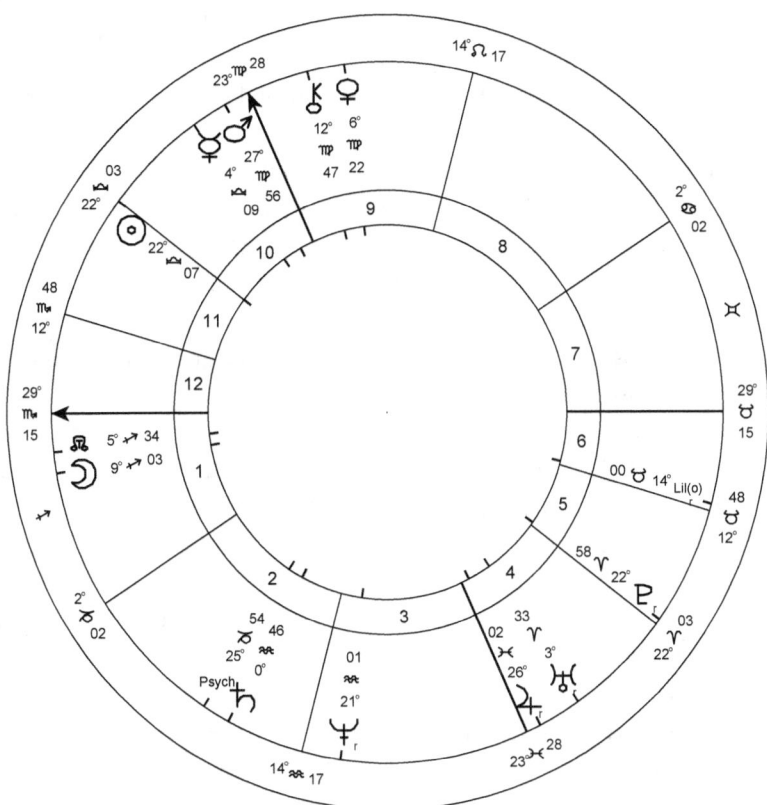

maîtresse du Soleil au carré des Nœuds (et de la Lune), l'axe des Nœuds sur l'axe Ascendant-Descendant. Même l'ascendant Scorpion souligne les enjeux relationnels.

Le Soleil est également étroitement opposé à Pluton et plus largement carré à Saturne. Psyché étant en carré au Soleil à la naissance, une tension habitait le philosophe : il avait besoin de trouver dans la relation au père la beauté divine, afin d'engendrer le désir et le manque nécessaires pour révéler les qualités de Psyché, mais les aspects du luminaire à Pluton et Saturne lui donnait l'impression d'avoir à se dégager de l'influence exercée par ce dernier pour pouvoir accéder à lui-même. Dès lors, il éprouvait le besoin de repousser le père et ce qu'il incarnait. Psyché tombe amoureuse de la beauté de son divin amant ; pour Nietzsche, c'est beaucoup plus ambigu. Si l'on se fie à ce qui s'est passé avec Wagner, le carré suggère une alternance de phase de déification du père ou de son substitut, avec une phase de rejet et de dénigrement. Une chose est sûre : la fin de la relation avec Wagner, au moment du passage du Soleil progressé en sextile à Psyché, permit vraiment à Nietzsche d'incarner la conjonction Psyché-Saturne en II.

Dès que Psyché est en jeu, soit par un transit d'une planète sur l'astéroïde natal, ou par le retour de Psyché sur elle-même, ou par l'arrivée d'une planète en progression, Saturne est également activé. Les relations ont en effet souvent été, pour Nietzsche, la source d'une déception nécessaire pour l'inciter à reprendre sa position d'ermite et réfléchir, penser, seul, sans être contaminé par la pensée de l'autre ou par ses propres sentiments. Comme il le dit lui-même, dans une lettre à son amie Mathilde Maier : « Je vis dans la solitude – pour des années, s'il le faut – jusqu'à ce que, mûri et complet en tant que philosophe de la vie, je puisse m'associer aux gens. »

À la lecture des lettres envoyées par sa mère, durant les dix ans où elle s'occupa de son fils devenu fou, on apprend que ce dernier jouait du Wagner au piano, en écoutait avec plaisir.[46] Mme Nietzsche relate aussi qu'il lui parla de la Bible au moins une fois en disant qu'il l'avait lue en entier en 1888, et il semblait en parler comme un chrétien convaincu. Bien sûr, ce n'était plus vraiment Nietzsche. Mais tout de même, chez le fou, bien des choses peuvent s'exprimer : Nietzsche semblait avoir fait la paix avec son père, le pasteur, et avec son père spirituel, Wagner. Même en n'accordant aucune valeur à ce qu'il fit les dix dernières années de sa vie, on ne peut que constater que sa carrière, sa vie intellectuelle et sa production philosophique s'arrêtèrent avec *Nietzsche contre Wagner*. Un passage de la fin de cet essai semble en effet prophétique : « Maladie est chaque fois notre réponse quand nous voulons douter de notre droit à faire notre devoir, quand nous commençons à vouloir nous en alléger quelque peu. » Peut-être Nietzsche était-il las de cette lutte contre son père et ses substituts, et ne cherchait plus qu'à s'« alléger ». Alors, « maladie » devint la réponse...

Enfin, nous avons vu que le thème de l'interdiction du dévoilement de l'identité était central dans deux opéras de Wagner. Nietzsche, dans l'épilogue de *Nietzsche contre Wagner*, semble revendiquer le choix de ne pas faire comme Psyché : celui de laisser ce qui est voilé demeurer inconnu. Il ne cite pas expressément le mythe. Cependant, connaisseur inégalable de

---

46 Franziska Nietzsche, *Lettres de Franziska Nietzsche à Franz Overbeck, précédées des Billets de la folie de Friedrich Nietzsche*, trad. Guillaume Ollendorff (Éditions Bouquins, 2023).

la mythologie grecque (et romaine), il ne pouvait pas ne pas y faire référence dans le passage suivant. Soulignons que ce fut un des tous derniers textes qu'il écrivit : « On ne nous retrouvera guère, suivant le chemin de ces jeunes Égyptiens qui, la nuit, infestent les temples, embrassent les statues et veulent dévoiler, découvrir, mettre en pleine lumière, tout ce qui pour de bonnes raisons est tenu caché. » Et il conclut par cette phrase, en français : « Tout comprendre, c'est tout mépriser. » Nietzsche pensait donc, à la fin de sa vie, avoir éclairé de sa lampe à huile son père et Wagner, ce qui l'avait conduit à les mépriser. Il semblait alors le regretter, et croire que certains mystères doivent demeurer. Sur le plan astrologique, Nietzsche s'est lancé dans la quête de la beauté évoquée par l'astéroïde Psyché en croyant d'abord qu'elle appartenait à son père, puis à Wagner. Il a fini par être capable de s'approprier la beauté capricornienne de sa Psyché, mais cela le conduisit à « supporter une charge plus lourde que jamais » : la solitude dont il avait besoin et, surtout, le mépris de ses idoles.

Pierre

Un autre exemple éloquent est un de mes clients, dont le Soleil et Psyché forment un carré d'orbe 1°30. Il vint me voir à l'incitation de son épouse, car il semblait « s'enfermer » dans la poursuite de la vie de son père, depuis le décès de ce dernier. Son père ayant acheté une maison classée monument historique, qu'il avait pris plaisir, pendant une vingtaine d'années, à restaurer, le consultant souhaitait racheter à ses sœurs leurs parts, afin de poursuivre l'œuvre de leur père. C'est ce qui inquiétait son épouse, craignant qu'ils ne « s'enterrent » là-bas. Son mari s'était également positionné en « chef » de la famille éclatée aux quatre coins de la France, organisant lui-même des cousinades, dans lesquelles il essayait de réunir les enfants et petits-enfants de son père, mais aussi tous ses cousins, enfants des frères et sœurs de son père, et leurs enfants.

À l'évocation de son père, il ne put cacher son admiration, sa reconnaissance et son amour. Il dit tenir de lui ses valeurs, ses connaissances, son courage et sa foi. Il ne se rappelait pas s'être rebellé contre son père, tant ce dernier lui avait toujours semblé être le modèle à atteindre, même à l'adolescence. On reconnaît là une des possibles manifestations de son carré Soleil-Chiron natal : un père inatteignable, presque intouchable, faisant douter le petit garçon de son propre droit à développer son Soleil. Mais Psyché apporte une information complémentaire : la première image de la beauté du divin a été aperçue chez le père. Cette qualité appartenait à Pierre, mais pour réussir à se l'approprier, il crut nécessaire de ressembler à son père en tout point. Cupidon étant parfait, pour être digne de lui il fallait l'être aussi. Sa Psyché en Gémeaux formait un carré en T d'orbe 1° avec le Jupiter en Sagittaire et le Chiron en Poissons de son père. Ces deux signes sont concernés par le religieux ou le spirituel, et une grande partie de l'admiration de Pierre pour son père venait du fait qu'il le considérait presque comme un Saint, un modèle, un guide pour sa foi.

Contrairement à Wagner et Nietzsche, il n'avait pas perdu son père, d'une manière ou d'une autre, quand il était enfant. Au contraire, il avait été près de lui toute son enfance, même si Pierre le voyait très peu car il travaillait énormément. Adulte, Pierre avait continué à le voir deux fois par mois, même après avoir déménagé dans une autre ville, et à passer chez lui trois semaines de vacances par an. Il ne le perdit qu'après cinquante ans. Mais l'importance de son père dans les choix qu'il a faits et dans ses valeurs, en font, et de loin, la relation la plus significative de sa vie. La construction de son identité (le Soleil) s'est réellement faite selon les valeurs que son père lui a transmises et les opinions qu'il avait. On pourrait penser que ce père avait été très autoritaire et qu'il avait laissé peu de choix à son aîné. Certes, comme beaucoup d'hommes de sa génération (nés avant la première guerre mondiale), il ne lui serait pas venu à l'idée d'adapter son éducation en fonction de la personnalité de ses enfants, et pour lui les valeurs patriotiques, celles d'un homme ayant combattu durant la guerre, étaient essentielles à l'éducation d'un garçon. Mais c'était avant tout un père aimant, qui n'aurait jamais demandé à Pierre de porter un poids aussi lourd sur ses épaules. Car, en plus de vouloir assumer la poursuite de la vie de son père après son décès, cet homme se comparait toujours à lui, même après cinquante ans, et cette comparaison était toujours à son détriment : son père était plus intègre, plus résistant physiquement, plus intelligent, meilleur père, etc...

Le point commun entre Wagner, Nietzsche et Pierre est l'importance du père dans la construction de l'individu, et le fait qu'il reste une référence, à l'âge adulte, à l'aune de laquelle continue de se juger le sujet. Tous les trois sont nés avec une prédisposition à voir la beauté divine chez le père, et avoir besoin de la relation avec ce dernier (Soleil-Psyché), ou un substitut, pour honorer Vénus et trouver leur beauté intérieure. Pour Wagner, c'est le doute et l'attrait pour le mystère identitaire qui dominent, car le père est totalement inconnu. Pour Nietzsche, le théologien, c'est-à-dire le père, est son opposé, celui qui reçoit toute sa haine, mais qui lui permet de s'approprier Psyché en Capricorne. Pour Pierre, le père incarne réellement la beauté divine et représente un modèle inatteignable, dont il pense n'être capable que de poursuivre les œuvres entamées.

John Lennon

John Lennon, lui, présente un trigone exact entre le Soleil et Psyché dans son thème de naissance. Il semble avoir toute sa vie rejeté toute forme de substituts ou de symboles paternels : incarnant l'archétype du rebelle, il appelait au rejet des modèles sociétaux existants et des religions. Dans sa chanson « God », parue au moment du quinconce entre son Soleil progressé et Psyché, il dit ne plus croire ni aux Beatles, ni à Bob Dylan (Zimmerman), ni aux rois, ni à Jésus, ni à Kennedy, ni à Elvis, mais uniquement à lui et à Yoko. Toutes ses idoles et tous les hommes qui auraient pu incarner un père pour lui sont rejetés en bloc. Son vrai père, lui, l'a abandonné après son divorce d'avec sa mère, quand John avait cinq ans. Son thème présente une conjonction Soleil-Mars en Sagittaire, dont le mi-point est exactement opposé à la Psyché de son fils, située à 16°17 des Gémeaux. Élevé par sa tante et son oncle, John perdit aussi ce dernier, qui mourut quand il avait quinze ans. Cet oncle « père adoptif » présentait un grand carré en signes mutables aspectant la Psyché de John : Pluton conjoint à cette dernière à 17°42 des Gémeaux, Uranus en Sagittaire à 25°30, le Soleil à 21°45 des Poissons, et la Lune en Vierge (nous n'avons pas l'heure de naissance, mais elle est opposée au Soleil presque toute la journée). La beauté que John vit chez son père alliait le Soleil et Mars, et chez son oncle Pluton, le Soleil et Uranus. Les deux incarnaient une certaine forme de puissance, de virilité, auxquelles s'ajoute pour l'oncle une capacité d'exercer une forme de pouvoir permettant de transformer en profondeur les choses et les gens, et d'incarner une certaine liberté, voire la rébellion. Mais cette beauté avait probablement, dans les deux cas, quelque chose d'écrasant pour le petit garçon et le jeune adolescent, surtout dans le cas de l'oncle, Pluton étant la planète étroitement conjointe à Psyché. Lennon admirait certainement cet homme mais il le rejeta en se rebellant très vite contre lui, car s'approprier la beauté de Cupidon lui demandait de faire siens cette puissance et ce rayonnement solaire. Lennon avait besoin de cette relation pour se construire et développer son noyau identitaire, mais les aspects tensionnels entre sa Psyché et le thème de son oncle l'empêchèrent de le prendre comme modèle, à l'instar de Margaret Thatcher dont nous discuterons plus loin. Comme toujours avec Psyché, l'interprétation de l'astéroïde ne peut se faire sans avoir pris en compte le thème dans son ensemble : Lennon présente une conjonction au même degré du Taureau entre Jupiter et Saturne, en quinconce au Soleil, et le thème du détrônement du roi, si l'on se réfère à la théogonie d'Hésiode, s'impose avec force. Le fait que Psyché soit en trigone exact avec le Soleil renforce l'importance du père : Lennon devait trouver la beauté dans un modèle paternel, même si c'était pour mieux se l'approprier en destituant ce modèle. Il passa ainsi une partie de sa vie à chercher un homme qui lui servirait de guide et qu'il pourrait admirer.

Il eut ce qu'il nomma des « problèmes identitaires » à l'adolescence, il se considérait comme un génie et pensait que personne ne le savait encore.[47] Il voulait devenir le prochain Elvis, écrivait des poèmes et dessinait, mais il était agressif et souvent pris dans des rixes. Il fut d'ailleurs violent longtemps, y compris à l'égard de sa première épouse, Cynthia, et terrifiant pour son premier fils, Julian. Il était révolté en permanence mais ne trouvait pas encore de cause dans laquelle s'engager. Lennon rejeta davantage le Père en tant que symbole : l'autorité, la morale, la tradition, le pays... plutôt que son père en particulier ou les personnes lui ressemblant, comme l'avait fait Nietzsche. Lui, l'enfant de Liverpool, épousa une femme japonaise et vécut avec elle à New York. Il consomma beaucoup de drogues, y compris de l'héroïne, ce qui eut pour lui, et pour les Beatles, de graves conséquences. Lennon milita pour la non-violence, en pleine guerre du Vietnam, et pour les droits civiques des Afro-américains. Il enregistra des albums expérimentaux avec Yoko Ono, en proposant pour l'un d'eux une pochette où ils étaient entièrement nus. Il réalisa des courts-métrages avec son épouse qui furent tantôt encensés, tantôt hués, tant ils étaient perturbants et novateurs. L'un d'eux, notamment, suit le parcours d'une mouche sur le corps nu d'une femme endormie. Pour leur lune de miel, Lennon et Ono reçurent les journalistes nus sous leurs draps, dans leur chambre d'hôtel.

Le trigone exact entre le Soleil de Lennon et Psyché ne signifie pas que son père l'abandonnerait ou que John ne supporterait pas l'autorité. Il nous invite à penser que Lennon est né avec une disposition qui ferait de la relation avec son père la relation la plus importante dans la construction de son identité (Soleil) et de son estime personnelle (Vénus), car la beauté divine est liée au Père en tant que principe. Lennon chercha ensuite la beauté dans des substituts paternels qui s'avérèrent tous décevants et insuffisants. La chanson « God », écrite au moment de la rupture avec McCartney, marque un tournant pour lui : d'après les paroles, il ne cherche plus un père, un modèle ou un dieu dans Dylan, Elvis, le Bouddha, Jésus, Kennedy ou les Beatles. Revenons sur certaines personnes citées dans la chanson « God », pour lesquelles Lennon ressentit d'abord une grande admiration, avant de les rejeter : les Beatles (c'est-à-dire McCartney), Dylan et JFK. Lennon avait adoré Dylan pendant des années, avant de se sentir obligé de le faire chuter

---

47 Jann S. Wenner, *Lennon Remembers: The Full Rolling Stone Interviews from 1970* (New York: Verso, 2000).

de son piédestal. McCartney, ainsi que nous l'avons vu dans la deuxième partie, avait Mercure conjoint à la Psyché de John, ainsi que le Soleil, Saturne et Uranus en Gémeaux. Dylan était marqué par le même signe, dans lequel il avait un stellium composé du Soleil, de Vénus et de Mercure. Sa Vénus était à 3 degrés de la Psyché de Lennon. JFK, lui aussi, était marqué par le même signe, où se trouvaient le Soleil et Vénus, cette dernière étant sur le même degré que la Psyché de Lennon. Si l'on demandait à Lennon qui il admirait, Neil Young était souvent le premier nom cité. Il avait Uranus à 16°27 du Gémeaux. Lennon collabora avec Elton John et David Bowie, qui avaient tous deux Uranus à environ 18° du même signe. Tous ces hommes incarnaient une partie de la beauté des Gémeaux, qui attirait John comme un aimant. Les personnes inspirantes, Young, Elton John et Bowie avaient leurs Uranus conjoints à la Psyché de John et lui ont servi à réveiller ses qualités de Gémeaux enfouies, son éclectisme, son adaptabilité, son goût des relations. D'ailleurs, Bowie n'était pas du tout aveugle aux qualités Gémeaux de John, et le lui avait dit en estimant qu'il était le meilleur pour trouver le bon jeu de mots, celui sur lequel on pouvait bâtir une chanson, et que son sens de l'humour était unique.

Enfin, le passage de sa Lune progressée sur Psyché conduisit Lennon, deux ans avant de mourir, à embaucher un assistant personnel, Frederic Seaman. Ce dernier écrivit un livre sur ces années où il collabora avec Lennon, alors père au foyer, qui se remit dès lors à composer. Seaman contribua largement à sécuriser Lennon tout en lui servant de confident, et en lui redonnant envie de créer. Seaman avait une conjonction Soleil-Saturne sur le 18ème degré de la Balance, à 1° du Soleil de John et donc en trigone d'orbe environ 1° avec sa Psyché. La Psyché de Seaman était également en trigone à celle de John. Ainsi, au moment où sa Lune progressée formait une conjonction avec sa Psyché, John ressentit le besoin de nouer une nouvelle relation dans sa vie, d'établir une forme de compagnonnage quotidien, évoquant le signe des Gémeaux, qui l'aida à la fois sur les plans émotionnel et créatif.

Ainsi, avec un trigone exact Soleil-Psyché, l'astéroïde joua un rôle majeur dans la vie de Lennon, dans le choix de ses modèles, de ses amis, des personnes avec qui il créa. Le moment du quinconce entre son Soleil progressé et Psyché fut donc particulièrement déterminant : il suivit sa thérapie primale et rompit avec McCartney, et se mit à multiplier les rencontres et les collaborations, nécessaires pour développer les qualités de sa Psyché en Gémeaux, et, par-là, celles de sa Vénus en Vierge et de son Soleil en Balance. Il réussit à quitter l'image du « rebelle » qui rejette en bloc les structures établies, pour devenir un homme engagé contre l'injustice et pour la paix. Il parvint à devenir un éveilleur dénonçant les inégalités. Les vertus des Gémeaux lui étaient indispensables pour avoir le sentiment d'être fidèle à lui-même, et pour nourrir son art, sa personnalité, et ses engagements.

Margaret Thatcher

Margaret Thatcher, dont le Soleil forme un trigone avec Psyché d'orbe 5°14, nous permet d'étudier les effets des aspects entre le luminaire et l'astéroïde dans la vie d'une femme. Après avoir été nommée Première Ministre par la Reine, en 1979, Margaret Thatcher s'exprima à la presse en ces termes : « Je dois presque tout à mon père. Tout ce à quoi je crois provient de son éducation, et ce sont les valeurs que j'ai défendues pendant l'élection. Et c'est terriblement intéressant pour moi de penser que les choses apprises dans une petite ville, au sein d'une maison modeste, sont celles qui, je le crois, m'ont permis de gagner. »

Son père fut en effet le premier soutien de Thatcher, le premier à croire qu'elle pouvait devenir autre chose qu'une mère au foyer. Alfred Robert n'était pourtant pas un homme qui était en position de lui mettre le pied à l'étrier, ou de lui payer de coûteuses études dans les meilleures universités anglaises. Fils et petit-fils de cordonniers, il avait voulu être enseignant, mais avait quitté l'école à treize ans, faute de moyens pour lui payer ses études. Il fut donc épicier. Il rencontra la mère de Margaret, qui était couturière, au sein de l'église méthodiste locale, où ils se marièrent en 1917. Comme ils étaient tous deux très économes, ils purent acheter leur propre épicerie, au-dessus de laquelle s'installa toute la famille. Même si, dans ses mémoires, Thatcher explique à quel point vivre au-dessus de la boutique revenait à vivre au rythme de la clientèle, qui pouvait les déranger à tout moment du jour et de la nuit, elle reconnaît que c'était aussi avoir la chance de voir ses parents beaucoup plus que les autres enfants. Elle eut ainsi l'opportunité de partager tous les repas avec ses parents, et de nouer une vraie relation avec son père. Dans ses mémoires, elle s'en souvient ainsi : « Nous avions beaucoup plus le loisir de nous parler que dans d'autres familles, ce dont je me suis toujours félicitée. »[48]

De l'influence de son père sur ses choix futurs, il en est beaucoup question dans ses mémoires. Elle insiste sur l'importance du méthodisme dans leur famille, son père étant devenu un prédicateur laïque très demandé,

---

48 Margaret Thatcher, *Les chemins du pouvoir*, Mémoires II (Albin Michel, 1995).

dont les sermons faisaient l'admiration de sa fille. Elle décrit un homme intelligent, cultivé bien que sorti tôt du système scolaire, sérieux, fiable, honnête et rigoureux : un homme de principes. Il lui disait : « Ne fais jamais quelque chose sous prétexte que d'autres le font. » Thatcher ajoute que, pour elle, « cet avis s'est révélé salutaire, comme il le fut pour mon père. » Elle poursuit un peu plus loin en ajoutant : « Cette rectitude, qui impliquait de ne pas changer ses convictions sous prétexte de leur impopularité, me fut inculquée dès mon plus jeune âge. » Impopulaire, Thatcher le fut plus d'une fois, tout comme ses décisions. Pourtant, elle ne chercha jamais à changer ce qu'elle croyait juste en fonction de l'opinion publique, ce qui lui valut le qualificatif d'inflexible de la part de ses détracteurs, et d'intègre de la part de ses admirateurs. Elle suivit, en tout cas, le modèle paternel.

Lorsqu'elle parle des opinions de sa famille, alors qu'elle n'est encore qu'une enfant, elle s'exprime ainsi : « Nous, les Robert, avions notre propre opinion à ce sujet [...] nous étions de farouches conservateurs, nous formions une famille à part. » Le sujet en question est le vote pour la paix organisé par les méthodistes avant la seconde guerre mondiale, en 1935. Ce qui est intéressant c'est ce « Nous, les Robert » comme si, déjà, à dix ans, les opinions de son père étaient les siennes. Le respect pour son père est palpable : « loisirs et distractions semblaient toujours s'effacer devant le devoir » ou encore : « La devise du Rotary, *"servir d'abord"*, était gravée dans son cœur. »

Margaret Thatcher était une femme cultivée, contrairement à sa mère, et, là aussi, elle le devait à son père. Ses mémoires précisent : « Je lisais probablement beaucoup plus que mes camarades de classe, sans doute sous l'influence de mon père, et cela ne manquait pas de se remarquer. » Thatcher pensait que c'était une forme de revanche, son père n'ayant pu bénéficier de l'instruction qu'il aurait souhaitée. Il aimait parler avec elle de ce qu'elle avait lu à l'école. Il empruntait toutes les semaines à la bibliothèque un roman pour son épouse, et un livre « sérieux » qu'il partageait avec Margaret. Elle put ainsi vite constater que ceux qui l'intéressaient le plus étaient les livres traitant de politique et de considérations internationales. Un jour, il se rendit compte qu'elle ne connaissait pas le poète Whitman. Il s'empressa d'y remédier, et elle ajoute à l'anecdote, rapportée dans ses mémoires, que Whitman est resté l'un de ses auteurs favoris.

En plus de permettre à sa fille de se forger une solide culture générale, Alfred Robert l'initia également à la politique « sur le terrain » : ayant ajouté à son métier d'épicier les fonctions de conseiller municipal, d'adjoint aux finances, de premier adjoint et enfin de maire de sa ville, il lui permit de

```
Name:   ♀ Margaret Thatcher
born on Tu., 13 October 1925      Time:         9:00 a.m.
in Grantham, ENG (UK)             Univ.Time:    9:00
0w39, 52n55                       Sid. Time:    10:23:01
Natal Chart  (Method: Greene Anglo / Placidus)
Lil(o) = Lune Noire vraie
```

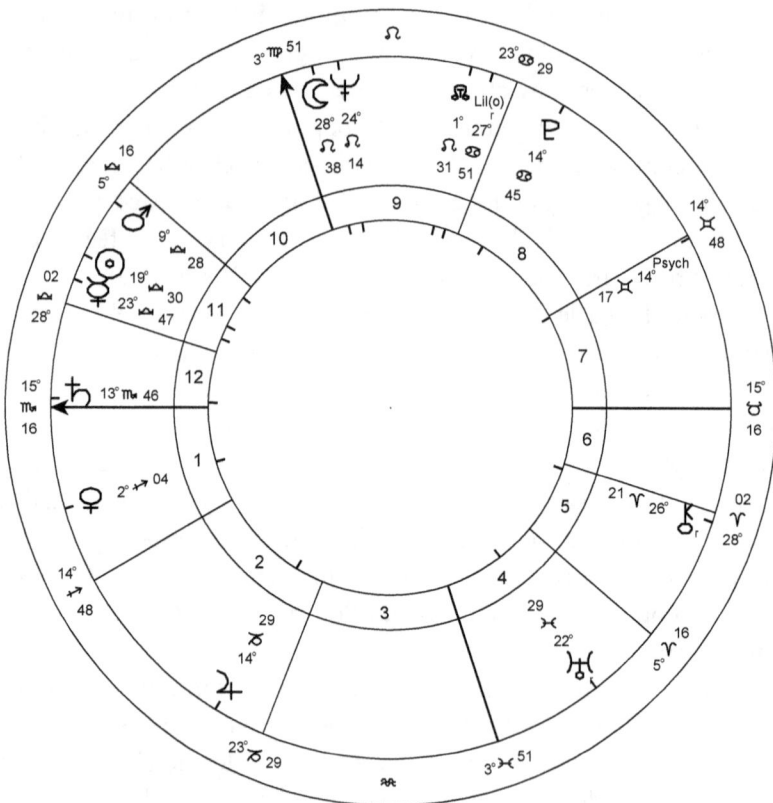

rencontrer bon nombre de ses interlocuteurs et d'assister à un grand nombre d'événements importants. Il insistait cependant sur le fait que la politique avait ses limites, ce qui fut un des crédos de Thatcher, plus tard. Il croyait à la responsabilité individuelle et à la rigueur financière : on reconnaît, là aussi, ce qui fit la particularité du thatchérisme. Enfin, Thatcher dut aussi à son père son intérêt pour le droit : mariée et mère de famille, ne travaillant pas, elle se mit à étudier le droit. Elle commente, dans ses mémoires : « Comme pour la politique, c'était mon père qui était à l'origine de cet intérêt (en tant que maire il siégeait à la cour). »

Nous avons vu qu'un aspect entre le Soleil et Psyché met singulièrement en avant la place du père dans la vie, les valeurs et les choix de l'individu. Chez Thatcher, il s'agit d'un trigone, et le père semble avoir joué un rôle déterminant dans les valeurs et les choix de sa fille. De plus, la Psyché de

Margaret, à 14°17 des Gémeaux, est conjointe à la Vénus de son père, avec moins d'un degré d'écart. Ce dernier a un stellium en Gémeaux composé de Vénus, Pluton et Neptune. Marqué par le signe des Gémeaux, il permettait facilement à sa fille de voir la beauté du signe et de partir en quête pour la trouver en elle. Margaret était en effet née avec une prédisposition à voir la beauté divine chez son père, un ensemble de qualités éminemment désirables qu'elle devait révéler en elle. Elle eut donc l'immense chance que son père ait tout fait pour partager avec elle ses dons liés aux Gémeaux et les lui transmettre, lui rendant la tâche bien plus aisée. C'est d'abord la liberté qu'il a offerte à sa fille, en lui permettant d'obtenir une très bonne culture générale, et une très bonne instruction. Il lui a donné l'habitude des débats et des interventions orales devant un large public. Il lui a aussi transmis ses valeurs : le méthodisme, la rigueur, l'honnêteté, la liberté et la responsabilité individuelles. Chez Margaret, Psyché est en quinconce d'orbe 0°31 à Saturne. Comme pour Nietzsche, la relation avec son père était aussi un moyen nécessaire pour révéler ses qualités saturniennes, qui ont été plus que mises en avant dans son rôle de Première Ministre.

Le mythe de Psyché nous invite à regarder Vénus. Dans ce thème, elle est valorisée en tant que maîtresse du Soleil en Balance, et est dans le signe du Sagittaire. Nul doute que l'attitude paternelle a été très soutenante pour une telle Vénus, qui a probablement tiré beaucoup de joie du partage des passions paternelles : le droit, la politique, la religion. Ces thèmes sont en effet chers au signe du Sagittaire, car ils permettent de penser le vivre ensemble et le groupe social. Vénus est en maison I, elle fait partie des planètes décrivant l'atmosphère familiale dans la petite enfance, tout comme ce qui peut caractériser la personnalité de Margaret : elle s'approprie cette planète facilement, et la reconnaît comme partie intégrante de sa personnalité. En lui portant autant d'intérêt, son père lui a indéniablement donné la confiance en elle qui lui était nécessaire pour tenter tant de choses, et a favorisé l'expression naturelle d'une telle Vénus, qui tire sa joie de vivre du partage de valeurs collectives. Margaret a pu dévoiler les qualités de sa Psyché en Gémeaux grâce à son père qui, selon elle, les possédait, et qui lui permit d'éprouver le désir de se les approprier. Ces qualités étaient nécessaires à Vénus, mais aussi, et de manière directe en raison du trigone natal, au Soleil, donc au sentiment d'être un individu à part entière, dont la vie a un sens. Pour Margaret, son ambition politique était avant tout le fruit du sentiment d'avoir un rôle important à jouer, et de la certitude d'être unique. Dans le cas d'un trigone Soleil-Psyché, la relation avec le père est susceptible de générer ces ressentis, si ce dernier montre les qualités que son enfant désire et l'aide à se les approprier.

Mme du Châtelet, Camille Claudel

Des aspects Soleil-Psyché jugés « favorables », ou du moins facilitants, par l'astrologie traditionnelle, sont trouvés également chez deux autres femmes ayant brillamment réussi, en des temps et dans des domaines où presque aucune autre femme n'avait pu exceller. À chaque fois, le père a joué un rôle déterminant : il s'agit de Madame du Châtelet, dont nous avons déjà parlé, et de Camille Caudel. Chez Émilie du Châtelet, nous retrouvons un trigone d'orbe 3° entre le Soleil en Sagittaire et Psyché en Lion. Chez Camille Claudel, il s'agit d'un sextile d'orbe 3°19 entre le Soleil en Sagittaire, et Psyché en Verseau.

Nous avons déjà évoqué le père d'Émilie du Châtelet, le baron de Breteuil, qui fit peu de différence dans l'éducation de ses garçons et de sa fille : il fit donner à Émilie des leçons en mathématiques et en métaphysique car il voyait que c'était vers ses matières que son goût la portait. Elle bénéficia d'une instruction très complète, en langues, en sciences et en philosophie, lui permettant de devenir la grande traductrice et l'excellente scientifique que l'on connaît. Au-delà de l'instruction que son père lui permit d'avoir, ce fut avant tout l'assentiment paternel, l'accord tacite pour s'écarter des sentiers battus et du destin des femmes de cette époque qui firent du Baron de Breteuil un père exemplaire et aussi décisif dans la vie de sa fille. Dans la famille Claudel, c'est aussi le père, Louis-Prosper, qui porta une attention particulière à sa fille (comme à son fils). Sur le conseil de son ami Alfred Boucher, sculpteur reconnu, il fit déménager sa famille à Paris pour que sa fille bénéficie d'un enseignement artistique. Les femmes n'étant pas encore autorisées à passer les examens d'entrée à l'École des Beaux-Arts, Camille dut suivre des cours dans des ateliers parisiens privés. Elle fut, là encore, soutenue par son père. Enfin, à cette époque, les femmes, même formées à la sculpture, n'en faisaient pas leur carrière : c'était très mal vu, a fortiori si l'on faisait du nu, comme Camille Claudel. Là aussi, il fallut l'aval et le soutien paternels pour surmonter ces obstacles et finalement intégrer l'atelier Colarossi, puis l'atelier d'Auguste Rodin.

Margaret Thatcher, Emilie du Châtelet et Camille Claudel avaient toutes les trois des attentes importantes à l'égard de leur père, comme le montrent les aspects Soleil-Psyché, et elles eurent la chance que leurs pères valorisent leurs quêtes personnelles de beauté intérieure en soutenant leurs choix. Les travaux de Vénus ont plus de chance d'être réussis lorsque l'on bénéficie d'une telle aide. Dans ces trois derniers cas, le père a donné l'impulsion qui a dirigé toute la carrière et finalement, la vie de ces femmes, tant il est impossible de dissocier les deux dans ces destins d'exception. L'opposition ou le carré refléteraient-ils une influence paternelle plus ambiguë ?

Jackie Kennedy

Jacqueline Bouvier, future épouse Kennedy puis Onassis, est née au moment d'une opposition étroite, 1°, entre le Soleil et l'astéroïde. Jacqueline est un cas intéressant pour l'étude des aspects Soleil-Psyché chez une femme, car sa vie amoureuse nous est connue, en grande partie tout au moins. Or, si la beauté divine est d'abord aperçue chez le père, à l'âge adulte, elle sera recherchée dans des substituts solaires : un époux ou des amants, car ces hommes incarnent en même temps Cupidon et un support de projection pour le Soleil d'une femme qui ne pouvait pas, dans sa première partie de vie, faire ses propres choix. On peut lire par endroits que Jackie a épousé son père en choisissant John Fitzgerald, tout aussi volage que celui qui lui avait donné la vie. Mais c'est une conclusion bien trop hâtive : certes, ayant adoré son père, elle cherchait un mari qu'elle puisse admirer et adorer également, et à qui elle pardonnerait tout. Mais en choisissant JFK, elle cherchait également une place dans la haute société et satisfaisait son goût immodéré pour le luxe et l'argent. Elle s'assurait que, jamais, elle ne risquait de manquer et de finir comme son père. En raison de ce qu'elle avait vécu avec ce dernier, elle considérait qu'un époux était aussi un moyen de s'assurer un train de vie dispendieux et une sécurité à toute épreuve. Mais Jackie ne fut heureuse en ménage ni avec JFK, ni avec son second époux, Onassis. Sa Psyché était en Verseau, et sa Vénus en Gémeaux, deux signes d'air, qui ne peuvent s'accommoder d'une union où la femme serait dépendante de l'homme pour sa sécurité matérielle et serait reléguée à un rang de faire-valoir, même en étant la première dame des États-Unis. Son père, en raison de l'aspect natal Soleil-Psyché dans le thème de Jackie, était celui dont elle attendait qu'il lui montrât les qualités du Verseau, et lui permette de se les approprier. Mais, contrairement au père de Thatcher, il ne l'y aida pas du tout : elle espérait comprendre comment être indépendante, sortir du rôle conventionnel dévolu aux femmes de son époque, et s'autoriser une vision d'ensemble, de haut, qui lui aurait permis de comprendre les éléments en jeu dans une relation amoureuse. Mais le comportement de son père lui fit associer ces qualités à de l'égoïsme, au danger, à l'insécurité.

En effet, alors qu'elle était née dans une famille très fortunée, Jacqueline entendit ses parents se disputer sans arrêt à cause, certes, des infidélités de son père, mais aussi de l'argent. Elle grandit dans un milieu extrêmement privilégié. L'appartement où logeaient ses parents, à Manhattan, disposait de quatorze pièces, et sa mère était aidée par une domesticité conséquente. L'été, elle se rendait chez les Bouvier, les parents de son père, à Lasata, dans une maison à quinze pièces décorées dans les styles anglais et français du meilleur goût. Elle débuta sa scolarité dans une école de la East End Avenue dans laquelle elle retrouva des enfants de la haute société. Pourtant, la situation de la petite Jackie était bien moins assurée qu'il n'y paraissait. Son père, Jack Bouvier était courtier en bourse, puis agent de change indépendant. Mais il était très, très dépensier, et avait souvent des dettes à rembourser. Il avait des qualités de gestionnaire très médiocres : gagnant beaucoup d'argent, il était incapable de ne pas le dépenser immédiatement. De plus, c'était un joueur invétéré : il pariait aux courses, et surtout, au poker. Il fréquentait les casinos. Poursuivons ce tableau du gendre idéal en ajoutant qu'il buvait énormément et était un séducteur compulsif. Il commença à tromper la mère de Jackie, Janet, dès leur voyage de noces, avec une adolescente de seize ans. La crise de 1929 ne le ruina pas, mais l'obligea à réduire son train de vie. Cependant, il n'en tira aucune leçon. Il continua à jouer, à perdre gros au poker, et fit de mauvaises affaires. Il avait des dettes, y compris envers le fisc. C'est alors qu'il dut prévenir Janet et réduire le train de vie du ménage. Janet, qui supportait les très nombreuses – et à peine cachées – infidélités de son mari, ne put se résoudre à devoir se priver d'un train de vie auquel elle s'était habituée et qui lui était indispensable. Le divorce était inévitable.

La séparation des parents de Jacqueline fut particulièrement cruelle pour l'enfant : ses parents se critiquaient l'un l'autre en sa présence. Janet ne tut rien des inconséquences de son père. Cependant, Jackie prit toujours fait et cause pour son lui. En effet, Janet était une éducatrice sévère, ayant recours régulièrement aux gifles et aux punitions, car elle ne souhaitait qu'une chose : que ses filles puissent évoluer dans la haute société à leur aise, en leur donnant une éducation parfaite. Au contraire, Black Jack ne cherchait qu'à gagner l'amour de ses filles, le seul finalement qu'il pouvait obtenir. Il les gâtait énormément, et les encourageait beaucoup. Jacqueline était, de l'avis de tous, sa préférée. Elle était, il est vrai, une enfant particulièrement précoce aux dispositions intellectuelles évidentes. Mais elle lui ressemblait aussi beaucoup : la même chevelure noire épaisse, les yeux très écartés, le teint mat, la même forme de visage. Quand, pendant la procédure de divorce, les frasques de son père fuitèrent dans la presse, ce fut l'humiliation pour Jackie, qui pensa que les élèves de son école se moquaient d'elle à cause de cela. Elle n'en voulut cependant pas à son père. Elle sembla d'ailleurs ne jamais lui en vouloir : quand, le jour de son mariage avec JFK, il ne se présenta pas, parce qu'il avait trop bu la veille, c'est à sa mère qu'elle en voulut car elle l'avait exclu du repas prénuptial ce soir-là. Elle lui écrivit une lettre très chaleureuse dans laquelle elle lui expliquait savoir les pressions qu'il avait subies et avoir, dans sa tête, été tout de même accompagnée par lui à l'autel. Certaines rumeurs rapportèrent qu'en effet, la mère de Jackie avait envoyé deux amis à l'hôtel de son ex-mari, ayant pour mission de le faire boire. Difficile de démêler le vrai du faux, mais une certitude demeure : Jack Bouvier n'était pas au mariage de sa fille, et elle ne lui en tint absolument pas rigueur.

Le divorce enfin prononcé, Janet épousa Hugh D. Auchincloss, un agent de change immensément riche. Jackie passa donc son adolescence dans un cadre encore plus luxueux que celui de son enfance. Mais quel contraste quand elle se rendait chez son père ! Certes, elle y était traitée comme une princesse, et elle le préférait de loin à sa mère. Mais il ne possédait qu'un deux pièces dans lequel ils devaient vivre à trois quand elle venait avec sa sœur. L'alcool était devenu son refuge, qu'il essaya, en vain, d'abandonner en tentant plusieurs cures de désintoxication. Il continuait de multiplier les conquêtes, sans jamais chercher à s'en cacher devant ses filles. Il eut d'autres enfants, des jumeaux, qu'il ne reconnut pas, car leur mère était mariée. Il partagea même des femmes avec JFK, son gendre, au cours de la même soirée.

Que resta-t-il à Jacqueline Bouvier, future épouse Kennedy puis Onassis, de ses rapports avec son père ? D'abord, la peur : celle de pouvoir, comme sa mère, tout perdre du jour au lendemain. Il lui fallait trouver quelqu'un de suffisamment riche, ambitieux et intelligent pour lui assurer un train de vie de plus en plus dispendieux. Des frasques de son père, il lui resta aussi la capacité de supporter celles de son époux. Cependant, même si une femme des années cinquante devait souvent accepter que son mari puisse être infidèle sans qu'elle ait ce droit, il paraît évident que Jackie accepta bien plus qu'une autre ne l'aurait fait. John Fitzgerald Kennedy la trompa de manière, lui aussi, compulsive, mais surtout il la maltraita émotionnellement : par exemple, le jour où elle accoucha d'un enfant mort-né, c'est Robert Kennedy, son beau-frère, qui vint à son chevet, John ne se hâtant point de mettre un terme à son séjour sur un yacht en Europe, en très galante compagnie. De plus, il ne se confiait pas à Jackie : il ne lui disait rien de ses plans, qu'il élaborait avec son père Joe. La vérité était que JFK ne l'aimait pas, et qu'il ne l'appréciait peut-être même pas vraiment. C'était juste une femme bien

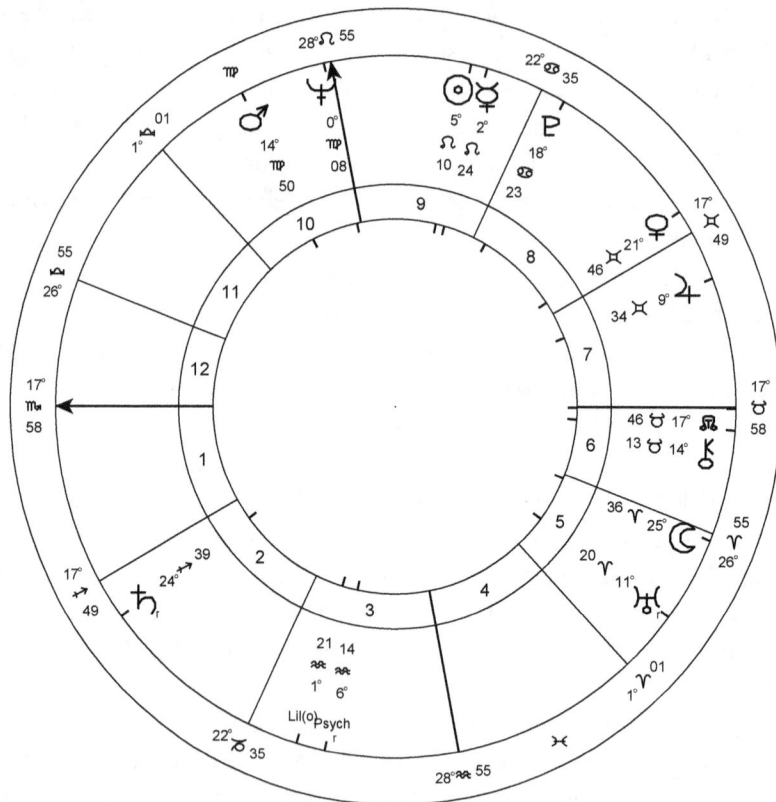

éduquée, intelligente et distinguée, lui permettant d'améliorer son image. Son père, Joe Kennedy, l'avait choisie, avec son instinct infaillible, pas lui. Pourquoi Jackie est-elle restée avec lui ? Pourquoi était-elle amoureuse d'un tel homme ?

Le jour de la naissance de Jacqueline, le Soleil faisait une opposition très étroite à l'astéroïde Psyché, indiquant que la relation avec le père serait importante pour exprimer de façon saine la fonction vénusienne, en développant les qualités symbolisées par Psyché. L'opposition suggère néanmoins que cette relation pourrait être génératrice de sentiments très ambivalents, voire de traumatismes. Elle est née avec une attente particulière vis-à-vis du père, celle de contempler en lui la beauté divine et de démarrer une quête pour se l'approprier. Mais que le père en soit responsable ou soit simplement victime des circonstances, il lui montra une image de la beauté qui était intimement liée à l'insécurité et à l'irresponsabilité. La Psyché en Verseau de sa fille ne put être nourrie de la beauté de Cupidon : au contraire cela lui fit peut-être davantage redouter son indépendance et sa verticalité. Cela la conduisit de surcroît à continuer à chercher la beauté chez des hommes qui la traitèrent comme son père, et à être malheureuse en amour une grande partie de sa vie. Elle ne pouvait pas, en effet, en vouloir à son père, ni le remettre en cause car, du fait de l'aspect Soleil-Psyché, il incarnait une part du divin. Sa Psyché était à 6°17 du Verseau, en trigone partile au Neptune de son père, à 6°11 des Gémeaux, et également en trigone étroit au Pluton (7°09) et au Nœud Nord (5°23) en Gémeaux de son père. La beauté paternelle était donc colorée par Neptune, ce qui explique que sa fille l'ait idéalisé mais qu'il ait pu la décevoir fréquemment, et qu'il ait semblé si insaisissable. Elle était aussi colorée par Pluton, ce qui rend compte de l'insécurité inhérente à la relation, comme si quelque chose de menaçant flottait dans l'air. Avec JFK, elle pensait retrouver cette beauté aperçue chez le père, car sa Psyché était en trigone étroit au Soleil de son époux, à 7°52 des Gémeaux, en opposition à son Neptune, à 2°40 du Lion, et en quinconce à Pluton, à 3°16 du Cancer. JFK lui permettait ainsi de remplacer son père en tant que Cupidon, porteur de la même beauté divine Gémeaux-Neptune-Pluton. Elle revécut ainsi l'admiration sans borne pour un homme, qui la décevait tout autant, et un sentiment d'insécurité permanent en raison, en partie, de ses infidélités, mais aussi du fait qu'il ne se livrait jamais à elle et qu'il restait, finalement, un inconnu. Ajoutons que JFK avait dans son propre thème un carré Soleil-Psyché, suggérant que les deux époux partageaient une problématique paternelle similaire.

Jackie compensa son insécurité relationnelle comme elle le put. Son rapport à l'argent était pathologique, avec des dépenses compulsives et pharaoniques. Plusieurs épisodes de la vie de Jacqueline illustrent ce besoin et ce désir d'un train de vie très luxueux, au-delà du raisonnable, et passant bien avant les sentiments. Onassis, était, dès lors, la perle rare qu'elle cherchait après la mort de John : beaucoup plus âgé, cultivé, très sûr de lui et immensément riche. Il lui envoya régulièrement des cadeaux valant plusieurs millions de dollars : diamants, rubis, émeraudes, perles. Il vivait en Grèce, quand il ne voyageait pas pour affaires, et elle ne comptait pas quitter Manhattan, mais c'est lui qu'elle choisit. Elle expliqua avoir cherché la sécurité. Son nouvel époux lui allouait un budget de 550 000 dollars par mois ; elle le dépassa très régulièrement. Quand elle n'obtenait pas de rallonge, elle revendait des vêtements, *via* sa secrétaire personnelle, et en rachetait avec l'argent qu'elle en obtenait. Un jour, elle acheta deux cents chaussures en un après-midi. Onassis avait Chiron à 6°27 du Verseau, à 0°10 de la Psyché de Jackie. De plus, on retrouve à nouveau un aspect entre la Psyché de Jackie et le Neptune de son mari, un quinconce d'orbe 2°11. Onassis avait Psyché à 29°55 du Taureau, à 1° du Soleil de Jack Bouvier, suggérant que Jacqueline ait pu voir dans la beauté cachée d'Onassis celle qu'elle avait tant aimée chez son père. Son nouveau mari avait également un trigone exact Soleil-Psyché, suggérant une problématique similaire à celle de son épouse. Elle sentait certainement en lui un potentiel de guérisseur des blessures infligées par son père, la beauté de Chiron en Verseau l'éblouissant suffisamment, au départ, pour qu'Onassis incarne son nouveau Cupidon, ressemblant en partie à son père. Mais comme toujours avec Chiron, on peut passer de la personne qui guérit à celle qui blesse, et inversement ; après la mort de son fils, Onassis, qui en tenait Jackie pour responsable, puisqu'elle semblait apporter la mort partout où elle passait, la rejeta violemment.

Dans ses deux mariages, Jackie fuyait un père instable et ruiné, mais continua à chercher la beauté divine, aperçue chez ce père, auprès de ses partenaires amoureux. Manquant de discernement, incapable de mettre en œuvre les vertus platoniciennes dont le mythe nous explique à quel point elles sont un préalable indispensable à la relation, ses choix amoureux ne purent jamais être faits en fonction de ses affinités et de ses valeurs. Dans son thème, Vénus est dans le signe des Gémeaux, en maison VIII. La planète tire dans son cas sa joie d'échanges verbaux, de centres d'intérêts éclectiques, d'apprentissages nouveaux. Elle est cependant également en opposition à Saturne, et on retrouve là l'image du mari-père sécurisant. Avec ses deux époux, elle ne vécut pas l'aspect Gémeaux de Vénus, ni le partage émotionnel profond qu'implique la maison VIII. Kennedy ne trouva jamais réellement de plaisir à échanger avec elle, et ne lui confiait rien de ses pensées. Il en dit plus à sa dernière maîtresse, Mary Pinchot Meyer, au grand désespoir de Jackie qui vivait, au moment de cette liaison, la rencontre entre son Soleil progressé et Psyché, sous la forme d'un quinconce. Avec Onassis, il y eut certainement quelques échanges Gémeaux lorsqu'il lui faisait sa cour, tous deux étant très cultivés. Ils furent, pendant une bonne année, assez heureux ensemble. Mais, bien vite, les différences de culture prirent le dessus, et, surtout, Onassis la délaissa comme le fit John, tant ses affaires l'obligeaient à voyager en permanence. Le mariage tourna au désastre, et, encore une fois, Jackie se retrouva malheureuse, passant son temps à dépenser l'argent qui n'était pas le sien.

Dès que Psyché voit Cupidon, elle le perd, et pour le retrouver, doit endurer les travaux dictés par Vénus. Dévoiler les qualités de Psyché et honorer Vénus est un point de passage obligé, pour passer de la phase où la beauté est admirée chez l'autre et désirée, à celle où elle est découverte à l'intérieur de soi et cultivée. La relation avec son père, qui mêla amour mais négligence, chantage affectif et humiliation due à une débauche exposée aux yeux de tous, empêcha une expression saine de la planète Vénus, et un dévoilement précoce de ses qualités psychéennes : dans ses choix amoureux, on constate que Jackie ne s'accordait que peu de valeur, et qu'elle mesurait celle-ci à l'argent qu'on était prêt à dépenser pour elle. Certes, son père l'adorait, mais n'assumait aucune de ses responsabilités paternelles : ni la sécurité matérielle, ni l'éducation, ni la dignité. Et, surtout, il consacrait beaucoup plus de temps à l'alcool et à ses conquêtes qu'à ses filles. Liz Greene voit dans les aspects Vénus-Saturne la marque de « l'amour conditionnel » : aucun amour gratuit n'est donné à l'enfant, et, s'il veut en obtenir, il doit faire plaisir au parent.[49] Cela semble particulièrement bien s'appliquer à la vie de Jackie : du côté de sa mère, c'est évident. Mais elle se devait également de faire la fierté de son père, et de jouer auprès de lui le rôle de la fille adorant son père et ne lui reprochant jamais sa conduite irresponsable. Si l'on ajoute à l'opposition Vénus-Saturne du thème de Jacqueline l'opposition Soleil-Psyché, et le carré large Soleil-Chiron, on comprend que la façon dont son père lui accorda son affection et dont il se conduisit exerça une influence majeure sur sa construction identitaire et sur ses choix amoureux.

La mort d'Onassis gratifia Jacqueline de 26 millions de dollars. Veuve pour la deuxième fois, Jacqueline se mit à fréquenter un certain nombre d'hommes. Elle était, pour la première fois, délivrée de l'impératif d'en trouver un très riche. Il est possible qu'à cette époque-là de sa vie, elle ait pu enfin se poser des questions sur sa véritable identité, symbolisée par le Soleil, et qu'elle l'ait fait par l'intermédiaire des relations (Psyché). Citons un de ses biographes, évoquant les deux années suivant la mort d'Onassis, et ses liaisons amoureuses : « Libre des liens conjugaux, délivrée, grâce à sa fortune, de toute préoccupation sur son avenir, elle va pouvoir explorer enfin le fond de sa propre nature. Qui est-elle ? Que veut-elle ? Que refuse-t-elle ? Où en est-elle dans ses rapports avec les hommes ? Et avec la société en général ? Instinctivement, elle s'est sentie tentée par ces expériences qui allaient lui apporter ce bien essentiel : se connaître elle-même. »[50]

---

49 Liz Greene, Howard Sasportas, *Astrologie : les dynamiques de l'inconscient*, trad. Nikou Tridon (Éditions du Rocher, 1988).
50 Henry Gidel, *Jackie Kennedy* (Flammarion, 2011).

À la mort d'Onassis, Jackie prit le temps de sortir avec plusieurs hommes, sans se fixer, et trouva un travail dans l'édition, deux manières d'honorer une Vénus en Gémeaux. Surtout, les qualités Verseau de sa Psyché pouvaient enfin s'exprimer, maintenant qu'elle détenait son indépendance financière, et qu'elle ne comptait plus sur les hommes pour lui donner une identité. Capable d'autonomie et de prise de distance sur ses problèmes émotionnels, grâce à une psychothérapie intensive, elle pouvait utiliser les vertus aériennes du Verseau pour se lier à un homme, cette fois-ci de façon authentique. Cette prise de distance représente la sagesse du Verseau, son courage est celui de prendre le risque de l'indépendance et de se défaire de besoins lunaires archaïques. Une fois les qualités de Psyché intégrées, les relations (Psyché) deviennent alors un réel outil de retour vers soi et de construction identitaire (Soleil). C'est là le don d'un contact Soleil-Psyché à la naissance, mais il est d'autant plus facile d'en tirer profit que le père a pu présenter un peu de la beauté divine de Cupidon, et que la planète Vénus a pu s'exprimer pour indiquer le chemin de la quête. Un père incapable d'exprimer sa propre beauté intérieure ou de la deviner chez son enfant rend le processus beaucoup plus compliqué.

Les aspects Lune-Psyché

Dans le mythe, les déesses lunaires refusent leur aide à Psyché, car c'est à Vénus qu'il faut se soumettre pour retrouver Cupidon, c'est elle qu'il faut vénérer, pas la Lune. Les aspects entre la Lune et Psyché rendent donc l'accès à Psyché plus délicat que les aspects entre le Soleil et Psyché ou entre Vénus et Psyché. Au début de la vie des personnes présentant des aspects significatifs Lune-Psyché, la mère est le premier Cupidon : c'est en elle que l'enfant voit la beauté divine, et il tente ensuite de la faire sienne. Il prend en effet conscience progressivement, en même temps qu'il se sépare de sa mère, que cette beauté ne lui appartient pas, et ce manque nourrit sa quête intrapsychique. Si, pour une raison ou pour une autre, la mère n'est pas en mesure de soutenir l'enfant cherchant à s'approprier les qualités de Psyché, il cherchera à établir d'autres relations de type lunaire, avec des substituts maternels, pour l'y aider. Le but doit bien sûr rester d'honorer Vénus, et les qualités ainsi dévoilées doivent ensuite pouvoir être investies dans le domaine vénusien.

Malcolm X

Pour étudier une planète, un luminaire ou un astéroïde, il est toujours intéressant de s'interroger sur les effets de la conjonction, surtout quand cette dernière est très étroite. Malcolm X, Afro-américain qui a défrayé la chronique dans les années 60 en militant pour la ségrégation des Noirs et des Blancs, est né au moment d'une conjonction exacte entre la Lune et Psyché. Bien sûr, il est impossible de tout savoir sur l'enfance de Malcolm X, car peu de personnes se sont exprimées sur cette période de sa vie. De plus, les témoignages sont difficilement objectifs, tant la personnalité est clivante. Nous savons néanmoins que son père, un charpentier et prédicateur baptiste, mourut dans des conditions très suspectes alors que Malcolm n'avait que six ans. Retrouvé écrasé sur les rails d'un tramway, il a toujours été clair pour les membres de sa famille qu'il avait été assommé par des membres du Ku Klux Klan avant d'être placé sur les rails. La mère de Malcolm dut alors assumer seule leurs sept enfants, ce qui la fit sombrer dans la dépression, puis dans une sorte de folie qui entraîna son internement, alors que Malcolm avait environ onze ans. Elle resta internée vingt-trois ans.

Ce qui marqua profondément la destinée de Malcolm X, s'agissant de sa mère, Louise, fut sa couleur de peau. Son père était de couleur de peau noire, comme ses frères et sœurs. Lui et sa mère, en revanche, étaient beaucoup plus clairs, ce qui était dû au métissage de sa mère, une antillaise née d'une mère noire et d'un père blanc. À tort ou à raison, la famille pensait que la mère de Malcolm était née d'un viol. Cette couleur de peau claire, métissée, était donc le symbole du viol, de la honte, de l'asservissement. C'est ainsi que le vivait Louise, et elle reporta le dégoût de sa couleur de peau sur le petit Malcolm. Il écrivit dans son autobiographie qu'elle fut toujours plus dure avec lui qu'avec ses frères et sœurs, car elle voulait qu'il comprît qu'il n'avait aucun droit supplémentaire sous prétexte qu'il ressemblait à un blanc. Reprenant la symbolique d'une conjonction Lune-Psyché, on peut supposer que Malcolm avait terriblement besoin de trouver en lui la beauté qu'il percevait chez sa mère. Leur couleur de peau commune aurait pu l'aider à se reconnaître en elle, et à mobiliser l'énergie psychique nécessaire pour développer les qualités symbolisées par Psyché. Mais, au contraire, ce point commun fut un vrai drame pour l'enfant : il lui faisait croire qu'il avait hérité de ce que sa mère trouvait le plus laid en elle, son origine.

Malcolm, pendant son adolescence et sa première jeunesse, utilisa cette couleur de peau claire pour s'intégrer : il se fit défriser les cheveux et fréquenta des Blancs, y compris des femmes blanches, ce qui était très inhabituel aux États-Unis. Après avoir vécu de nombreuses crises (alcool, drogue, délinquance, prison...), Malcolm se convertit à l'islam et devint membre de la secte Nation of Islam, qui prônait la ségrégation entre les Blancs et les Noirs, considérant que les Blancs étaient l'incarnation du démon sur Terre. C'était donc un point de vue radicalement opposé à celui de Martin Luther King, qui militait au même moment. Malcolm devint très vite le leader charismatique de Nation of Islam, juste derrière son fondateur. Il prononçait de nombreux discours professant sa haine des Blancs, sa volonté d'établir une suprématie noire, et se réjouissait publiquement de la mort de certains Blancs. Cependant, il finit assassiné par des membres de sa secte, car il avait changé de point de vue à la fin de sa vie, bannissant le racisme de son discours.

Le comportement de Malcolm fut, toute sa vie, très excessif : dans ses addictions d'abord, dans sa marginalité, puis, après la prison, dans sa haine

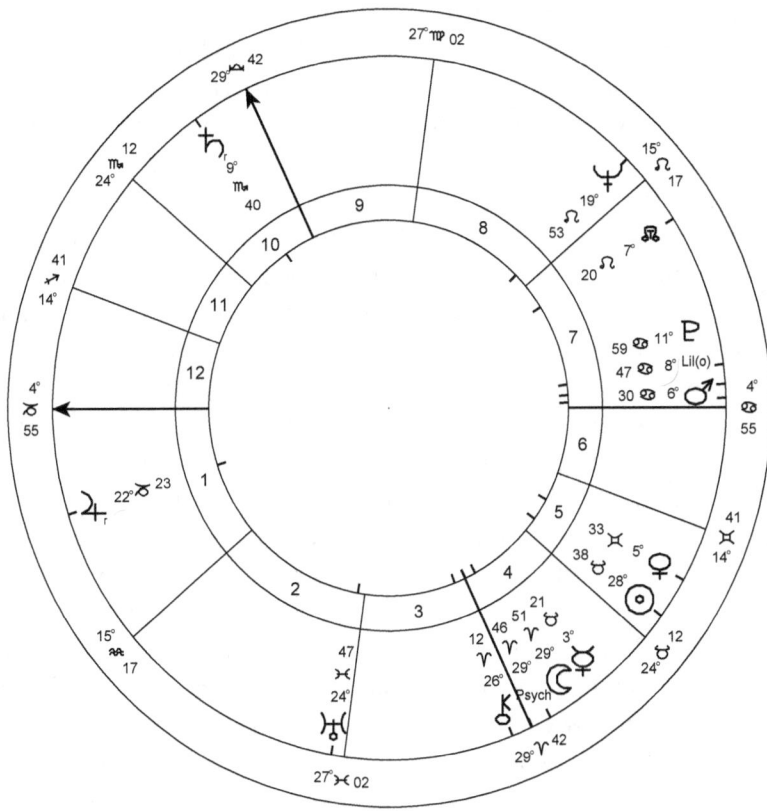

de l'autre du fait de sa couleur de peau. Il semble probable qu'il ait vécu comme une trahison envers les « siens » le fait d'avoir une couleur de peau plus claire que son père et que ses frères et sœurs, et d'en avoir joué au départ pour s'intégrer. La façon dont sa mère le considérait, comme petit-fils d'un violeur blanc, le conditionna certainement à haïr les Blancs, le Blanc à l'intérieur de lui, et à tout faire pour mériter sa place dans sa famille de couleur de peau noire. La conjonction de la Lune à Psyché symbolise bien le fait que la relation avec sa mère ait été déterminante dans l'accès à soi de Malcolm. Le dévoilement est une part importante du mythe de Psyché : en éclairant sa mère de sa lampe à huile, Malcolm n'y vit pas seulement la beauté divine. Il y perçut la haine que Louise vouait à une partie d'elle-même qu'il partageait avec elle. En partant en quête de la beauté aperçue,

Malcolm devait aussi haïr ce que sa mère trouvait affreux. La Lune évoque ici la problématique du clan, des origines, du passé et de sa mémoire, et du corps. Par ailleurs, la Lune reflétant la lumière solaire, Malcolm a ensuite construit son identité en se voyant dans le miroir lunaire, où il n'était pas noir. Dans son autobiographie, Malcolm X explique : « J'ai appris à haïr chaque goutte du sang de violeur blanc que je possède. »[51] Et il passa donc toute sa vie à se construire cette identité de Sauveur des Afro-américains, pour prouver son origine « noire ». Psyché chez lui est exactement sur le Fond du Ciel, établissant un lien entre ses racines, ce qui l'a construit, son foyer, et la découverte de soi : c'est bien au sein de son foyer ou de son peuple que devait se faire le dévoilement de sa beauté intérieure. Enfin, les relations les plus importantes (Psyché) ont certainement été un moyen d'accès à ses émotions et à son vécu corporel tout au long de sa vie, mais nous ne pouvons le vérifier, très peu de données sur la vie privée de Malcolm X étant disponibles. Chez Malcolm, Psyché est en Bélier, en conjonction à la Lune, comme nous venons de le présenter, mais aussi à Chiron. Ses qualités psychéennes pourraient être liée à l'enseignement et à la guérison, et, le Bélier étant impliqué, le sentiment d'être capable de changer les choses est déterminant. Chiron, Psyché et la Lune sont tous les trois en conjonction avec le Fond du Ciel, donc l'idée du corps physique comme manifestation extérieure de l'origine ou de l'appartenance ethnique ou culturelle est évoquée. La blessure de la mère (Lune-Chiron) est le miroir dans lequel Malcolm aurait dû percevoir sa propre beauté (Psyché), mais la haine de sa mère pour sa propre couleur de peau l'a transformé en croisé. En assumant le rôle de « Sauveur » des Afro-américains, Malcolm X fut probablement capable d'exprimer de façon créative sa conjonction Lune-Chiron, et par là-même de donner jour aux qualités symbolisées par Psyché en Bélier. Cela lui permit ensuite de trouver un sentiment d'estime personnelle, de valeur, et d'être à même d'atteindre son immortalité solaire.

Diana Spencer

Diana Spencer présente également, dans son thème natal, une configuration intéressante : il s'agit, outre un quinconce entre la Lune et Psyché, d'une conjonction entre Psyché et la Lune Noire, avec un orbe de 4°22. Toute planète située sur l'axe de la Lune noire revêt une importance singulière dans la vie du sujet ; c'est pourquoi il est intéressant d'examiner, dans la vie de la princesse de Galles, si l'astéroïde Psyché y a joué un rôle saillant. Pour

---

51 Malcolm X avec Alex Haley, *L'autobiographie de Malcolm X* (Grasset, 1993).

être complet, précisons que Saturne est opposé à la Lune Noire. Psyché au quinconce de la Lune est une invitation à examiner la relation avec la mère en profondeur, pour savoir si elle a pu aider l'enfant à développer les qualités dont il avait besoin pour construire des relations affectives saines et enrichissantes. La mère de Diana vécut une certaine forme de martyr, que Diana mit des années à reconnaître : maltraitée par son mari, elle voulut le quitter. Mais sa propre mère, la grand-mère de Diana, s'y opposait formellement : en éloignant les enfants de leur père, elle les éloignait de la possibilité de rencontrer un membre de la famille royale. Elle témoigna donc contre sa fille lors du divorce, déclarant que son gendre était un bon époux et un excellent père, et que sa fille était instable. La mère de Diana subit donc la maltraitance de son mari, suivie de la trahison de sa mère et la perte de la garde de ses enfants, et enfin de leur éloignement physique et affectif. Il était évidemment extrêmement rare à l'époque qu'un père se voit confier la garde exclusive de ses enfants. Ils en voulurent énormément à leur mère, et ils furent probablement victimes d'aliénation parentale, n'entendant que la version de leur père. Le frère de Diana déclara au *Sunday Times* en 2020 : « Notre père était une source d'amour tranquille et constante, mais notre mère n'était pas faite pour la maternité. Ce n'était pas sa faute, elle n'y arrivait pas. Elle était amoureuse d'un autre – vraiment éperdument. » Diana lui en tint rigueur pendant la plus grande partie de sa vie, disant toujours qu'elle-même n'aurait jamais laissé ses garçons. Leur relation était très compliquée, alternant entre des périodes où elles se fréquentaient et des années entières sans s'échanger un mot, notamment après le mariage de la princesse. Sa mère n'était pas venue car elle n'arrivait pas à supporter la pression, ce qui provoqua une rupture entre elles qui dura quatre ans. À la fin de sa vie, elle prit l'habitude de renvoyer les lettres de sa mère sans les ouvrir, après que sa mère l'eut publiquement insultée en raison du choix de ses amants, deux d'entre eux étant musulmans. La mère de Diana était une femme profondément blessée par les relations les plus importantes de sa vie : son mari, sa mère, ses enfants. Elle fut incapable d'incarner la beauté divine que Diana recherchait, et, en raison des attentes importantes que Diana avait, lui laissa l'image de tout ce qu'elle ne voulait pas être.

Comme nous l'avons vu, la relation est le moyen qu'utilise l'astéroïde Psyché pour nous mettre en contact avec une partie de nous-même : lorsque ce dernier est en contact avec la Lune, la relation avec la mère est décisive dans le dévoilement de qualités intérieures représentées par le signe et la maison de Psyché. L'enfant commence sa vie en voyant la beauté divine, celle de Cupidon, chez sa mère, et la relation avec cette dernière peut lui

154   Savoir Aimer – L'astéroïde Psyché

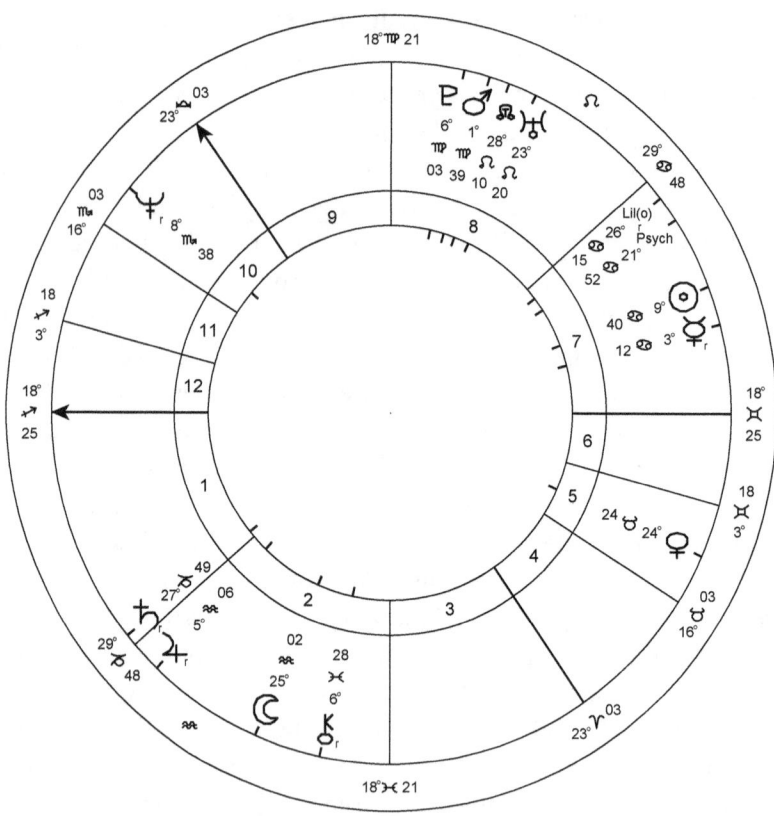

permettre de trouver cette même beauté en lui. Mais si la mère est absente (comme chez Gérard de Nerval) ou défaillante, ou si elle ne s'accorde aucune valeur, la quête est plus difficile. Il lui revient en effet la lourde tâche d'incarner, pour son enfant, une part du divin. Et si elle repousse l'enfant ou ne voit pas le beau en lui, il peut avoir du mal à s'approprier ce qui, pourtant, lui appartient, manquant du miroir qui lui aurait reflété sa beauté intérieure. Plus tard, il y aura certainement une tendance à établir d'autres relations de type lunaire pour révéler les qualités décrites par l'astéroïde, et être capable, à plus long terme, d'honorer Vénus.

Diana Spencer est connue pour sa relation avec le prince Charles, à l'époque futur roi du Royaume-Uni. De cette relation, elle a tenu à ce que le public retienne qu'elle avait été entachée, depuis le départ, par la liaison de son époux avec l'actuelle reine, Camilla Parker-Bowles. La réalité de leur mariage fut, en fait, bien plus compliquée que cela, tout comme le furent les relations dans la vie de Lady Di. En lisant les différentes biographies consacrées à cette dernière, on a peine à trouver une seule semaine durant laquelle elle fut célibataire. On ne peut qu'être surpris devant la liste de ses amants, après la naissance de ses enfants, et surtout par le fait qu'elle en cumulait souvent plusieurs en même temps. De nombreux hommes ont pu avoir ce même comportement, comme John Fitzgerald Kennedy, mais ils étaient clairs sur le fait que ces liaisons étaient récréatives. Diana, elle, cherchait désespérément l'amour, en tout cas elle ne cessa de l'exprimer ainsi auprès de ses amis. Elle était incroyablement exigeante sur les preuves d'amour qu'elle attendait : elle pouvait appeler plusieurs fois par jour son amant pour poser les mêmes questions et être rassurée sur l'amour qu'il lui portait. Son comportement était même tyrannique, comme l'attesta un de ses amants, avec qui la relation dura plus de trois ans. Muté en Allemagne par sa hiérarchie militaire pour deux ans, il se vit refuser le droit de la revoir du jour au lendemain, car elle considérait cette mutation comme une trahison. Il risquait la cour martiale en cas de refus, ou, au minimum, la ruine de toute sa carrière, mais elle ne pouvait l'entendre. On perçoit bien là la signature de la Lune Noire : une impossibilité de faire des concessions, un désir jamais assouvi, un vide qu'on ne peut combler. Chez la princesse de Galles ce vide concerne les relations. Il est d'ailleurs probablement aussi à l'origine des troubles alimentaires qui ont gâché de nombreuses années de sa vie.

Pour Diana, le sentiment d'abandon maternel qu'elle a ressenti a sans doute influencé durablement son comportement amoureux. La relation qui devait lui permettre de s'approprier ses propres qualités psychéennes lui ayant fait défaut, elle chercha par la suite à établir de nouvelles relations de type lunaire, mais dans un cadre amoureux. Cependant, elle avait beau cumulé les amants, elle ne parvenait pas à accéder à son intériorité. Nous avons vu que les déesses lunaires refusent leur aide à Psyché : il faut donc quitter un mode de relation lunaire pour accéder à une relation vénusienne. La boulimie relationnelle de Diana fait écho à sa boulimie alimentaire, et semble montrer qu'elle continuait à attendre de ses amants qu'ils la rassurent, lui prodiguent la sécurité affective et émotionnelle dont elle avait besoin. Quitter ce mode relationnel était nécessaire, mais elle eut besoin d'aide pour y arriver. Ainsi, des éclairages salvateurs furent apportés à Diana par deux personnes, avec qui elle put établir des relations durables, de type lunaire, permettant de restaurer son sentiment de valeur personnelle :

son astrologue et sa psychiatre. Ce sont elles qui lui permirent de trouver une vocation humanitaire, et d'utiliser son don pour apporter la joie et le soulagement chez les êtres humains en souffrance. La générosité de cœur de Diana put s'exprimer dans sa dernière décennie, surtout grâce au guidage de son astrologue, qui vit en elle quelqu'un de, comme disent les anglo-saxons, très « spirituel ». Ses problèmes alimentaires furent par ailleurs pris en charge par un acupuncteur. Elle fut capable d'établir une relation saine de type lunaire avec sa belle-mère, la seconde épouse de son père, qu'elle avait pourtant rejetée toute sa vie. Elle déclara même qu'elle était bien plus une mère pour elle que la sienne. Dans le thème de sa belle-mère, Pluton à 19°17 du Cancer est en conjonction avec la Psyché de Diana : cette relation lui permettait donc de sentir les qualités qui cherchaient à se dévoiler, en lui offrant une mère de substitution. Après avoir recherché désespérément dans ses relations amoureuses la stabilité émotionnelle et le moyen de s'approprier Psyché, ce sont finalement ces relations avec trois femmes qui lui permirent d'avancer. Elle pouvait enfin vivre sa Vénus de manière authentique.

Dans le thème de la princesse, Psyché est en Cancer et en maison VII. Les qualités du Cancer, sa capacité à prendre soin de ce qui est vulnérable, c'est-à-dire dans le cas de Diana, son propre enfant intérieur, devaient donc être révélées pour qu'elle puisse établir des relations vénusiennes porteuses de sens. C'est aussi le signe dans lequel se trouvait son Soleil : la Lune, en tant que maîtresse du Soleil et de Psyché, et en aspect à l'astéroïde, avait donc un rôle majeur à jouer dans l'expression de son individualité, dans le sens qu'elle donnait à son existence. Elle réussit à la fin de sa vie à irradier une empathie naturelle et une capacité à insuffler joie et réconfort chez les plus fragiles, et cela devint sa mission de vie. Psyché étant en aspect à la Lune, elle eut besoin de relations de type lunaire, avec sa psychiatre, son astrologue, puis sa belle-mère, pour dévoiler les qualités du Cancer, celles qui sont spécifiquement nécessaires à l'expression saine de Vénus : l'écoute de son intériorité et la prise en compte des blessures de son enfance, de sa relation avec ses parents. Sa Vénus en Taureau aspirait finalement à des relations amoureuses simples, dans le plaisir partagé d'être ensemble et dans une sensualité assumée. Une fois les qualités de Psyché en Cancer révélées, elle fut plus à même de choisir ses compagnons selon ses valeurs et non selon leur capacité à lui donner la sécurité qui avait manqué à son enfance. Elle fut aussi en mesure d'établir des partenariats amoureux « justes », où chacun joue son propre rôle, sans continuer à exiger de l'autre qu'il joue un parent de substitution.

Émilie

J'ai pu voir une situation similaire chez une de mes clientes, Émilie, présentant une conjonction Lune-Psyché en Vierge, d'orbe 2°04, dans son thème de naissance, et ayant connu des difficultés importantes dans la relation avec sa mère. Elle est l'aînée d'une fratrie de cinq enfants, le deuxième enfant étant un garçon de deux ans son cadet. Sa mère marqua toujours une préférence flagrante pour son frère, qu'elle voyait comme surdoué en tout : mathématiques, musique, sport... Pour cette mère, sa fille était nettement moins douée, et ne fut jamais encouragée. Ma cliente réagit en faisant tout pour satisfaire sa mère : s'intéresser à ses passions, adopter son style vestimentaire, et, après le baccalauréat, choisir les mêmes études qu'elle. Cette course effrénée suggère que cette femme avait besoin que se noue une relation féconde avec sa mère pour trouver le beau en elle-même. Mais sa mère, ayant appris que sa fille voulait faire médecine comme elle, lui répliqua qu'elle n'en avait pas le niveau, Émilie échoua, et finit par cesser d'essayer de gagner son respect et son estime. Comme Malcolm X, elle se sentait moins aimée que les autres enfants de la fratrie, à l'écart, et le miroir lunaire lui renvoyait une image d'elle-même négative, incapable de satisfaire la mère. Émilie souffrit de troubles alimentaires, de plusieurs problèmes d'origine psychosomatique, et changea quatre fois de carrière, car elle ne réussissait pas à trouver sa voie. On voit bien là une problématique lunaire (le corps, les émotions), doublée d'un problème d'accès à soi.

Comme Diana, elle parvint à accéder à ses émotions grâce à des relations thérapeutiques : son psychologue d'une part, mais aussi une relation au sein de sa communauté religieuse, une femme qui lui servit de conseillère et de guide et qui lui permit d'accepter ses ressentis émotionnels, puis de les apaiser. Elle put voir la beauté divine dans une relation de type lunaire et avoir ensuite le désir de la développer en elle. Chez elle, Psyché est en Vierge et en maison V : le discernement était donc une valeur essentielle. Elle put mettre à distance sa mère et se résolut à ne la voir que deux fois par an. En utilisant la sagesse de la Vierge, elle fit le tri dans ses valeurs, ses besoins, et ses aspirations, et s'engagea dans une relation avec le futur père de ses enfants. Elle apprit également un métier dans l'artisanat, pour lequel elle s'avéra très douée, et qui lui permit de gagner sa vie.

Émilie dut attendre le premier retour de Saturne pour arrêter d'essayer de ressembler à sa mère. C'est en s'opposant à sa mère, en ayant le courage de ne pas lui ressembler, et en se déterminant contre elle quand elle y fut obligée, qu'Émilie put obtenir l'espace dont elle avait besoin pour accéder aux qualités de sa Psyché.

Robert Schumann

Dans le thème du compositeur, Psyché est en trigone à la Lune, avec un orbe de 0°58. Il est né d'une mère musicienne amatrice et d'un père libraire et traducteur. Lorsque son père était encore en vie, il avait perçu le talent de son fils pour la musique : il avait même demandé à Carl Maria von Weber de prendre en charge son fils, mais s'était vu opposer un refus. Son père mourut alors que Robert avait 16 ans, et sa mère, une fois veuve, préféra envisager une carrière plus stable pour son fils. Elle le fit donc inscrire en 1828 à l'université de droit de Leipzig où, très vite, il s'ennuya et se tint à l'écart des autres étudiants. Il éprouva déjà, à cette époque, une grande tristesse pouvant évoquer une dépression. Au bout de deux années, il finit par quitter le droit et devenir l'élève du père de sa future épouse, Hughdie Auchincloss. Il fit part de cette décision à sa mère, qui répondit par une lettre le mettant en garde sur les risques d'une telle décision, lettre qui resta sans effet.

Tout au long de sa vie, Schumann fut affligé de maux divers, qui finirent par aboutir à sa fameuse tentative de noyade dans le Rhin et son internement dans un asile, où il mourut deux ans plus tard. Alors qu'il commençait à travailler le piano chez Wieck, il écrivait à sa mère des lettres dans lesquelles il se plaignait de douleurs multiples : à l'estomac, à la tête, au cœur. Il manifestait une crainte excessive des maladies, assortie de symptômes divers qui duraient quelques semaines puis disparaissaient aussi soudainement qu'ils étaient apparus. Nous retrouvons la trace de ses problèmes physiques et psychologiques au cours de la tournée en Russie de son épouse, Clara Schumann, pianiste et compositrice, en 1844 : il fit part d'angoisses, de phobies, de troubles du sommeil, d'une grande fatigue, d'une aboulie, de crises de pleurs. Il évoqua même des tremblements des membres. Il fit deux cures thermales qui restèrent sans effet sur ses troubles. Progressivement apparurent également des douleurs dans les oreilles et des acouphènes. À partir de 1850, il se plaignit de crises anxieuses et de vertiges. Il souffrait d'insomnies, de moments de distraction où il demeurait inconscient de ce qui se passait. Son élocution devenait par ailleurs de plus en plus difficile. Ses problèmes atteignirent leur point d'orgue quand il se mit à souffrir d'hallucinations auditives et de douleurs physiques entraînant, selon son épouse, des « hurlements ».[52] Il tenta de se noyer peu de temps après.

C'est de sa mère que Schumann tint ses talents musicaux, et c'est aussi d'elle qu'il hérita ses problèmes de santé. En effet, on sait de Johanna

---

52 Clara et Robert Schumann, *Journal intime* (Buchet-Chastel, 1991)

Schumann qu'elle était sujette à des crises anxieuses et traversait des périodes d'abattement, de tristesse et d'asthénie. Elle décrivait dans sa correspondance ces crises au cours desquelles elle n'avait goût à rien et se sentait incapable d'efforts intellectuels. Jouant au clavecin et écrivant des poèmes, elle avait manifestement la même nature sensible et artistique que son dernier fils. Le trigone entre la Lune de Robert et l'astéroïde Psyché indique que Robert avait besoin d'admirer certaines qualités chez sa mère, pour trouver, comme Psyché, l'énergie de développer certaines qualités internes. Au fur et à mesure des étapes de sa croissance, l'enfant ayant un aspect Lune-Psyché se rend compte que ce qu'il voyait chez sa mère ne lui appartient pas, alors qu'au début, se distinguant mal de sa mère, il pouvait le croire. Chaque étape de séparation entre la mère et l'enfant, et on pense bien sûr au cycle de Saturne, est un moment où l'enfant est privé de son Cupidon et où il peut donc trouver l'énergie nécessaire pour faire ses propres travaux. Chez Robert, Vénus est en Cancer sur le Descendant, en maison VII. Un homme de son époque risquait, avec une telle position natale, de projeter sa Vénus sur sa partenaire et lui faire incarner les qualités très féminines d'une Vénus en Cancer. Mais la vocation artistique de Robert exigeait qu'il incarnât lui-même cette Vénus, tout au moins à travers son art. Psyché en Taureau est riche de la ténacité du signe, celle qui permit à Schumann d'avoir le courage nécessaire pour faire ses choix en fonction de ses valeurs, et de tenir ses choix dans le temps. Psyché est en trigone à la Lune, et la sagesse du Taureau doit aussi se colorer de celle de la Lune, pour se mettre à l'écoute de l'intériorité et de l'enfant intérieur. Robert ayant eu pour premier Cupidon sa mère, il s'identifia de manière inconsciente à cette dernière car elle incarnait la beauté éminemment désirable du divin. Cette identification peut avoir donné lieu au partage de symptômes physiques ou émotionnels handicapants, tout comme à celui d'un amour pour la musique. Si Johanna ne l'encouragea pas à devenir musicien, dans le but louable de lui assurer une vie plus stable de juriste, elle l'aima beaucoup et l'appelait « Lichter Punkt », point de lumière. Cela facilita certainement la tâche de Robert, celle de s'approprier Psyché, car sa mère lui reconnaissait implicitement le droit de s'identifier à ce qu'il y avait de désirable, de beau, en elle.

Maria Montessori

Nous avons déjà évoqué la célèbre pédagogue dans la partie sur la rencontre entre le Soleil progressé et Psyché. Montessori a, dans son thème de naissance, un quinconce entre la Lune et Psyché, d'orbe 0°33. Il est peu dire qu'elle fut, elle aussi, grandement influencée par sa mère et par la relation qu'elle noua avec cette dernière. Renilde Stoppani était incroyablement instruite par rapport aux critères de l'époque, en Italie : elle lisait de nombreux livres, alors que le simple fait, pour une femme, de savoir écrire son nom était déjà une grande fierté. Maria montra, elle aussi, très vite, des dispositions naturelles pour la réussite scolaire. Elle fut capable de réussir l'examen nécessaire à l'entrée en Faculté de médecine. Mais son père, qui savait ce genre de choix incompatible avec la vie de famille, s'opposa à cette vocation. Sa mère, au contraire, l'y encouragea, et la soutint pour payer ses études.

Si l'on s'en tient aux propos du fils de Maria, Mario, la relation était idyllique : « Elles avaient une véritable adoration l'une pour l'autre. Leur lien était plus fort que l'amour qui unit habituellement une mère et sa fille. »[53] Cependant, il y avait un revers à la médaille. Selon une descendante, Carolina Montessori, Renilde vivait sa vie par procuration, à travers la réussite de sa fille : « Je crois que sa mère avait reporté toutes ses ambitions sur sa fille. » Ainsi, l'épisode de la grossesse non désirée de Maria est éloquent : alors qu'elle était tétanisée, incapable de prendre une décision, c'est sa mère qui prit les choses en mains. D'après Carolina, elle lui disait : « Tu as fait ce qu'aucune femme n'a jamais fait en Italie : tu es une scientifique, un médecin, tu es tout, maintenant tu vas tout perdre pour un enfant. » Bien sûr, elle permit à Montessori de sauver sa carrière. Mais on ne peut s'empêcher de sentir un léger malaise, en voyant l'influence de cette mère sur sa fille adulte, et en sentant combien Maria semble avoir vécu selon le désir maternel. Dès sa naissance, Maria vit la beauté chez sa mère, en tomba amoureuse et voulut se l'approprier. Le terrain était d'autant plus fertile pour une identification profonde que sa mère semblait souhaiter que sa fille accomplît le destin qu'elle n'avait pas eu. Chez Maria, Psyché est en Gémeaux et en maison X : la position en maison renforce le lien symbolique avec la mère, et elle pointe également vers l'importance de la vocation dans le dévoilement des qualités symbolisées par l'astéroïde. Maria put faire preuve des qualités de ce signe d'air en mettant au point sa méthode : loin des dogmes de l'époque, qu'elle aurait dû suivre, elle utilisa les qualités d'adaptabilité du signe pour apprendre des enfants eux-mêmes. Elle accumula les connaissances et les expériences, grâce aux rencontres et à partir du terrain, non selon une théorie quelconque. Maria avait besoin de la relation avec sa mère pour trouver cette beauté en elle, et il semble que

---

[53] Maria Montessori, *Maria Montessori Sails to America*, trad. et introduit par Carolina Montessori (Montessori-Pierson Publishing Company, 2013).

celle-ci l'y ait aidée, même si l'aspect en jeu, le quinconce, pourrait évoquer quelque chose de plus ambivalent.

Louis XIV

Dans le thème du roi Soleil, la Lune en Lion est au carré de Psyché en Scorpion, avec un orbe de 2°33. Il n'est pas exagéré de dire que la mère du roi, Anne d'Autriche, eut une importance majeure dans la vie de son fils. Ce fut très certainement la relation la plus significative de sa vie, la seule autre personne pouvant se targuer d'avoir exercé une véritable influence sur le grand roi étant sa seconde épouse, Mme de Maintenon. Louis XIII, le père de Louis-Dieudonné, futur Louis XIV, mourut alors que ce dernier n'avait que 4 ans et demi. Anne d'Autriche assura alors la régence. Elle fut secondée par le cardinal Mazarin, mais tous deux firent face à d'innombrables problèmes, au premier rang desquels la révolte des princes, la Fronde. Louis vit comment sa mère se comporta durant les heures les plus sombres de sa vie. Il put admirer le courage, la pugnacité, la ruse, l'intelligence de cette femme.

Dans le thème du roi Soleil, la Lune est conjointe à Vénus en Lion. Le luminaire et la planète sont donc tous deux au carré de Psyché. La beauté qu'il aperçut en sa mère était donc aussi vénusienne. Louis tenait d'Anne un goût très vif pour les fêtes et la « belle galanterie » des sociétés féminines. Adulte, il fréquenta le « cercle » tenu par la reine-mère. Ses favorites en titre jouaient un vrai rôle auprès de lui, car il ne se contentait pas de leur beauté, mais il les voulait intelligentes et cultivées, et appréciait réellement leur compagnie. La planète Saturne, au tout début du Verseau, complète un carré en T avec Psyché en Scorpion et la conjonction Lune-Vénus en Lion. En effet, si les relations mère-fils étaient empreintes d'affection et de respect, elles étaient bien sûr marquées par une nécessaire distance, compte tenu de l'époque et du statut d'Anne d'Autriche, régente du royaume. Elle était occupée en permanence par les affaires de l'État, et le resta jusqu'à la majorité de son fils. De plus, elle avait conscience de son rang et de sa naissance, ayant été éduquée à la très rigide cour d'Espagne. Saturne fait donc également partie de ce qu'il admirait chez sa mère, tout en cherchant à se l'approprier, puisqu'il est en lien avec la Lune et Psyché. Pluton, enfin, complète cette image maternelle particulièrement complexe, en se plaçant au quinconce de Psyché et au sextile de la Lune. Louis, enfant, savait très bien qui détenait le pouvoir sur lui, même s'il fut éduqué par une gouvernante, puis un gouverneur et un précepteur. Une anecdote l'illustre parfaitement : en mai 1647, lors d'un voyage en Picardie, Louis fut en

Savoir Aimer – L'astéroïde Psyché

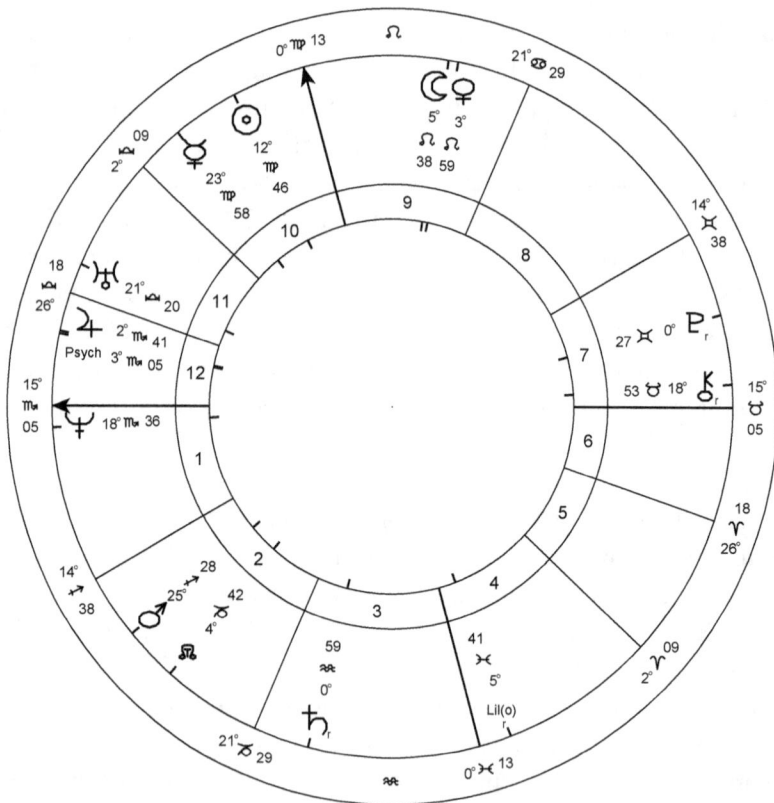

désaccord avec sa mère. Il lui asséna : « Je le veux comme cela, moi. » La reine lui répondit : « Je vous ferai bien voir que vous n'avez point de pouvoir et que j'en ai un. Il y a trop longtemps que vous n'avez été fouetté. » Après avoir fondu en larmes, le souverain se jeta aux genoux de sa mère et lui dit : « Maman, je vous demande pardon ; je vous promets de n'avoir jamais d'autre volonté que la vôtre. »[54] Louis XIV, ayant atteint la majorité royale, fixée à treize ans, se vit remettre les pouvoirs régaliens par sa mère. Mais, ne semblant pas encore capable de se passer d'elle, il lui demanda de bien vouloir rester le chef de son Conseil. Il attendit la mort de Mazarin, dix ans plus tard, pour congédier sa mère et régner seul.

---

54 Thierry Sarmant, *Homme et roi* (Tallandier, 2014).

Le carré natal entre la Lune et Psyché indique que Louis aurait comme premier Cupidon sa mère : leur relation, générant une envie suivie d'un manque, devait fournir l'énergie nécessaire pour la quête interne de Louis. Mais le carré semble annoncer que cette dernière aurait une attitude plus ambiguë que la mère de Robert Schumann à l'égard de son fils. Elle ne risquait pas de l'appeler « point de lumière », son éducation espagnole ne le lui permettant pas : cela aurait été une marque de faiblesse que de se montrer aussi affectueuse envers son fils. Pourtant, elle s'occupa de ses deux garçons bien plus que la plupart des autres mères de roi. La Lune en Lion du roi Soleil évoque aussi le « golden child », le favori, celui sur lequel repose les attentes de la mère. Mais elle savait ce qui attendait Louis, et fit donc son possible pour lui inculquer le sens du devoir, celui de son rang, mais pas celui de sa valeur personnelle. Un roi se doit à son pays et à son Dieu, pas à lui-même ou à son bonheur personnel. Louis, cherchant à s'approprier la beauté vue chez sa mère, reçut donc un accueil probablement mitigé. Les qualités du Scorpion, signe dans lequel se trouve Psyché, ont certainement longtemps, de son point de vue, appartenu à sa mère. Il est vrai que cette dernière, dans sa façon d'exercer le pouvoir, les incarnait pleinement.

Louis XIV se construisit de fait en suivant le modèle maternel : il calqua son sens du devoir, sa piété, son autorité et sa distance avec ses sujets sur ceux d'Anne d'Autriche. Elle fut pour lui à la fois un père, une mère et un souverain modèle, comme l'atteste une réplique qu'on lui prêta à la mort de celle-ci : « Plus qu'une grande Reine, elle fut un grand Roi. » Dans le thème du monarque, Psyché est également conjointe à Jupiter en maison XII. Cet emplacement suggère un héritage ancestral, évoquant la lignée des monarques d'Espagne dont Anne d'Autriche était issue, et le signe du Scorpion, dans ce contexte, renvoie à un certain exercice secret du pouvoir. La conjonction avec Jupiter indique que cette planète est essentielle dans le processus de dévoilement de la beauté intérieure du Scorpion, et, Jupiter étant le roi des dieux, la symbolique de l'exercice du pouvoir est rappelée. En d'autres termes, la façon dont Anne dirigeait a exercé sur Louis un attrait irrépressible, et il a pu découvrir la même beauté à l'intérieur de lui, une fois sa mère écartée du pouvoir et les relations avec elle devenues lointaines. À n'en pas douter, son estime de lui était liée à son rayonnement (Vénus en Lion) mais ce dernier n'était possible que grâce à la façon dont il exerçait le pouvoir, et donc aux qualités du Scorpion qu'il semble avoir héritées de ses ancêtres.

Réflexions supplémentaires

Comme nous venons de le voir, l'enfant ayant un contact entre la Lune et Psyché a besoin d'admirer quelque chose de beau et d'unique chez la mère, afin de mettre en œuvre l'énergie psychique nécessaire pour trouver sa propre beauté intérieure, symbolisée par Psyché. La personnalité de la mère, et la façon dont celle-ci interagit avec celle de son enfant, est dès lors déterminante. L'enfant pourra développer les qualités du signe de sa Psyché en suivant le chemin maternel, comme Louis XIV, Robert Schumann ou Maria Montessori, ou au contraire considérera le modèle maternel comme un repoussoir, le poussant à reprendre ce qui lui appartient. Dans un cas comme dans l'autre, c'est la relation avec la mère qui fournit le point de départ de la quête.

Dans ce dernier paragraphe, nous proposons des éléments de réflexion et de recherche s'agissant de l'astéroïde et de sa signification, qui ne sont pas basés sur des éléments biographiques. Partons de l'exemple des aspects Lune-Jupiter : ils peuvent symboliser une nature émotionnelle ayant besoin de vivre des états exaltés, ayant le goût de l'aventure, du nouveau, ou une certaine théâtralité. Ils peuvent signifier également, surtout le carré, l'opposition ou, souvent, la conjonction, que la mère possédait ces qualités mais qu'elle n'a pu les vivre, du fait d'une situation personnelle dans laquelle elle se trouvait prisonnière. Elle a pu également ne pas trouver de solution créative à un dilemme entre un besoin de sécurité, des responsabilités familiales, et un esprit de *puella*, d'éternelle jeune fille qui cherche à vivre intensément. Les aspects Lune-Psyché peuvent, en plus de ce que nous venons de voir, être interprétés de la même façon : la mère a pu ne pas pouvoir relever le défi de réaliser ses travaux vénusiens. Perdue dans une vie de famille ne lui laissant que peu de place pour honorer Vénus, elle a perdu le sens de sa valeur personnelle en donnant une place centrale aux valeurs lunaires. Elle n'aurait, alors, pas été en mesure de révéler cette part de beauté intérieure symbolisée par Psyché, et le conflit aurait été transmis à son enfant. Il doit alors trouver ses propres réponses pour faire de la relation un moteur de réalisation personnelle, sans être prisonnier d'enjeux lunaires de sécurité affective et de confort matériel. Nous n'avons pas les thèmes des mères des personnes citées dans cette partie, à l'exception de celui d'Anne d'Autriche. De manière intéressante, elle avait Psyché également en maison XII, comme son fils, mais, surtout, conjointe à l'ascendant. Cela signifie que Psyché avait vocation à lui servir de guide psychique : si elle n'a pu, du fait de l'absence de choix laissé à une fille de roi puis à une reine de France, laisser à Psyché l'importance qu'elle devait avoir, son fils a pu hériter de la mission d'actualiser une fonction qui n'a pas su trouver sa place dans la psyché maternelle.

Les pères et mères de la psychanalyse : Psyché en aspect à Jupiter, Saturne et Pluton

Les liens entre le champ disciplinaire de la psychanalyse et le mythe de Psyché sont nombreux et saillants : le dévoilement y est central, puisque l'analyste cherche à rendre conscient ce qui ne l'est pas. L'immortalité symbolique a un rapport avec l'atteinte de la complétude : or, que ce soit dans le mythe ou en psychanalyse, le but est de redécouvrir une partie enfouie ou perdue de soi-même. Psyché retrouve ainsi son Cupidon et sa propre beauté divine et l'analysé ce qui avait été chassé de sa conscience, l'empêchant de se réaliser. Enfin, cette connaissance de soi se fait à travers l'autre, l'écoute de l'analyste étant essentielle dans ce processus.

Dans les thèmes des psychanalystes qui ont contribué le plus à enrichir les débats autour de la « découverte » freudienne et ont fait avancer la pratique et la théorie psychanalytiques, les deux planètes que l'on retrouve en relation avec Psyché, de manière si fréquente que cela ne pourrait être lié au hasard, sont Saturne et Pluton. Citons d'abord Freud, dont le thème présente une conjonction entre Psyché et Saturne d'orbe étroit, 1°32. Chez Françoise Dolto, il s'agit d'un trigone, d'orbe 1°37. Pour Sandor Ferenczi, il s'agit d'un carré d'orbe 2°13. Chez Marie-Louise von Franz, c'est un trigone très étroit, 0°06, avec, de surcroît, Psyché sur le Noeud Nord. Pour Wilhem Reich, on note un carré d'orbe 1°46, ou encore un trigone d'orbe 0°40 chez Josef Breuer. Enfin, pour Donald Winnicott, il s'agit d'un quinconce d'orbe 0°46.

Pour d'autres, il s'agit de Pluton : le thème de Mélanie Klein présente une conjonction exacte (0°01) entre Psyché et Pluton. Pour Emma Jung, c'est un carré d'orbe 0°03. Dans le thème de Karl Abraham, nous trouvons également un carré d'orbe 3°25. Chez René Spitz et Anna Freud, l'orbe est plus large : un carré d'orbe 7° pour le premier et une conjonction d'orbe 8°06 chez la seconde. Cependant, ce carré et cette conjonction sont d'autant plus importants que Psyché est particulièrement valorisée dans leurs thèmes : celui de Spitz présente un quinconce presque exact entre le Soleil et Psyché, tandis que l'astéroïde est conjoint à l'Ascendant dans le thème d'Anna Freud.

Enfin, certains analystes célèbres présentent des aspects entre Psyché et, à la fois, Saturne et Pluton : Carl Jung, Otto Rank et Jacques Lacan. Pour ce dernier, il existe une conjonction d'orbe 2°48 avec Pluton et un quinconce d'orbe 2°44 avec Saturne. Chez Rank, Psyché est à la fois trigone à Pluton (3°29) et à Saturne (4°47). Le cas de Jung est le plus significatif : l'astéroïde Psyché est conjoint à Pluton (1°00), carré à Saturne (0°41) et également quinconce à Jupiter (0°43), comme nous le verrons plus loin.

Pourquoi retrouvons-nous des aspects entre l'astéroïde Psyché et Saturne ou/et Pluton dans le thème des plus grandes femmes et des plus grands hommes de la psychanalyse ? Les deux planètes sont associées à une richesse intérieure qui doit être dévoilée, Saturne étant l'or des anciens astrologues et Pluton, le dieu des Enfers, régnant sur la richesse du sous-sol. Saturne, dernière des planètes visibles pour les anciens, était la limite entre le monde perceptible par les sens et un monde riche, mais inconnu. Elle fut donc associée aux métiers dans lesquels on rend visible ce qui est invisible. Le mot Pluton vient du grec Πλοῦτος, richesse, abondance. Les aspects Pluton-Psyché signifient que les qualités de Psyché sont colorées par Pluton, par la sagesse inhérente à cette planète. Or, les qualités symbolisées par l'astéroïde dans le thème natal ont pour particularité d'être à la fois nécessaires pour établir des relations affectives saines, et de devoir être dévoilées, révélées, grâce à une relation et le manque qu'elle génère. Ainsi, les personnes ayant un aspect majeur entre Psyché et Pluton ont besoin d'être en lien avec certains aspects du monde souterrain pour honorer Vénus ; et les relations en jeu lors d'une activation de Psyché par transit ou progression vont également activer Pluton, ce qui leur impose le besoin d'aller chercher en profondeur la raison pour laquelle la relation a pu les faire souffrir ou dans quelle mesure elles s'y sont fourvoyées. Ne pouvant échapper à cette plongée dans les profondeurs, à cette visite du royaume de Proserpine, les personnes ayant un aspect Psyché-Pluton vont ensuite utiliser leur vision subtile et lucide des enjeux relationnels dès qu'elles seront impliquées affectivement. Il peut dès lors se développer un intérêt certain pour ce qui est inconscient, ce qui est projeté sur l'autre, et pour le repérage de conditionnements limitants et invisibles. Ce que le sujet a vécu lui-même, il devient capable de le proposer en thérapie psychanalytique : il peut utiliser le potentiel du lien qui se tisse (Psyché) entre deux inconscients (Pluton), celui de l'analyste et de son patient, pour permettre de révéler de ce qui est caché, sous-terrain, refoulé (les qualités non conscientes symbolisées par Psyché).

L'expression « psychologie des profondeurs », qui est utilisée pour désigner le travail de Jung, illustre parfaitement la conjonction étroite entre Pluton et Psyché dans son thème natal.

S'agissant de Saturne, le lien avec les psychanalystes mérite qu'on s'y attarde davantage. Il convient, pour ce faire, de revenir à la théogonie d'Hésiode : Cronos met un terme au premier règne, celui d'Ouranos et de sa mère Gaïa, en prenant le risque de castrer son père. Répondant à l'appel de sa mère, qui ne supporte plus que son fils-amant empêche leurs enfants de naître, il est le seul des douze Titans à s'emparer de la faux offerte par Gaïa. Plus jeune de sa fratrie, il ose affronter le père, et se retrouve, une fois Ouranos vaincu, roi à sa place, mais seul : le voilà orphelin symbolique, devant assumer un rôle pour lequel il n'a pas été formé. De même que Chiron, l'orphelin rejeté par sa mère et abandonné par son père, peut symboliser, dans notre thème, la capacité de prendre en charge les autres à la manière d'un père adoptif, de même Saturne-Cronos, qui n'a reçu aucun étayage pour sa fonction de chef des dieux, peut symboliser dans notre thème une capacité à guider, à servir de tuteur pour les autres, voire de professeur.

Une fois roi, Cronos redoute par-dessus tout d'être supplanté, à son tour, par ses enfants, et leur refuse le droit de vivre en les avalant. Ce refus symbolique de ce qui est en devenir, la peur de ce qui n'est pas sous contrôle, cette prédation exercée par Cronos, se retrouvent dans notre thème de naissance là où est Saturne. La planète représente en effet les endroits où nous sommes en proie au doute, où ne nous sentons pas légitimes, où nous pouvons adopter une attitude défensive, par exemple en cherchant par tous les moyens à devenir experts sur le sujet. Ainsi, Saturne au contact de Psyché peut susciter une peur de la relation et de ce qu'elle peut dévoiler en nous, un sentiment que nous avons été injustement privés de quelque chose que nous avons admiré chez un autre, ou encore une difficulté à développer les qualités de Psyché qui sont pourtant nécessaires pour l'expression vénusienne. Avec la planète Saturne, on doit toujours travailler dur pour dépasser ce sentiment d'imperfection et d'insuffisance. L'expertise que l'on peut y gagner peut ensuite être investie dans un cadre thérapeutique, pour aider les autres à trouver comment révéler des qualités dont l'expression est nécessaire pour établir des relations porteuses de sens et épanouissantes. La planète Saturne au contact de Psyché évoque également le besoin d'établir des frontières claires entre soi et les autres, de développer son autonomie dans la relation. Cette compétence est indispensable pour un psychanalyste, et elle lui permet également d'éviter, dans l'écoute du client, la confusion et l'empathie excessive (on se souvient que Psyché ne doit pas faire preuve d'empathie mal placée dans son quatrième travail).

Les analystes cités plus haut, et chez qui Psyché est en contact étroit avec Saturne, ont tous été des enseignants. Il s'agit de fondateurs d'École psychanalytique, ou au moins de chefs de file de courants de pensée. Ainsi, dans les thèmes de Freud, Jung, von Franz, Lacan, Dolto, Winnicott et Ferenczi, Saturne-Psyché symbolise le tuteur, celui sur lequel l'analysé peut s'appuyer pour atteindre la complétude, la connaissance de soi, mais aussi l'enseignant, celui qui transmet ses théories et fait « école », devenant, comme Cronos, un « chef » et enfin l'expert, celui qui travaille d'arrache-pied pour parfaire sa connaissance de la psyché humaine, et de la manière de dévoiler ce qui est inconscient.

Enfin, mentionnons pour finir les aspects entre Jupiter et Psyché, que l'on retrouve également fréquemment chez les psychanalystes : Freud (carré, 3°33) Jung (quinconce, 0°43), Emma Jung (carré, 2°23), Klein (carré, 2°31) von Franz (conjonction, 4°38), Dolto (carré, 4°31), Ferenczi (sextile, 2°46), Reich (conjonction, 3°02), Breuer (trigone, 0°31) Adler (sextile, 3°14), Spitz (sextile 3°57), Laforgue (trigone, 0°55). En nous référant encore à la mythologie grecque, Jupiter incarne le père qui soutient ses enfants, à l'opposé d'un Cronos qui les dévorait. À Artémis qui le lui demande, il donne le droit de posséder, comme son frère, un arc et des flèches, c'est-à-dire le droit de viser ses propres buts, et celui de ne pas se marier. Avec les contacts Psyché-Jupiter, les problèmes soulevés, au sein d'une relation, par les transits et progressions activant Psyché, mettent également en jeu Jupiter ; et cette dernière est nécessaire à une expression authentique de la planète Vénus. Les problématiques de confiance en soi, d'optimisme face à la vie et d'expansion personnelle sont à interroger lorsque l'on s'engage dans des relations importantes. Ces personnes ont donc déjà ressenti par elles-mêmes à quel point une relation peut nous apprendre à contacter cet enthousiasme jupitérien, dès lors qu'elle favorise l'accès à soi-même, le retour sur soi, le dévoilement de qualités propres. Elles peuvent donc avoir le souhait de donner les mêmes possibilités aux autres, sachant que pour elles-mêmes, elles n'étaient pas innées, mais qu'elles ont dû les acquérir par l'expérience. On peut alors retrouver ces personnes dans un rôle thérapeutique soutenant, incarnant Jupiter pour ceux qui en ont besoin. Cette tendance est valable dans n'importe quel type de relation à visée d'aide et de soutien, comme dans l'enseignement, par exemple.

Psyché en synastrie

Les psychanalystes

Le domaine de la psychanalyse nous servira à nouveau de champ d'investigation pour cette première partie traitant de l'influence de Psyché en synastrie, puis nous nous concentrerons sur la famille royale britannique, qui présente l'immense intérêt d'avoir des membres dont nous connaissons les heures de naissance et de nombreux éléments biographiques. Enfin, nous soulignerons quelques aspects intéressants de la synastrie entre les hommes de la famille Kennedy.

Commençons avec le couple le plus célèbre de la psychanalyse mondiale : Sigmund Freud et Carl Gustav Jung. Freud a d'abord pensé trouver en Jung un disciple, ainsi qu'un interlocuteur lui permettant de pousser plus avant sa réflexion, de la rendre plus féconde. Cependant, les divergences entre les deux hommes furent telles qu'elles entraînèrent une rupture qui s'avéra aussi douloureuse pour l'un que pour l'autre. Chez Jung, Psyché à 24°31 du Taureau est au mi-point de la conjonction Mercure-Uranus de Freud. Freud a donc servi de Cupidon pour Jung, au moins au début : nul doute que le génie freudien ait permis à Jung d'avancer dans le dévoilement de soi, c'est-à-dire qu'il lui ait servi de point d'appui pour développer les qualités de sa Psyché conjointe à Pluton en Taureau. Et en accomplissant les travaux nécessaires pour développer cet aspect de son talent, Jung a, à son tour, stimulé la fertilité de la conjonction natale du maître, et permis au ciel étoilé Uranien de ré-ensemencer la pensée mercurienne freudienne. Chez Freud, c'est au trigone du Saturne de Jung que se place Psyché : à 26°01 du Gémeaux chez le premier, pour un Saturne à 24°12 du Verseau chez le second. Freud a donc perçu chez Jung une beauté saturnienne, qui pouvait lui servir de guide dans sa quête. La Psyché de Freud étant étroitement conjointe à Saturne dans son thème de naissance, il a certainement été encore plus sensible à la rectitude qu'il percevait chez Jung, son indépendance dans sa pensée et sa capacité à prendre de la hauteur.

Une autre collaboration, cette fois-ci entre deux femmes, nous permet d'avancer dans l'étude de Psyché en synastrie : celle entre Emma Jung et

Marie-Louise von Franz. Emma Jung a, pendant de nombreuses années, travaillé sur le mythe du Graal, laissant son travail inachevé à son décès. C'est von Franz qui termina, à sa demande, son livre. Chez ces deux femmes, Psyché est particulièrement valorisée : elle est conjointe à la Lune et à la Lune Noire chez Jung, et conjointe au Noeud Nord chez von Franz. La synastrie « psychéenne » entre leurs deux thèmes ne semble laisser aucune place au hasard : leurs Psychés sont en carré exact (0°03), et la Psyché de Jung est en sextile exact du Saturne de von Franz (0°02), tandis que la Psyché de von Franz est au carré partile du Pluton de Jung (0°07). Dans la partie précédente, nous avons vu que les aspects Psyché-Saturne ou/et Psyché-Pluton étaient extrêmement fréquents chez les fondatrices et fondateurs de la psychanalyse. Saturne et Pluton semblent donc être les planètes qui, dans le cadre de la psychanalyse, servent le potentiel révélateur de la relation (Psyché) le plus efficacement. Les deux femmes ont ainsi chacune été le Cupidon de l'autre, l'une poussant l'autre à développer ses qualités psychéennes par l'intermédiaire soit de la beauté saturnienne, soit par celle de Pluton. Le thème de la jungienne von Franz présente par ailleurs une synastrie également intéressante avec le thème de Carl Jung : leurs Psychés sont aussi en carré (3°08), et la Psyché de von Franz est conjointe au Saturne de Carl Jung (3°27).

Une autre collaboration à distance présente un intérêt en synastrie « psychéenne » : celle entre Anna Freud et Sandor Ferenczi. Ce dernier a travaillé sur le thème de l'identification à l'agresseur, or son thème présente une conjonction étroite entre Mars et Psyché, respectivement à 3°24 et 2°42 du Scorpion. Psyché permettant de se révéler, de s'identifier, sa conjonction à Mars chez Ferenczi peut être à l'origine de son intérêt pour l'identification à l'agresseur. En effet, avec une Psyché dans un signe régi par Mars, et en conjonction avec elle, Ferenczi a pu avoir tendance à choisir comme Cupidon des personnes à l'assertivité marquée, voire, éventuellement, des agresseurs, au moins au sens symbolique du terme. Anna Freud reprit plus tard, tout en s'en distançant, le concept introduit par Ferenczi en décrivant l'imitation, par la victime, du comportement de son agresseur. Elle publia ainsi *Le Moi et les mécanismes de défense*. Chez Anna Freud, Psyché est à 3°40 du Gémeaux, en quinconce très étroit à la conjonction Psyché-Mars de Ferenczi. De plus, Mars est chez elle en opposition à Psyché, même si l'orbe est large (un peu moins de 10°), et il est de surcroît conjoint au Descendant. Ces particularités peuvent expliquer que les travaux de Ferenczi aient attiré l'attention d'Anna Freud et mettent en évidence le fait que des contacts entre Mars et Psyché peuvent susciter un intérêt particulier pour les relations agresseur-victime et le rôle de l'agression précoce dans la construction de la psyché.

La famille royale britannique

La famille royale britannique est un terrain privilégié pour étudier les effets plus intimes de Psyché en synastrie. Il est en effet rare de disposer à la fois d'éléments biographiques et de données de naissance pour plusieurs membres d'une même famille. Les héritiers de la couronne royale qui ont connu la reine Elisabeth II avant sa mort ont tous un aspect entre leur Psyché natale et son Pluton. Ce dernier est en quinconce à celui de Charles, en sextile à celui de William, et en trigone à celui de George. Ces aspects mettent l'emphase sur le rôle que le pouvoir qu'exerçait Elisabeth II a eu dans la relation avec son fils, son petit-fils et même son arrière-petit-fils. Si l'on sait qu'elle a formé Charles puis William à leur futur rôle de roi, ce n'est probablement pas le cas avec George, qui n'avait que neuf ans lors de son décès. Mais la relation entre Elisabeth II et ses trois héritiers était, en partie au moins, plutonienne, marquée du sceau du destin, et par l'exercice du pouvoir. Pluton est la planète qui symbolise ce qui doit être et qu'on ne choisit pas, la fatalité. On la rencontre pour la première fois à notre naissance, puisque notre patrimoine génétique nous est imposé, et constituera une partie de notre destin que nous ne pourrons choisir, de même que notre milieu familial. Quand on est le premier né d'une famille royale, Pluton se glisse dans les relations familiales, et révèle à l'héritier qui il est, le futur roi ou la future reine. Les trois héritiers du trône ont donc perçu chez Elisabeth II une beauté plutonienne qui leur était nécessaire pour accéder à une partie d'eux-mêmes. La manière dont elle incarnait le pouvoir suscita, chez eux, une quête intérieure d'autant plus nécessaire qu'ils seront amenés, un jour, à prendre ce pouvoir. La reine était donc pour eux un Cupidon plutonien. Lorsque ses trois héritiers étaient en présence d'Élisabeth II, son Pluton activait leurs propres qualités intérieures et inconscientes, symbolisées par Psyché. Le pouvoir et la notion de destinée incarnés par la reine étaient donc des éléments transformateurs pour Charles, William et Georges, leur permettant de dévoiler les qualités qu'ils devaient développer pour avoir un sentiment de valeur personnelle suffisant pour sentir qu'ils pourraient accomplir leur devoir et leur destin. Elle eut donc aussi une influence sur la façon dont ils ont pu utiliser les particularités de leurs Psychés au sein des relations affectives qu'ils ont établies ou établiront.

Si l'on s'intéresse maintenant aux relations reconnues comme soutenantes — c'est-à-dire celles dans lesquelles les personnes concernées ont exprimé à plusieurs reprises ce qu'elles devaient à l'autre — nous retrouvons Jupiter et le Soleil aspectant Psyché. Ainsi, William a déjà expliqué ce qu'il devait à son grand-père Philip : « Je me sens chanceux d'avoir eu non seulement son exemple pour me guider, mais aussi sa présence durable jusque dans ma propre vie d'adulte – dans les bons moments comme dans les jours les plus difficiles. Je serai toujours reconnaissant que mon épouse ait pu avoir autant d'années pour apprendre à connaître mon grand-père et pour la gentillesse qu'il lui a témoignée. »[55] Le rôle de son grand-père dans sa vie était d'autant plus important que l'on sait que ses relations avec son propre père, Charles, étaient beaucoup plus complexes, notamment après la mort de Diana. Les Psychés de William et Philip sont en sextile, et, surtout, la Psyché de William est conjointe au Jupiter de Philip. On retrouve là le rôle du bon père soutenant, qui aide l'enfant à devenir lui-même (Psyché), en écho à ce qu'a déclaré William. Une autre personne dont on sait qu'elle a été un soutien infaillible à William est sa mère, Diana Spencer. La relation n'était pas dénuée d'ambiguïtés, puisqu'il semble que Diana ait pu utiliser son fils comme confident, mais il est certain qu'elle l'aimait de manière inconditionnelle. Elle a toujours été immensément fière de lui et de son frère, et n'a parfois trouvé la force de continuer à vivre que grâce à eux. La Psyché de William est au sextile du Soleil de sa mère, et de son Neptune ; il l'a probablement beaucoup admirée. Diana, en étant simplement elle-même (le Soleil), était une mère permettant à son fils de découvrir qui il est (Psyché). La Psyché de William est aussi opposée au Chiron de Diana, ce qui peut refléter sa sensibilité à la souffrance de sa mère ou le fait qu'elle l'ait blessé en la lui exposant. Mais le soutien infaillible de Diana (Soleil) l'aida à développer les qualités de la Vierge, signe dans lequel elle se trouve dans le thème de William. Il eut ensuite sûrement besoin des qualités de discernement de la Vierge pour éviter de se sentir envahi par les blessures de sa mère (Chiron et Neptune). Son frère Harry a lui aussi décrit sa mère comme très soutenante, et il a eu la chance, en tant que cadet, de ne pas lui servir de confident. On retrouve une conjonction très étroite entre la Psyché de Harry et le Jupiter de Diana (0°27), confirmant que les interaspects Psyché-Jupiter peuvent refléter le fait que l'un des individus endosse le rôle du parent soutenant et stimulant la réalisation de soi.

Pour leur père Charles, l'actuel roi d'Angleterre, le parent soutenant a été sa grand-mère, que l'on nommait en France la reine-mère, Queen-Mum. On retrouve un trigone étroit (0°33) entre la Psyché de Charles et le Soleil

---

55 Prince William, Déclaration du Prince William sur la mort de son grand-père le Prince Philip (Kensington Palace / Royal Family, 12 avril 2021).

de sa grand-mère. Le Soleil, que nous avons déjà vu dans les interaspects entre Diana et William, semble apporter du soutien dans un sens et une grande admiration dans l'autre. Ainsi, Charles a déclaré, après la mort de sa grand-mère : « Pour moi, elle était tout, et j'ai redouté ce moment, comme, je le sais, de nombreuses autres personnes. […] Et combien me manqueront ces rires et cette merveilleuse sagesse, née de tant d'expérience et d'une sensibilité innée à la vie. Elle semblait glorieusement inarrêtable et, depuis que j'étais enfant, je l'adorais. »[56] La chaleur solaire semble ainsi apporter l'énergie nécessaire à la quête de soi. En revanche, il a mal vécu sa relation avec son père Philip. Dans le livre *Diana : Histoire d'une princesse*, paru en 2001, l'auteur Tim Clayton rapporte ces propos de Penny Junor, journaliste spécialiste de la famille royale : « Il a passé toute sa vie à le critiquer et à saper discrètement son estime de soi. »[57] Charles lui-même, par l'intermédiaire de son biographe Jonathan Dimbleby (biographie autorisée), a présenté en 1994 son père comme dur et dominant, le faisant pleurer à de nombreuses reprises.[58] Les Psychés de Charles et de Philip sont en quinconce ce qui est, peut-être, déjà, significatif. Mais surtout, la Psyché de Charles est au carré des planètes Uranus, Jupiter et Saturne de son père, ce qui semble corroborer l'image que s'en est faite Charles : un père incarnant, à n'en pas douter, une part de la beauté divine mais, les aspects étant conflictuels, faisant douter l'enfant de sa capacité à se les approprier, ou ne l'incitant même pas à essayer – en étant froid et distant, donc inatteignable. La Psyché de Charles est tout de même en trigone au Neptune de Philip, laissant penser que la relation n'était pas dénuée d'éléments d'admiration, mais si le père ne permet pas au fils de penser que ses qualités pourraient lui appartenir, la quête psychéenne ne peut commencer.

Enfin, si William, l'héritier du trône, s'est toujours senti soutenu par sa mère, il entretient des relations bien plus complexes avec son père. Alors qu'Harry, qui n'était pas encore en rébellion, avait accepté à plusieurs reprises de déclarer dans des documentaires, en 2017 et 2018, que Charles avait été un bon père, William aurait refusé d'en faire de même. Il s'est senti instrumentalisé plusieurs fois par son père, qui tentait de faire accepter sa relation avec Camilla. Il lui a longtemps reproché la mort de Diana, et son absence après son décès. Enfin, des proches du prince ont déclaré que William considérait son beau-père, Michael Middleton, comme un père de

---

56 Le Prince de Galles, Hommage à *Feue Sa Majesté la Reine Elizabeth, la Reine Mère* (Clarence House / The Royal Family, London, 30 mars 2002).
57 Tim Clayton and Philip Craig, *Diana: Story of a Princess* (Simon & Schuster, 2001).
58 Jonathan Dimbleby, *The Prince of Wales: A Biography* (Little, Brown, 1994).

substitution. Le rapprochement entre le père et le fils s'est fait au nom du devoir et parce que c'est ce que souhaitait la reine Elisabeth II. Mais Charles n'a donc pas été vécu par William comme un père soutenant. Leurs Psychés sont, comme celles de Charles et Philip, en aspect conflictuel : il s'agit d'un carré étroit (0°11 d'orbe). L'autre aspect significatif est une conjonction entre la Psyché de William et le Saturne de Charles (6°), aspect qui reflète bien le sentiment de William d'avoir eu un père qui aurait pu incarner la beauté saturnienne mais qui semble n'en avoir montré à son fils que l'aspect froid et absent émotionnellement.

Les Kennedy

Une autre famille, royale, ou presque, nous permet d'étudier Psyché sur le plan familial et synastrique : les Kennedy. Le trente-cinquième président des États-Unis d'Amérique, John Fitzgerald Kennedy, était le deuxième fils de Joseph Patrick Kennedy, dit Joe Senior, homme d'affaires puis ambassadeur brillant et extrêmement riche. Ce n'était pas JFK qui était appelé à « régner », mais son aîné, Joe Junior. Leur père avait eu beaucoup d'enfants avec son épouse Rose, cinq filles et quatre garçons, mais tous ses espoirs reposaient sur ses deux aînés. Avec moins de 2 ans d'écart, ils furent mis en compétition très tôt, d'abord pour le sport, puis pour les études (ils firent tous les deux Harvard), et pour les filles. Le père adorait ses fils, souhaitait leur bonheur, mais il avait pour eux des attentes très claires. L'un d'eux, l'aîné, devait être président de la République. Mais il attendait également d'eux qu'ils fussent de bons sportifs, de bons élèves, et qu'ils servissent leur pays avec honneur. Les mettre en compétition était pour lui une forme d'émulation, et il ne se rendait pas compte combien cela était difficile à porter pour John. Souffrant de ce qu'on pense désormais être une maladie auto-immune grave, il tombait tout le temps malade, et, dès l'adolescence, il souffrait du dos et de « colite ». Il lui fallait quand même être à la hauteur d'un grand frère bon élève, athlétique, et terriblement séduisant. John apprit à serrer les dents très tôt et à taire ses souffrances, pour marcher dans les traces du grand frère et faire plaisir à son père. Mais un drame survint qui changea la destinée de John et Robert Kennedy : Joe Jr, après s'être porté volontaire pour participer à une mission extrêmement risquée, mourut en août 1944, dans l'explosion de l'avion qu'il pilotait pour son pays, au-dessus de l'Angleterre. La lutte fraternelle, qui semblait souvent inégale pour John, était définitivement perdue : il confia à un ami très proche, Lem Billings, que, depuis sa mort, la supériorité de Joe Jr était scellée dans le cœur de son père.

176 *Savoir Aimer – L'astéroïde Psyché*

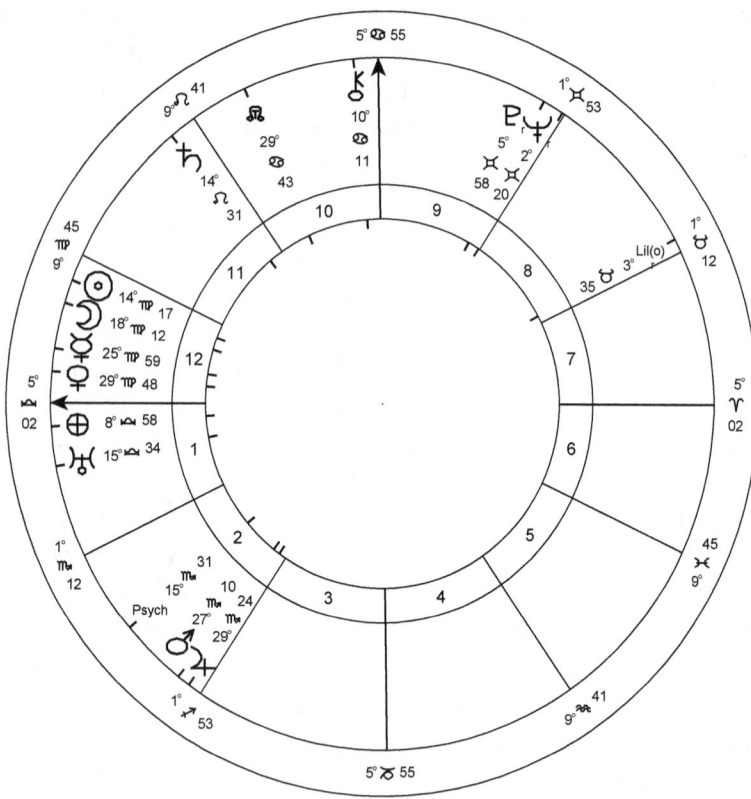

Finissons ce tableau des frères Kennedy avec Robert, dont nous avons déjà longuement parlé dans la deuxième partie. D'abord tenu à l'écart, voire oublié, du fait de sa grande différence d'âge avec ses deux aînés (dix ans de moins que Joe Jr), il fit tout pour conquérir sa place dans les plans de son père, lui qui était plutôt le favori de sa mère, du fait de sa grande sensibilité liée à son stellium en Scorpion. Ce ne fut pas chose aisée, dans une famille de neuf enfants, et Bobby eut l'impression d'être totalement invisible, jusqu'au décès de Joe Jr, qui le plaça numéro deux dans « l'ordre de succession ». Alors, à partir du moment où JFK assuma son ambition présidentielle, peu de temps après la mort de son aîné, Robert devint l'homme de l'ombre, Richelieu, celui qui se rend indispensable mais ne cueille aucun laurier. Sur les conseils de leur père, JFK finit par le nommer attorney

```
Name:  ♂ Joseph Patrick Kennedy Jr
born on Su., 25 July 1915              Time:        9:40 a.m.
in Hull, MA (US)                       Univ.Time:   14:40
70w55, 42n18                           Sid. Time:   6:05:14
Natal Chart (Method: Greene Anglo / Placidus)
Lil(o) = Lune Noire vraie
```

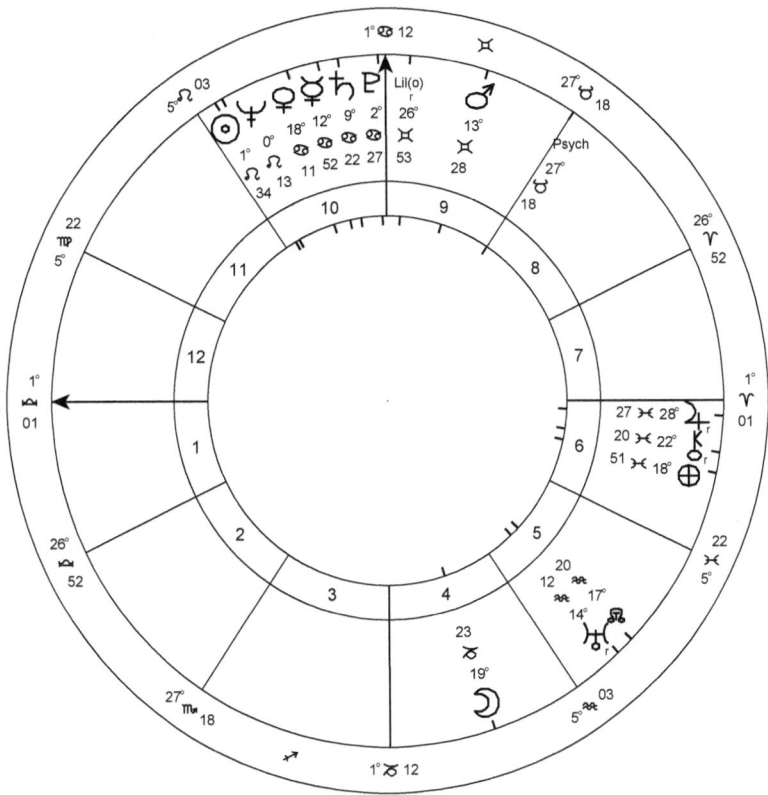

général, poste dans lequel Bobby mena une lutte ouverte contre la mafia. Nous avons vu qu'il craignait toujours, après le 22 novembre 1963, d'avoir provoqué la mort de son frère, parce qu'il avait contrarié les mauvaises personnes. Il finit lui aussi sacrifié sur l'autel de l'ambition des Kennedy, tout autant par vocation personnelle que pour racheter la mort de son frère, en poursuivant la lutte qui lui avait, peut-être, coûté la vie. Nous n'évoquerons pas le dernier fils, Edward (Ted), car il ne put jamais réellement rivaliser avec ses frères, bien qu'il fît, lui aussi, de la politique. Après l'assassinat de Robert, il provoqua la mort d'une jeune femme dans un accident de voiture, ce dont sa réputation ne se remit jamais. Il ne fut jamais un rival pour ses frères, du fait de leurs grandes différences d'âge.

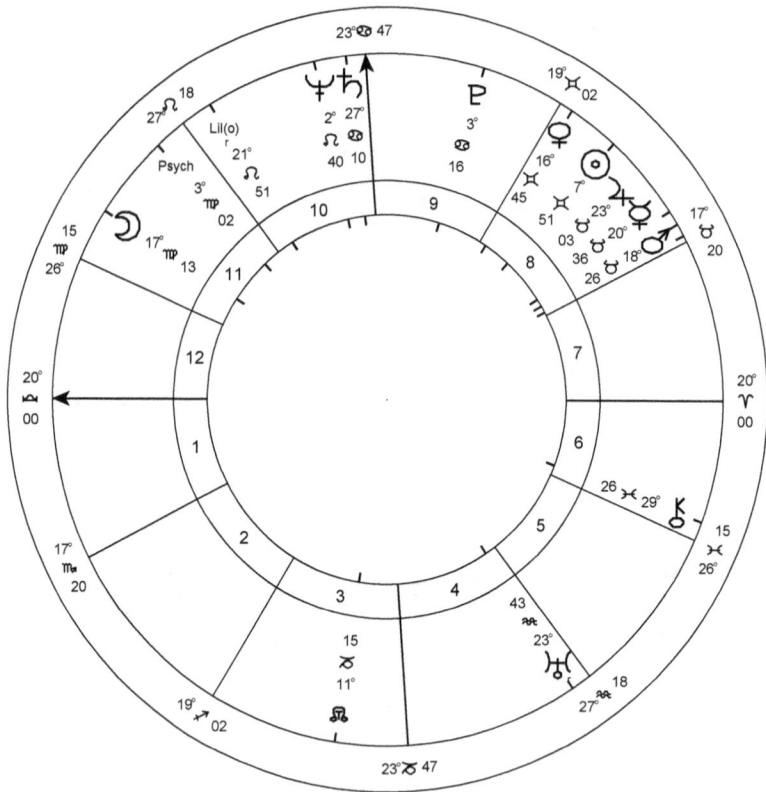

Dans ce tableau masculin de la famille Kennedy, il est intéressant de voir les synastries entre les thèmes des trois frères et celui de leur père. On ne peut, d'emblée, manquer de constater l'accent sur le signe des Gémeaux et les interaspects avec Psyché. JFK a le Soleil et Vénus en Gémeaux, qui font écho au Mars et à la Lune Noire de son aîné, dans le même signe. Pour JFK, ces planètes sont en maison VIII, et si on considère la symbolique de Mars et de la Lune Noire, le thème de la rivalité des frères est bien une possibilité suggérée par cette configuration. La maison VIII est en effet, dans leur cas, le théâtre où s'est jouée cette problématique Gémeaux : rivalité, jalousie, rapports de force, lutte de pouvoir sous-jacente, domination... le tout sur fond d'héritage paternel à assumer. Robert, lui, a Psyché en Gémeaux, étroitement conjointe au Soleil de JFK et au Mars de Joe Jr. On devine bien là le rôle qu'ont eu ses deux frères, et leur aura, sur le développement du petit Bobby. Fasciné par l'intelligence Gémeaux de JFK, et par la force physique et mentale (Mars) de son aîné natif du Lion, il s'est construit et s'est découvert dans ces interactions et dans son admiration pour ses frères. Même après la mort de JFK, on constate que la phase de sa vie où il a compris ce qu'il voulait vraiment, c'est-à-dire se présenter à la présidentielle, a eu lieu au moment du quinconce de son Soleil progressé à Psyché. Il a alors encore suivi le Soleil de son frère, président avant lui, comme guide intérieur, cherchant la beauté qu'il avait admirée enfant.

En observant le thème de leur père, Joe Sr, nous retrouvons une observation faite avec la reine Elisabeth II, qui avait des interaspects entre son Pluton et la Psyché de tous ses successeurs. Là aussi, le Pluton de Joe Sr, situé à 5°58 des Gémeaux, est en conjonction avec les Psychés de Bobby et de Joe Jr (cette dernière étant à la fin du Taureau), et en carré à celles de JFK et de Ted au début de la Vierge. Nous avons vu que, même si ce père aimait sincèrement ses fils, leurs relations n'étaient pas dénuées d'emprise. Le pouvoir symbolisé par Pluton est l'ambiance dans laquelle ont baigné ses fils et, surtout, la connaissance de soi passe, dans ces familles-là, par la lucidité quant au désir ou non de l'exercer, sa propension à le subir, et ses effets sur les relations tissées à l'âge adulte. Pluton, qui symbolise aussi la fatalité, nous suggère que, pour les fils Kennedy, la quête de soi est colorée par la fatalité, c'est-à-dire par la transmission familiale, par la relation avec leur père. La connaissance de soi (Psyché) et l'accomplissement solaire doivent prendre en compte, comme pour les héritiers de la couronne royale, le fait qu'une partie d'eux-mêmes a perçu la beauté plutonienne chez le père, et l'a trouvée fascinante.

S'agissant du rôle soutenant, mais terriblement pressurisant, qu'a pu jouer Joe Sr sur le développement de ses enfants, il est symbolisé par le carré et l'opposition de sa conjonction Mars-Jupiter, à la toute fin du Scorpion, aux Psychés de ses deux aînés, JFK et Joe Jr. Cette même conjonction Mars-Jupiter encercle d'ailleurs le Soleil de Bobby, situé à 28° du Scorpion. Quand on sait que cette conjonction Mars-Jupiter est au carré de l'axe des nœuds de Joe Sr, elle revêt une importance majeure, et permet de comprendre l'énergie et l'optimisme sans faille et sans fin du patriarche, tout comme sa quête d'une position sociale dominante. Étant en aspect aux Psychés des aînés, ses deux « héritiers », elle permet de rendre compte de ce que ces deux garçons ont pu ressentir au contact de cet homme « habité » par Mars et Jupiter, et s'attendant à ce que ses fils reprennent le flambeau. Leur père était réellement le Cupidon qui les poussait à conquérir la beauté de cette conjonction Mars-Jupiter en développant les qualités de Psyché.

Enfin, la Psyché de Joe Jr, à la fin du Taureau, est conjointe à la conjonction Mercure-Mars de JFK. Même si, physiquement, Joe a toujours eu le dessus sur le malingre John, ce dernier était plus brillant, et Joe le savait. Il avait confié à une de ses sœurs, peu avant de mourir, qu'il savait que ce serait John qui serait président, car c'était le plus intelligent. Cet interaspect suggère que, dans le développement de soi de l'aîné, c'est l'intelligence et la façon de s'exprimer de son cadet qui a servi d'aiguillon pour aider Joe Jr à s'approprier sa Psyché en Taureau.

Le rôle central de la synastrie

Lorsque notre Psyché forme un aspect étroit avec une des planètes du thème d'une personne proche, il est probable que, d'une manière ou d'une autre, elle incarne pour nous une forme de beauté que la relation doit nous permettre de nous approprier, de révéler, et de développer. Cette beauté est toujours celle du signe de l'astéroïde dans notre thème de naissance, colorée par les planètes avec lesquelles il forme des aspects étroits dans notre horoscope. La planète mise en jeu dans le thème de l'autre personne montre de quelle manière elle peut nous influencer : si notre Psyché est conjointe à son Jupiter, c'est en nous encourageant ou en montrant simplement sa foi en la vie. Si notre Psyché est en aspect à son Saturne, c'est par exemple en incarnant un tuteur ou en faisant preuve de rectitude ou d'une expertise qui suscitent notre admiration puis notre désir. Si ces aspects sont conflictuels, la personne peut ne pas sembler soutenir notre quête. Elle peut ne pas s'accorder elle-même de valeur, ou la relation peut être compliquée, ambiguë, ou soutenante par certains égards mais pas de la manière dont nous aurions besoin pour accomplir les travaux qui sont nécessaires pour trouver notre propre beauté. Ou encore nous ressentons le besoin de lutter pour conquérir ces qualités, et Cupidon peut sembler continuer à se dérober.

Les interaspects entre les deux Psychés d'un thème sont également intéressants : si les qualités que nous sommes amenés à développer à travers nos relations sont compatibles (signes en trigone ou en sextile, par exemple) avec celles de l'autre personne, nos quêtes peuvent se faire écho. Cela peut être plus difficile si nos Psychés sont en carré, par exemple en Scorpion et en Lion — si l'un cherche à trouver en lui la beauté de l'ombre et de la compréhension de ce qui se joue en sous-main, l'autre peut au contraire attendre de la relation qu'elle lui permette de s'approprier des qualités visant à prendre la lumière et à courir le risque de l'expression personnelle. Dès lors, il peut y avoir une incompatibilité fondamentale dans le processus intérieur de dévoilement symbolisé par Psyché, les besoins et désirs intérieurs peuvent se heurter, et la relation, si elle peut rester féconde à bien des niveaux, sera peut-être frustrante de ce point de vue.

Conclusion

Au cours du XIXe siècle, le courant romantique a proposé une nouvelle vision de l'union entre un homme et une femme, où les considérations pratiques et le devoir ne tenaient plus la première place. L'amour idéal est depuis devenu celui entre deux âmes sœurs, vivant dans la plénitude totale grâce à la fusion des corps, des cœurs et des âmes. À bien des égards, le XXIe siècle continue de véhiculer cet idéal, et nombreuses sont les personnes, qui, sans oser l'avouer, sont à la recherche d'un tel accomplissement amoureux.

Apulée, il y a presque deux mille ans, avait déjà proposé une nouvelle vision de l'amour entre un homme et une femme, au sein de l'empire romain ; sa vision s'inscrivait dans un terrain fertile. Il héritait en effet des stoïciens qui avaient déjà, au cours du siècle précédant sa naissance, voulu réconcilier amour et mariage. Inspiré par Platon, Plutarque, avait, quant à lui, vanté un mariage dans lequel les époux seraient vertueux, au sens platonicien du terme, et respectueux l'un de l'autre. Mort au moment où naissait Apulée, il valorisait le mariage sur tous les plans : affectif, moral et intellectuel. À cette même époque, d'autres auteurs, comme Pline le Jeune, prônaient également l'amour et la félicité conjugale.

Si, en tant que disciple de Platon, son rêve ultime demeure que nous puissions tous obtenir le vrai bonheur à travers l'amour du divin, Apulée reste réaliste et propose à ses semblables une forme d'amour, certes vertueuse, mais plus facilement atteignable. Cependant, il est très clair : cet amour-là – celui qui rapproche du divin en soi, tout en permettant le bonheur terrestre, la *voluptas* – n'est accessible qu'après des travaux vénusiens. Il entend par là un travail sur soi, parfois difficile et périlleux, visant à exprimer de façon saine la fonction vénusienne et à nous permettre une union dans laquelle nous devenons symboliquement immortels, notre Soleil pouvant ainsi trouver sa place parmi les étoiles.

Le développement de la psychanalyse, qui a suivi la découverte de Neptune et de Psyché, a permis de valider la vision d'Apulée : nous ne sommes pas naturellement aptes au bonheur dans le couple, et le choix de notre partenaire n'est pas toujours authentique. Les eaux noires et glaciales du troisième travail et le royaume de Proserpine du quatrième illustrent bien les liens entre le mythe et les théories psychanalytiques. La sagesse, celle qui nous permet de faire des choix fondés sur nos valeurs, et de prendre nos décisions en fonction de ce que nous avons choisi, peut également être considérée comme l'un des buts du travail psychanalytique.

Toute activation de l'astéroïde Psyché est donc un moment opportun pour effectuer ou ajuster ce travail préalable à la relation, d'examiner tout ce qui nous appartient de modifier en nous avant de demander quoi que ce soit à l'autre. Bien sûr, ce travail peut être fait alors que nous sommes déjà en couple, et il sera alors propice à une inflexion, plus ou moins importante selon la nature et la durée du transit, de la façon dont nous nous lions et dont nous exprimons nos valeurs au sein du couple.

Bibliographie

Anselmini, Julie et Schopp, Claude, *Dumas amoureux* (Presses universitaires de Caen, 2020).

Apulée, *Apologia*, texte établi et trad. par Paul Vallette (Les Belles Lettres, collection « Classiques en poche », 2002).

Apulée, *De la Doctrine de Platon*, in *Œuvres complètes d'Apulée t. III*, trad. Victor Bétolaud (Garnier Frères, 1836).

Apulée, *L'Âne d'or ou Les Métamorphoses* (Atramenta, domaine public).

Beauvoir, Simone de, *Cahiers de jeunesse 1926-1930* (Gallimard 2008).

Brandus, Paul, *Jackie, her Transformation from First Lady to Jackie O.* (Post Hill Press, 2020).

Châtelet, Émilie du, *La Correspondance d'Émilie Du Châtelet 1733-1740* (Centre international d'étude du XVIIIe siècle 2018).

Clayton, Tim and Craig, Philip, *Diana: Story of a Princess* (Simon & Schuster, 2001).

De Stefano, Cristina, *Maria Montessori, la femme qui nous a appris à faire confiance aux enfants* (Les Arènes 2022).

Dimbleby, Jonathan, *The Prince of Wales: A Biography* (Little, Brown, 1994).

Dulong, Claude, *Anne d'Autriche* (Hachette, 2000).

Farris, Scott, *L'amour secret de Kennedy* (l'Archipel, 2017).

Ferenczi, Sandor. *Confusion de langue entre les adultes et l'enfant*, trad. Coq Heron (Petite bibliothèque Payot, 2016)

Freud, Anna, *Le Moi et les mécanismes de défense*, trad. Anne Berman (Petite bibliothèque de psychanalyse, Presses Universitaires de France, 2001).

Freud, Sigmund, *Pour introduire le narcissisme* trad. Olivier Mannoni (Payot & Rivages 2012).

Geck, Martin, *Robert Schumann: The Life and Work of a Romantic Composer*, trans. Stewart Spencer (University of Chicago Press 2012).

Gidel, Henry, *Jackie Kennedy* (Flammarion, 2011).

Greene, Liz, Howard Sasportas, *Astrologie : les dynamiques de l'inconscient*, trad. Nikou Tridon (Éditions du Rocher, 1988).

Greene, Liz, *Le Guide astrologique des relations humaines* (Éditions du Rocher 1999).

Gregor-Dellin, Martin, *Richard Wagner* (Fayard, 1981).

Hugo Victor, *Océan – Tas de pierres* (Albin Michel, 1942).

Houssaye, Arsène, *Confessions d'un demi-siècle. 1830-1880, tome I* (Paris, E.Dentu, 1885; BnF collection ebooks, 2015).

Lady Colin Campbell, *The Real Diana* (Arcadia Books, 2005).

Lever, Evelyne, *Marie-Antoinette, Correspondance, 1770-1793* (Tallandier 2006).

Malcolm X avec Alex Haley, *L'autobiographie de Malcolm X* (Grasset, 1993).

Montessori, Maria, *Maria Montessori Sails to America*, trans. and introduced by Carolina Montessori (Montessori-Pierson Publishing Company, 2013).

Nerval, Gérard de, *Aurélia, Sylvie, Les chimères* (Libertalia 2018).

Nietzsche, Franziska, *Lettres de Franziska Nietzsche à Franz Overbeck, précédées des Billets de la folie de Friedrich Nietzsche*, trad. Guillaume Ollendorff (Éditions Bouquins, 2023).

Nietzsche, Friedrich, *Considérations inactuelles*, in *Œuvres complètes de Frédéric Nietzsche vol.5*, trad Henri Albert (Mercure de France, 1907).

Nietzsche, Friedrich, *Ecce Homo, Comment on devient ce que l'on est*, trad. Henri Albert (Mercure de France, 1908).

Nietzsche, Friedrich, *L'Antéchrist*, in *Œuvres complètes de Frédéric Nietzsche vol.12*, trad. Henri Albert (Mercure de France, 1908).

Nietzsche, Friedrich, *Le cas Wagner*, in *Œuvres complètes de Frédéric Nietzsche vol.12*, trad. Henri Albert (Mercure de France, 1908).

Nietzsche, Friedrich, *Le Gai Savoir*, in *Œuvres complètes de Frédéric Nietzsche*, trad. *Henri Albert* (Mercure de France, 1901).

Nietzsche, Friedrich, *Nietzsche contre Wagner*, in *Œuvres complètes de Frédéric Nietzsche vol.12*, trad. Henri Albert (Mercure de France, 1908).

Platon, La République in Œuvres de Platon, trad. Victor Cousin, t. IX et X (Rey-Gravier, 1833–1834).

Platon, *Le Banquet, ou De l'amour*, in Œuvres de Platon, t. VII, trad. Victor Cousin (Paris, Pichon et Didier, 1831).

Preisendanz, Karl, *The Greek Magical Papyri in Translation Including the Demotic Spells (*PGM IV. 1716-1870. University of Chicago Press, 1986).

Proust, Marcel, *Contre Sainte-Beuve* (Gallimard, coll. Bibliothèque de la Pléiade, 1971).

Proust, Marcel, *Correspondance de Marcel Proust, tome V* (Plon. 1979).

Proust, Marcel, *Correspondance de Marcel Proust, tome VI* (Plon. 1980).

Proust, Marcel, *À la recherche du temps perdu*, édition établie par Jean-Yves Tadié (Gallimard, « Quarto », 2020).

Rudhyar, Dane, *Approche psychologique des complexes astrologiques* (Éditions Médicis 2007).

Rudhyar, Dane, *New Mansions for New Men* (Borodino Books, 2017).

Sarmant, Thierry, *Homme et roi* (Tallandier, 2014).

Sasportas, Howard, *Direction and Destiny in the Birth Chart* (The Wessex Astrologer, 2023).

Schumann, *Clara et Robert, Journal intime* (Buchet-Chastel, 1991)

Snegaroff, Thomas, *Kennedy : Une vie en clair-obscur* (Paris : Armand Colin, 2013).

Sylla, Fode et Kowalevski, Sbigniew *Qui a peur de Malcolm X ?* (Editions Ramsay, 1993).

Thatcher, Margaret, *Les chemins du pouvoir, Mémoires II* (Albin Michel, 1995).

The Beatles, *The Beatles Anthology* (Chronicle Books, 2000).

Thomas, Evan, *Robert Kennedy: his life* (Simon & Schuster 2002).

Voltaire, *Mémoires pour servir à la vie de Monsieur de Voltaire in Œuvres complètes de Voltaire*, éd. Beuchot, Vol. I (Garnier Frères, 1883, p.7).

Von Franz, Marie-Louise, *L'Âne d'or : Interprétation du conte d'Apulée*, trad. par Francine Saint René Taillandier (La Fontaine de Pierre 2008).

Wagner, Cosima, *Journal III : 1878-1880* (Gallimard, 1979).

Wenner. Jann S., *Lennon remembers: The Full Rolling Stone Interviews from 1970* (New York: Verso, 2000).

Whiteside, Derek T., *The Preliminary Manuscript for Isaac Newton's 1687 Principia, 1684-1685* (Cambridge University Press, 1989).

Zweig, Stefan, *Marie-Antoinette*, trad. Alzir Hella (Le Livre de Poche 1998).

À propos de l'autrice

Après avoir obtenu un doctorat en sciences biologiques, Anne-Marie Chabellard a toujours cultivé un goût marqué pour la recherche et l'expérimentation. Sa licence de psychologie l'a par la suite conduite vers les champs de la santé et de l'éducation. Parallèlement, elle a étudié l'astrologie pendant plus de vingt ans : d'abord l'astrologie d'inspiration jungienne, puis d'autres courants, notamment l'astrologie traditionnelle. Plus récemment, elle s'est passionnée pour l'étude des astéroïdes, sur lesquels elle mène des recherches depuis plusieurs années, cherchant toujours à confronter théorie et expérience. Elle vit et consulte à Paris.

www.ingramcontent.com/pod-product-compliance
Lightning Source LLC
Chambersburg PA
CBHW062045220426
43662CB00010B/1664